大地へのまなざし

歴史地理学の散歩道

金田章裕

思文閣出版

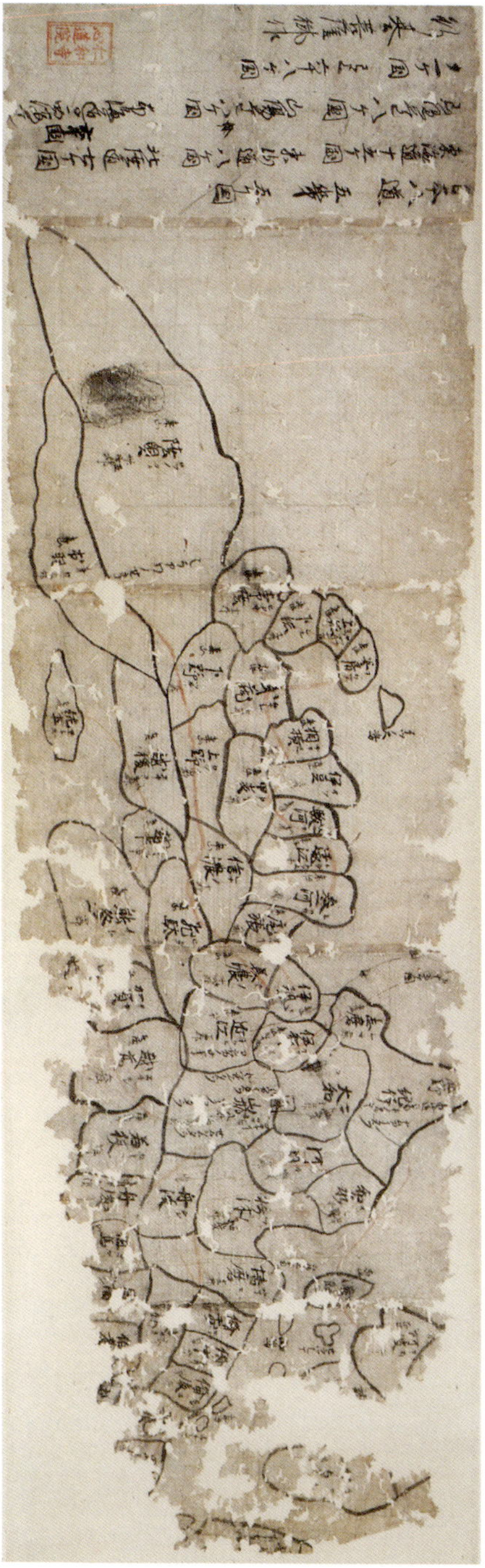

口絵1　日本図（嘉元3＝1305年）

口絵 2　出雲国府の政庁周辺(奈良時代復原模型)

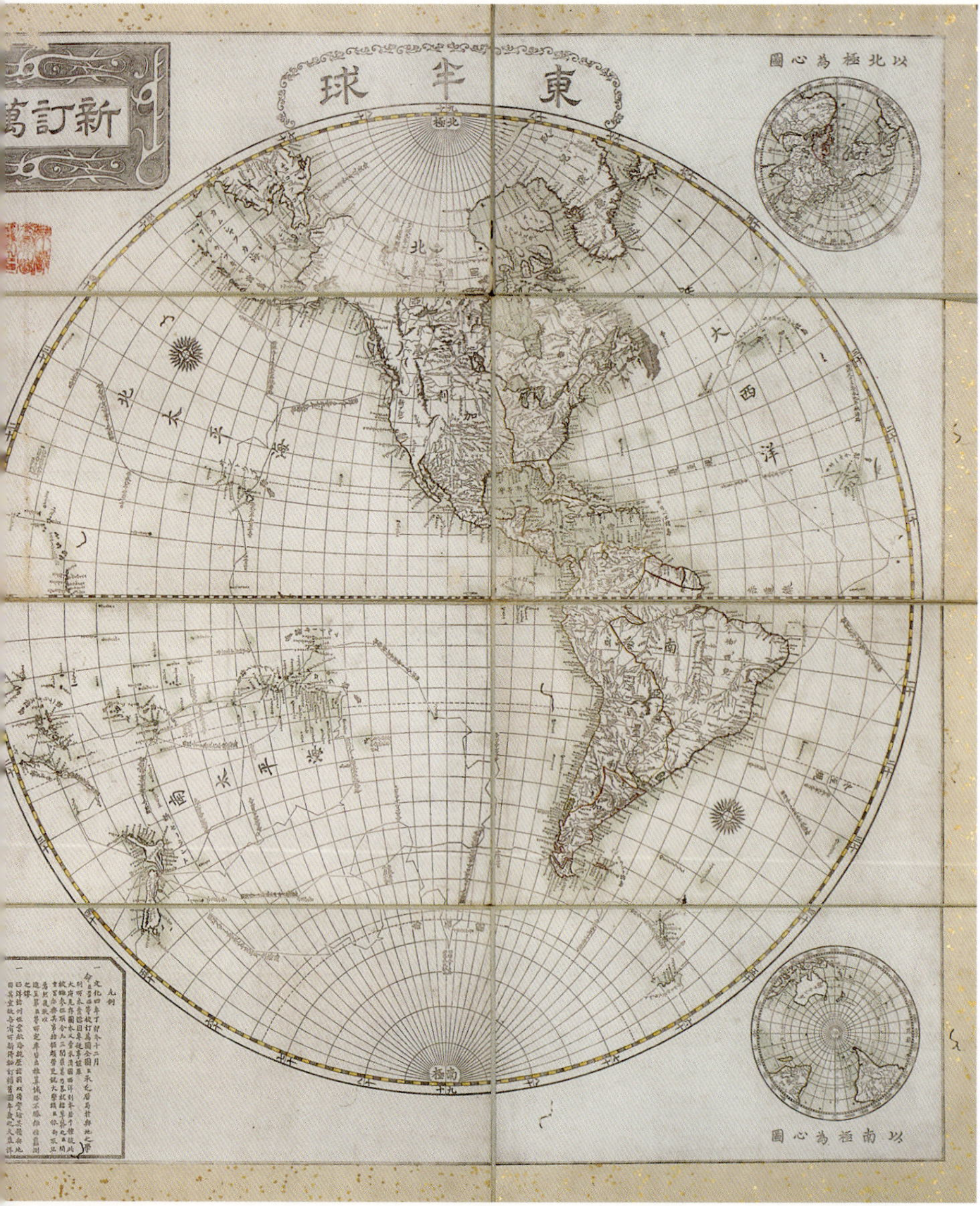

新訂萬
東半球
以北極為心圖
以南極為心圖
北極
南極
北太平海
南太平海
大西洋
凡例

口絵 3　新訂万国全図(高橋景保作／亜欧堂田善刻／文化13＝1816年頃／同 7 年作)

東
白川村領
白川村領

口絵4　宇治郷総絵図

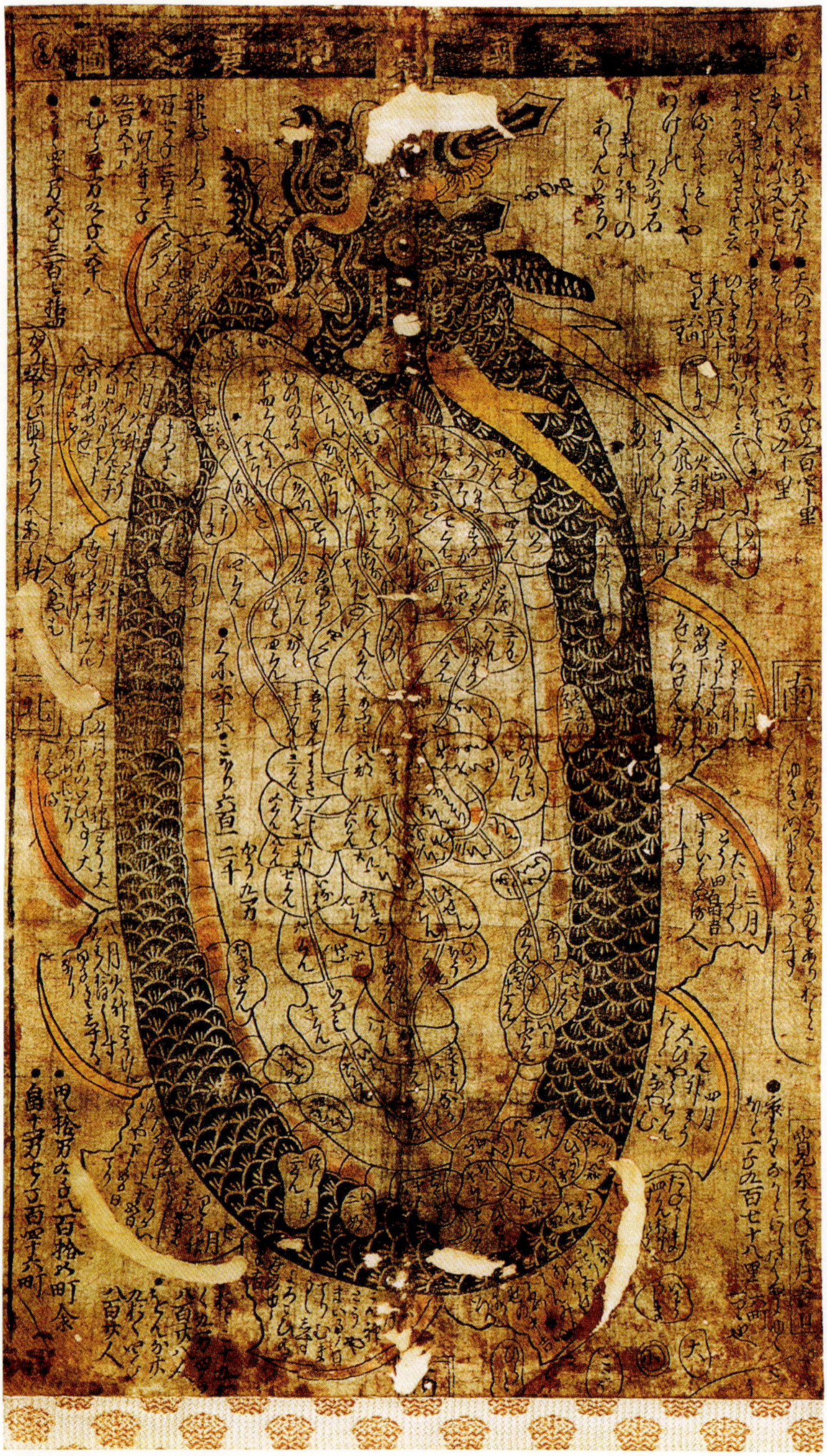

口絵５　大日本国地震之図（寛永元＝1624年）

大地へのまなざし——歴史地理学の散歩道——※目次

I　なりわいと大地

I

なりわいと大地

1―道行く人びと

政治の道・負役の道

東海道・東山道・北陸道・山陰道・山陽道・南海道・西海道といえば、これらはまずいくつかの国々からなる地域的まとまりであった。明治維新後、これに北海道が加わったことも、一定の地域を示す点では同様である。古代の律令国家は、宮都が位置する畿内から、放射状に延びる道を整備し、その道によって結びつけられる国々を統括の単位とした。

奈良時代の僧、行基がつくったと伝える日本地図が伝わっている。最も古いものでも仁和寺に所蔵されている鎌倉時代のものであるが（口絵1）、何種類もの系統があり、一般に行基図と呼ばれてきた。行基が作成にかかわったか否かは別とし、この日本図は確かに、当時の国土の認識をよく示している。図1のように、都から六方向（西海道は大宰府から）にのびる道によって、六八か国が串し差しになっているかの如く描かれている。この道にそって、畿内に近い国々を近国、その次を中国、遠隔の国々を遠国と称した。

例えば東山道であれば、近江・美濃両国が近国、飛騨・信濃両国が中国、上野《こうずけ》以遠が遠国であった。白河関を越えた陸奥国・出羽国では、次々と城柵が造営されて、律令国家が夷狄《いてき》とした蝦夷《えみし》（毛人）に対峙した。

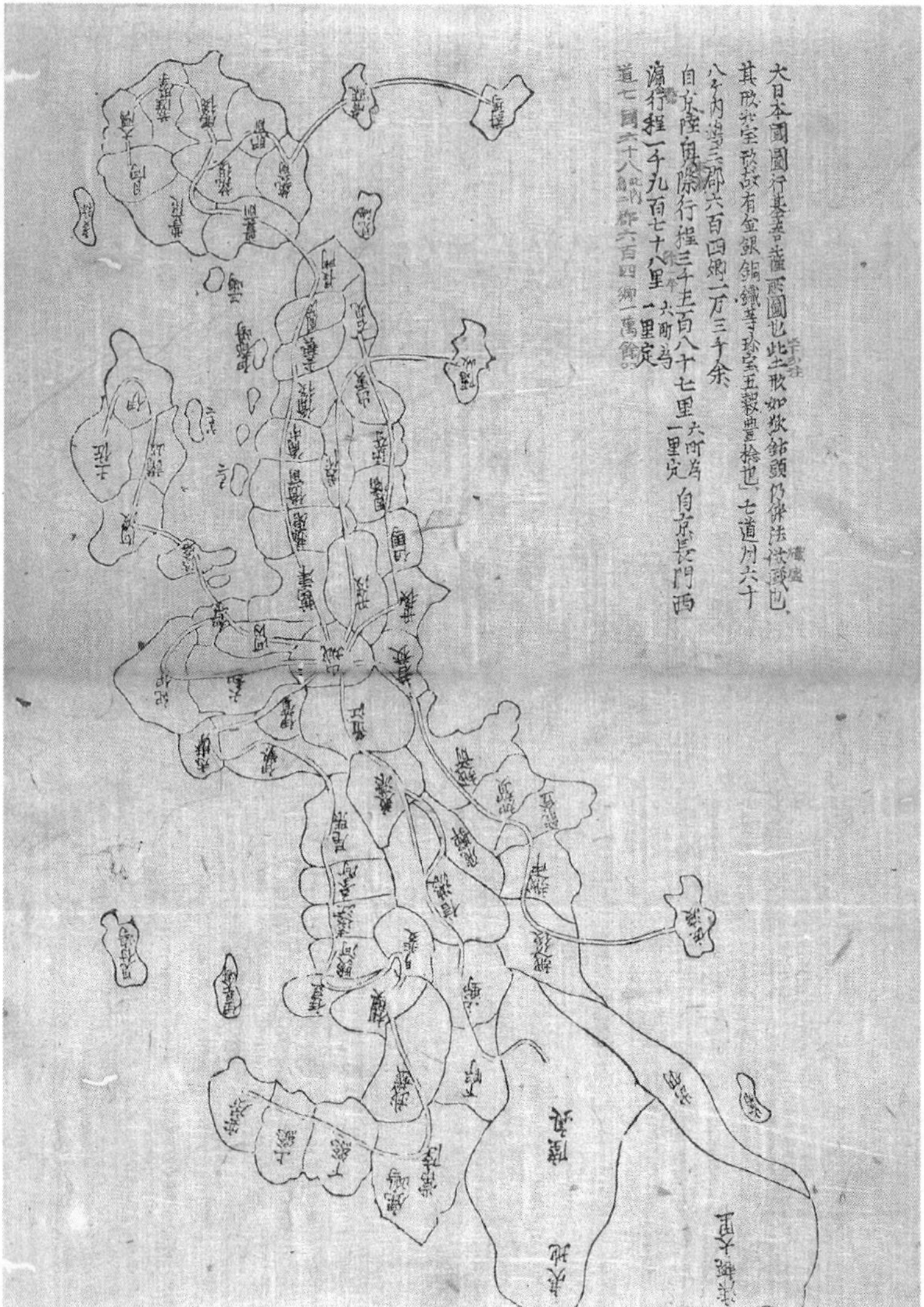

図１　大日本国図（慶長版『拾芥抄』所収）

このような七道を貫く官道《かんどう》そのものも七道と同じ名称で呼ばれた。たとえば東山道は官道東山道が通じていた国々であった。『延喜式』では官道に、大路・中路・小路の別が設定され、それぞれに原則として二〇頭、一〇頭、五頭の馬を常備した駅が設置された。これらの官道をたどり、駅と馬を使用することができたのは、特定の公務の貴族・官人たちに限られていた。

天智天皇の没後、退去していた吉野を脱出した大海人皇子は、駅馬を使用するために、飛鳥の「留守司」に「駅鈴《えきれい》」を求めたことが『日本書紀』に記されている。壬申の乱の始まりであり、間もなく大友皇子（弘文天皇）軍を破り、皇位について天武天皇の元年（六七二）となる年のことである。駅鈴が公務での駅馬使用の許可証であったが、この時、大海人皇子《おおあまのおうじ》はそれを得ることができなかった。大海人一行は、飛鳥古京から東へ向う東海道の「隠《なばり》駅家」や「伊賀駅家」を焼き落しつつ東へ向ったのである。

駅馬を使用する公務とは、大瑞や軍機、災害や疾病の発生、謀叛や外国からの渡来といった火急の通信用と、神祇官が任命する幣帛使《へいはくし》などの公使や、国司など各種報告のために上京する朝集使などであった。それほど急を要さない伝達や報告などの公務には、本来各郡に備えられていた伝馬が使用されていた。伝馬を利用できる伝使もまた、駅馬と同じように「伝符」が必要であった。しかも、初位以下は伝符三剋《こく》、八位以上は四剋、五位は一〇剋といったように、位階に応じて定められていた。新任の国司は、任国に赴くさい一部の国を除き、馬と食料が支給された。

『万葉集』で知られる大友家持は、天平一八年（七四六）、越中守に任じられて赴任した。時に家持は従五位下であったから、一〇剋の伝符が与えられ、一〇頭の伝馬を使用しつつ、越中国府へ向ったと考えられる。

時代は下がり、また平安京からほど近い山科盆地の東北隅付近のことであるが、『蜻蛉《かげろう》日記』の作者、藤原道綱の母は、次のような状景を記している。天禄元年（九七〇）七月のことである。

走り井にて、破子《わりご》などものすとて、幕引きまわして、とかくするほどに、いみじくののしる者来。いかにせむ、たれならむ、供なる人、見知るべき者にもこそあれ、あないみじ、と思うほどに、馬に乗りたる者あまた、車二つ三つ引きつづけて、ののしりて来。「若狭守の車なりけり」といふ。

国司の赴任は、少なくとも、周囲から際立つような旅行であったとみられる。国司はもとより、各種伝使にも公の経費での支給があった。

天平五年（七三三）の越前国郡稲帳（『大日本古文書』編年一）には、次のような詳しい記録がある。

検船使従六位上弟国若麻呂、四剋伝符一枚、食料稲六束四把、塩三合二勺、酒四升一人別稲四把塩二勺酒一升、三人別稲四把塩二勺

敦賀丹生二箇郡各経二箇日食料稲三束二把、塩一合六勺、酒二升、

従六位上の弟国若麻呂の場合、四剋の伝符一枚を発給されていたので伝馬四頭を使用し、越前国敦賀郡と丹生郡を各二日で往復した時のものである。丹生郡には国府があったので、おそらく平城京からやってきた伝使の越前国内での経費の支出記録である。片道の食料は稲三束二把、塩一合六勺、酒二升であるが、一人当りにすると、一日稲四把（今日の枡で米約八合）と塩二勺（同前約〇・八勺）である。弟国若麻呂だけが、このほかに一日に酒一升を支給されており、ともの三人には給されていなかった。官道はなによりもまず、政治の道であった。

古代の官道は、可能な限り直線状につくられていた。以前からよく知られていたものとしては、平城京の朱雀大路から、連続して南へのびる「下《しも》津《つ》道《みち》」やその東の「中津道」、さらに東の「上津道」などの南北道や、奈良盆地の南の方でこれと直交する横大路などである。平安京でも、「作り道」と称された南北道が、羅城門

図2　古代東海道の道路遺構(曲金北遺跡)

から南へと鳥羽まで続いていた。

このような古代の直線状の官道は、基本的には地形の障害のない平野の部分に限られる。山を迂回したり、川を渡ったりするたびに角度を変えて進むのが普通である。しかし、時には低い丘陵などを、切り通しのように切断して直線道が設定されている場合もあった。律令国家の土地計画は、極めて規則性の強い、また直線を強く志向するものであった。

JR静岡駅近くで、古代官道が、ほとんどそのまま眼前に出現して研究者を驚かせた。静岡市の曲金北《まがりがねきた》遺跡では、静岡県埋蔵文化財研究所の発掘調査によって、図2のような直線状の東海道が姿を現わした。道路の幅は九メートルほどであり、両側に幅二〜三メートル、深さ六〇センチほどの溝を伴っていた。両側の側溝の中心間で測ると、幅は一二メートル程度、約四丈となる。

この古代東海道は、静岡市街東部の孤立した谷津山の南端をかすめ、西南—北東方向にのびていたと推定されている。方向は正確には、東が北へ約三九度傾いた角度となっている。三〇年近くも前に、私が推定した官道のルートと方向は同じであるが、それより約二〇〇メートル余南に発見されたものである。谷津山の南端をかすめる位置という点でも同様であったが、実は明治時代、鉄道建設のために山の一部が削りとられてしまっていたのを見落とした失敗であった。

ところが、このような重大な見落しにもかかわらず、同一方向の官道を推定した理由は、静岡市街東南部一帯には、この方向の条里地割が広く分布していたからであった。条里地割というのは、通常一辺が約一〇九メートルの正方形が碁盤目のように連続する土地区画である。静岡県埋蔵文化財研究所では、この付近の条里地割の方格の一辺が、約一〇七メートルであるという計測結果を報告している。静岡平野のこの付近では、地下からも条里地割が検出されている。同研究所では、地表の条里地割がゆがんだり、消滅してしまっているところでも、ほぼ正確な一〇七メートルの方格網に相当する部分に、地下の条里地割が存在することを何か所かで確認している。

近畿地方をはじめ、古くから開発の進んだ平野では、条里地割が広い範囲に分布していた。市街地の拡大や圃場《ほじょう》整備事業によってみられなくなったところが多いが、かつては驚くほど広範に展開した地割形態であった。方格のサイズも、必ずしも一定ではなく、一〇九メートルよりやや広い場合も、やや狭い場合もあった。いずれにしても、現在の地表で確認できるものは古代のものがそのまま続いてきたものではなく、古代でも、このような小径や川、畦畔や溝などがすべて碁盤目状に整備されていたとは限らない。

しかし、国家が土地を管理し、班田収授制によって田を口分田として班給したり、私有的な墾田の所在地を記録したりするために、条里地割の正方形の区画に番号をつけた。条里呼称法と呼ばれるこの土地表示法によって、八世紀中ごろからは、土地の所在を極めて規則的に、かつ機械的に記録することができるようになった。一辺約一〇九メートルの正方形は、八世紀には「坊」と呼ばれ、平安時代に入ると「坪」と呼ばれるようになった。坪を三六集めた正方形が里、里の帯が条である。例えば近江国では、「近江国栗本郡六条十里三ノ坪」といった名称となり、座標のように正確に一〇九メートル四方の地点を示すことができることになる。

この一〇九メートル四方の坪（坊）の区画は、当時の面積で一町（三六〇〇歩、現在の一町二段、約一・二ヘクタール）であった。律令国家では、天平一四年（七四二）ごろから、しだいに班田図を整備し、条里地割と条里呼称とからなる条里プランとでも呼ぶことのできるシステムによって、土地管理を行った。

この条里プランを整備するさいには、しばしば直線状の古代官道が基準となった。静岡平野で、東海道と条里地割が同一の方向を示しているのはこのためであった。近江国や讃岐国でも、よく似た状況であったことが知られる。

近江国の湖東平野では東山道と条里地割が同一方向であり、讃岐国の高松・丸亀・三豊平野でも南海道と条里地割が同一方向である。讃岐国の場合、郡の境界線は、南海道と直交する直線であり、条里プランの条や里の基準となっていた。直線状の官道は、単に官道として整備・利用されたにとどまらず、農地（やがて土地全体）を管理するための条里プランの基準ともなったことになる。

官道の駅に備えられた馬は、それぞれの駅ごとに指定した駅戸に飼養された。駅戸の中の富裕で才幹のある者が駅長に選ばれ、駅家の管理や駅子の割り合てなどの管理をした。駅子は、ほかの労働の提供は免除されたが、駅馬を曳いて、平均一六キロほど離れた次の駅まで送らねばならなかった。駅使やその同行者に事故があったりすれば、その連絡の文書を運ぶことなど、かなり重い負担があった。

つぎねふ　山城道を　他夫の　馬より行くに　己夫し　歩より行けば　見るごとに　哭《ね》のみし泣かゆ
其思ふに　心し痛し（下略、日本古典文学大系『万葉集』三三一四）

『万葉集』の歌の一節である。山城へ行くのに、他の人の夫が馬で行くのに、自分の夫は歩いて行くので、見るたびに泣ける。そのことを思うとつらい。といった意味である。当然のことながら、多くの人びとは馬を使うことはできず、徒歩で道を行ったわけである。『万葉集』には、「足柄の坂を過ぎて死れる人を見て作る歌一首」（一八〇〇）も載せられている。この場合は、「大夫」であり、官人であろうが、それでも長旅に疲れて客死することもあったようである。

律令の下では、人びとは租《そ》・庸《よう》・調《ちょう》の税を納め、さらに労役に服さねばならなかった。租は土地税で、大宝令の規定では一段当り稲二束二把であったから、上田であれば収穫量の三パーセント程度である。これ自体はさほどの負担ではなかった。庸は年に一〇日間の労役分を布や米で代納するものであり、調はさまざまな特産品を納めるものであるが、多くは糸・絹・綿などの繊維製品であった。

租稲は国に収納されるものであったが、調・庸やその他の雑物は基本的に、農民が直接京へ輸送しなければならなかった。調庸物は運脚の背で道を行ったのである。例えば越前国は近・中・遠の中国であり、規定では荷物をともなった京への上りに七日、下りに四日を要した。しかも、調庸物を運ぶ人びとは、当然のことながら駅伝馬を使用できず、しかも往復の食料は本来自弁であった。

越前国からの場合でも一一日分の食料を携帯しなければならなかった。なんとか京へは到達しても、力尽きて餓死する人びとが絶えなかった。同国では、一一月末までに調庸物の輸送を終えるのが規定であった。秋から冬にかけて、多くの人びとが、重い荷を背に、空腹に耐えつつ行き交った様子を想像してよいであろう。

このようにして多くの物資が京に集まった。これらには、平城京などで多量に出土する木簡の荷札がつけられていた。例えば次のようなものがある。

越前国丹生郡曽博郷戸主牟儀都百足戸口同広足調波奈佐久一□

天平十七年四月十八日

越前丹生郡曽博郷（現在の今立郡池田町付近）の戸主であった牟儀都百足の戸口の牟儀広足が、調として「波奈佐久」を、おそらく一荷納めた時の荷札である。見慣れない波奈佐久は薬草と思われるが定かではない。

運脚の食料の問題はいかにも大きく、銭を持たせて各地で郡稲と交易できるようにしたり、米を売らせるように命じたりしたことなどが知られるが、効果のほどは不明である。いずれにしても大変であることには違いない。

しかも、道行く人びとはこれにとどまらない。多くの人びとが労役に徴発された。『万葉集』に載せられた「藤原宮の役民の作れる歌」（五〇）にみられるように、「家忘れ、身もにな知らず」と、家も身も忘れて働くこと余儀なくされていた。雇役として徴発された役夫は食料（助食）が支給されたが、仕丁や兵士役の場合はさらに深刻であった。

郷から二人が都の官司で雑用に従事するために徴発されるのが仕丁、ほぼ各戸（戸口は四〇〜五〇人が多い）から出す兵士には各国の軍団に配属されるものや都の警護に当る衛士、西海道の防備にあたる防人《さきもり》もあった。いずれも一〜三年の年限が定められていたが、守られていなかった。兵士役の場合、糒《ほしいい》・塩などの食料や、弓・大刀などの武具は兵士自身が備えねばならず、大変な負担であった。しかも、彼らを失った国もとの家族の労苦もまた倍加することになる。

このような重荷から逃亡する農民もいた。残存する戸籍には逃亡した人びとの記録が多い。彼らはどのように道をたどったかは不明であるが、逃亡者の駆使を禁じている例があるから、一方では彼らを働かせる人びともいたことになる。

もう一度『万葉集』に戻りたい。

信濃路は　今の墾道《はりみち》　刈株《かりばね》に　足ふましなむ　履《くつ》著《は》け吾背《わがせ》

信濃国の道を行く夫の身を案じた歌である。古代の官道を行く人びとの多くは、重い足をひきずっていたと考えざるを得ない。

行軍の道・市への道

四月二七日には八幡・山崎の合戦と、兼てより定められければ、名越尾張の守大手の大将として七千六百余騎、鳥羽の作道より向かはる。足利治部大輔高氏は、搦手の大将として五千余騎、西岡よりぞ向かはれける。

『太平記』が記す山崎攻めの一節である。騎馬の大軍が、作道をはじめ、京郊の諸道を所狭ましと駆けていたことが知られる。源平の合戦にしろ、南北朝の前後にしろ、行軍・合戦は騎馬を中心に展開した。

京の朱雀大路から南へ直進する鳥羽の作道は、現在の城南宮近くで、南西方向へと直進する久我畷手《こがなわて》に接続していた。平安時代に新設された山陽道である。大手の大将名越尾張守の大軍は、この道を山崎へ向った。搦手《からめて》の大将足利高氏軍に先を越されまいとして、軍を鼓舞した。その折りの情景を次のように記している

（コラム1も参照）。

さしも深き久我畷の、馬の足もたたぬ泥土の中へ馬を打入れ、我先にとぞ進みける。

山陽道のような大道が「馬の足もたたぬ泥土」であるというのである。作道はもともと幅八丈（約二四メートル）程度の立派な道であり、久我畷手もまた、その半分程度はあったはずである。これに先立つ三月一五日、「久我畷手は、路細く深田なれば馬の懸引も自在なるまじとて」と、官軍が久我畷手を避けたことを記している。

このころの道は、本来の道路敷の一部が耕されて田畑になったり、整備が悪くて一部しか通れない状況だったりしたようである。京中でも、幅一〇丈の広い九条大路がそのまま大路として認識されていても、実際に使用されているのはその中の狭くて湾曲した小道である状況を描いた地図が残っている。古代の官道のような、整然とした、また直線状の道路を建設するような意図や努力は必ずしも働いていなかったとみられる。

とはいえ、軍道の整備は各所で行われた。鎌倉幕府は、東国武士団の本領と鎌倉幕府を結ぶ道路網を構築していた。阿部正道によれば、丘陵端や坂道の部分では堀切の凹地とし、急坂には敷石を用いている例があるとされる。台地上や平坦地では、道の両側に土手が築かれているのが大きな特色である。

『太平記』は、鎌倉を目ざす新田義貞軍に対して、「武蔵・上野両国の勢六万余騎を相副て、上路より入間河へ向けらる」と鎌倉から北へ向う「上路」の存在を記している。さらに、利根川東岸の「下河辺」から「下道より鎌倉へ引返し給ひければ」と鎌倉から東北へ向う「下道」を記している。度重なる合戦のたびに、諸道は騎馬でうまった。京・鎌倉間を行き来した騎馬の数は、軍勢としても、頻度からしても、さらに累計からしても夥しい数に達したと思われる。

織田信長の道路整備もよく知られている。天正二年（一五七四）尾張国中の道路を年間に三回修築し、橋は先例に従って、もともと架橋を担当した現地に修造させる、といった指示であり、尾張のみならず、美濃や京都にいたるルートでも実施された。この政策を受け継いだ織田信忠は、天正四年に「尾張国中道之事、本海道三間二尺、脇道二間二尺、在所道一間、高三尺に脇に松柳樹うべし云々」と指示している。幹線道路の道幅は約六メートルであり、街路樹まで植えられたことになる。

天正三年には中山道の改修をしたが、東大寺金堂の日記によれば、「摺針峠を横三間、深さ三尺に掘らる。人夫二万余、岩に火をたきかけ上下これを作り、濃州よりは、三里ほど近くなるとなり、田をもうめらるる由なり」という。現在の滋賀県彦根市の摺針《すりはり》峠付近で、尾張・京都間を約一二キロ短縮するのに、二万人を投入しているのである。幅約五・四メートルに切り込んだ構造の道であった。一部では田を潰して道をつくったことも知られる。四方に敵を有した織田信長軍は、軍勢の移動にことさら意を用いたことの一証であろう。ただ織田軍の場合、主力は騎馬でなく、歩兵であった。

『海道記』の作者は、貞応二年（一二二三）に京都から鎌倉へ向かう途中、「津島のわたり」で舟を降りて尾張国へ入った。

見ればまた園の中に桑あり、桑の下に宅あり、宅には蓬頭なる女、蚕簀《さんさく》に向いて蚕養をいとなみ、園には潦倒たる翁、鋤をついて農業をつとむ。おほかた禿なる小童部といへども、手を習う心なく、ただ足をひぢりこにする思のみあり。

桑畑の続く尾張の国の風景である。髪に櫛も入れない女性が蚕に葉を与えている農家がある。近くで鋤《くわ》を使っている男は、重労働ですでに年老いて見え、子供は手習いをしようともしないで農作業に見入っているように見える。のどかな農村の情景ではある。

しかし、静かなばかりではない。二〇年近く後、やはりこの桑畑地帯を経て、現在の名古屋市北西部付近を通った『東関紀行』の作者は、市日《いちび》に遭遇したようである。

萱津の東宿の前をすぐれば、そこらの人あつまりて、里もひびくばかりにののしりあへり。今日は市の日になむあたりたるとぞいふなる。往還のたぐひ、手ごとに空しからぬ家づとも、かの「見てのみや人に語らん」と詠める花のかたみには、やうかはりておぼゆ。

「萱津東宿」の市は驚くほどの賑《にぎわ》いであり、人びとは手に手になんらかの品物を持って家路をたどっているという情景である。さらに少し後になるが、嘉暦二年(一三二七)の円覚寺領尾張国富田荘古図(円覚寺蔵)には、図3のように庄内川西岸の道にそって、家々が並んでいる様子や、円聖寺・千手堂・光明寺・大師堂といった寺院が、近接して存在してた様子を描いている。萱津宿《かやつのしゅく》は当時、おそらくは尾張随一の町であったものと思われる。

鎌倉末ごろに完成した『一遍聖絵《いっぺんひじりえ》』にも市の風景が描かれている。備前国福岡市である。市の施設は壁のないものが多く、粗末なものであるが、並べられている商品は、魚・鳥・米といった食料品から、織物・下駄・包丁・壺など、実に多様である。

富田荘古図が描かれてほどない時期、つまり南北朝から室町時代初期にかけて成立した『庭訓往来』には、市町興行の心得を述べた部分がある。「市町は辻小路を通し、見世棚を構えしめ、絹布の類・贄《にえ》・菓子、売買之便有る様、相計《あいはか》らうべき也」としている。市町の設定・管理の心得である。さらに、市に「招き居《す》うべき

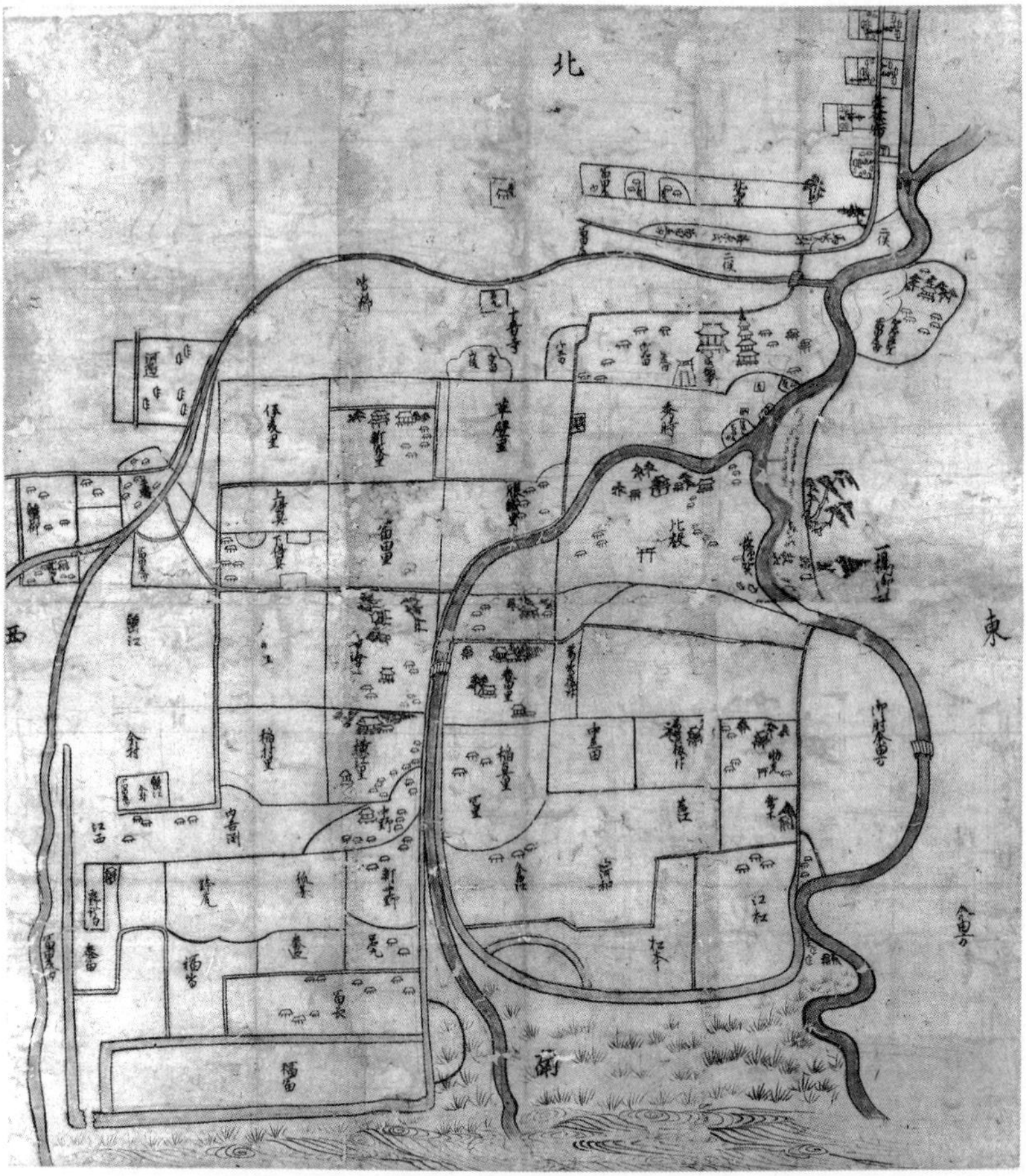

図3　円覚寺領尾張国富田荘古図

輩」を具体的に列挙している。職人・商人・芸能民など、その数は多数にのぼる。社寺や地頭、荘園の預所など、土地の領有者が市を設定し、管理したものであろう。網野善彦によれば、市の多くは、河原や浜など、「無主」の地に建てられたものであったとされる。

応永二〇年（一四一三）の宇佐八幡宮末社和間浮殿放生会指図（『大分県史料』）には、大鳥居の前に「唐物《カラ》屋」が並び、「茶ヤ・酒ヤ」がいくつもある状況が表現されている。桜井英治によれば、同図に記入された「市目代」が市を管理し、「殺生禁断札」が立てられていた。唐物屋は、福岡市の絵のような市の施設であり、これが「見世棚」であろう。先に紹介した富田荘古図の萱津宿付近に並ぶ四か所もの寺堂には、あるいはそれぞれにこのような市が立ったと考えるべきであろうか。

人びとは、深く貨幣経済・流通経済に組み込まれていたようである。市なくしては荘園年貢の代銭納も成立しない。商品を売る商人も、それを買う人びとも、共に市への道を行き来したことになる。市場商人は、かなりの範囲の市を、市日によって移動した。

このような定期市は、やがて恒常的な市町へと再編される場合があった。

土佐国の『長宗我部地検帳』による小林建太郎の復原研究では、道の両側に短冊状の市屋敷が並んだ市町の構造が明らかにされている。町並みの両端には「くぎぬき」つまり木戸が設けられ、町並みの中には、目代や市神が設置されていたようである。先にふれた宇佐八幡宮末社の市場でも、「夷殿在処」がみえる。エビス神が祭られていたのである。

市へと物資が集まり、また市から散っていったことは当然であるが、京ともなると諸国から上《のぼ》ってくる物資の量も破格に多かった。平安時代の終わりごろからは、すでに駄馬や牛車によって諸国から集まる物資を輸送する業者が出現した。馬借《うまかし》・車借《くるまかし》である。『今昔物語集』には、「其の辺には車借と云ふ者数《あまた》有り」と記された場所があった。専門業者が集って住んでいたのである。

一一世紀の中ごろに藤原明衡が著したという『新猿楽記』は、馬借・車借の様子をリアルに表現している。東は大津・三津に馳せ、西は淀の渡、山崎に走り、牛の頸《くび》は爛《ただ》るといへども一日も休むことなく、馬の背は穿つといへども片時も活《いこ》へず、常《つね》に駄賃の多少を論じ、鎮に仁車力の不足を錚《あらそ》ふ。と、東は琵琶湖畔から西は淀川の山崎津まで、牛馬を酷使しつつ物資を運び、運賃をかせいでいた。酷使されたのは牛馬だけではない。

足は藁履《こうり》を脱するの時なく、手は楉鞭《しもと》を捨つる日なし。踵《きびす》の皹《あかぎれ》は山城茄子の霜にあふがごとく、胻《はぎ》の瘃《ひび》は大和瓜の日に向かふがごとし、ただ牛馬の血肉をもって、まさに妻子の身命をたすけんとするのみ。

生活のために働き続け、道行く足は荒れるにまかせているというのである。道の賑《にぎわ》いは、生活の強い臭いに満ちていた。

遊行《ゆぎょう》上人といわれた鎌倉時代の僧一遍は、全国各地を念仏遊行した。人びとの集まる市の付近は踊念仏の場となった。前述のように『一遍聖絵』に福岡市の風景が描かれていることは、市が物資のみならず結縁《けちえん》の結節点でもあったことを示していよう。この聖絵は、一遍没後の一〇年目にあたる正安元年（一二九九）に聖戒が完成し、絵師法眼円体が絵を描いたと奥書に記されている。聖戒は一遍の弟子であり、生前に師とともに諸国を遍歴し、没後にまたゆかりの地をたどって遊行した。

僧が道を行き、救いを求める多くの人びとが結縁した。農民・漁民のみならず、武士もこの中に含まれていた。一遍自身、善光寺・高野山・熊野などを巡拝した。『一遍聖絵』には熊野詣を描いた画面が五つある。

熊野は、平安時代の中ごろから、権勢をほこった院権力との結びつきが強かった。熊野への道について、いろいろな事実を明らかにした戸田芳美の成果にしばらくは拠りたい。

白河院の熊野御幸《ぎょこう》が大きな画期であったとされる。寛治四年（一〇九〇）に始まって、白河院九度、鳥羽院二一度、後白河院三四度、後鳥羽院二八度もの院熊野御幸がくり広げられた。京から熊野へは、三つの主要ルートがあった。紀伊半島を周行する西からの「紀路」と東からの「伊勢路」、さらに吉野から熊野へと向う「峰入り」ルートであった。峰入りの大峰道は険しい修験の道であり、『梁塵秘抄』に「広大慈悲の道なれば、紀路も伊勢路も遠からず」とうたわれた海辺の道が俗人の行程であった。

なかでも、大阪平野から紀伊国境の雄山峠を経、日高を経て田辺にいたり、そこから東の山間に向う「中《なか》辺《へ》路《ち》」がよく使われた。京から熊野本宮へが約三〇〇キロ、本宮・新宮・那智の熊野三山一周が約一三〇キロ、全行程は七〇〇キロを越える熊野参詣である。紀路の熊野参詣道には「王子社」が配され、人びとは「九十九王子」を巡拝しつつ、苦行と滅罪の歩みをたどった。

院の熊野御幸は多くの従者をともなっていた。沿道の諸国・諸荘には、粮米・伝馬・人夫などの負担が課された。例えば久安四年（一一四八）、紀伊国貴志川下流域の吉仲荘は、「当御社に限らず、惣国中枯れ候て、百姓皆餓死仕り、生残る者他処仕りて候はば」（京都大学附属図書館蔵『兵範記』紙背文書）と記されているように、大変な不作と百姓の窮状であった。しかしそれでも翌年、院熊野御幸は決行され、おそらく課役を免れなかった（戸田芳実『歴史と古道』）。権勢者の救いの行程は、その分庶人の労苦でもあったことになろう。

院に供奉する多くの人びとの中には都の貴族たちも含まれていた。貴族自身が家族をともなって熊野に参詣することも多かった。生涯に二二度の参詣を果たした藤原頼資は、建保四年（一二一六）に長男を連れたさいの一行は「乗駕人数五六人」という大勢であった。

ただ、熊野詣は、このようなきらびやかな院・貴族のものだけではなかった。熊野山に属する修業者・大衆は、各地におもむいて人びとに信心や参詣を勧め、先達として活動した。これらに応じて、多くの庶人も熊野への道をたどった。

救いを求める所作はもとより熊野参詣のみではない。一遍は諸国を遊行したが、親鸞はそれほど多くの場所を訪れていない。親鸞は、流罪地越後から関東に居を移し、そこで布教の後は京に戻り、専ら文書による布教に専念した。親鸞の念仏往生の教えの多くは、文書でもたらされた。蓮如もまた「御文《おふみ》」と呼ばれた手紙によって教説を伝えた。しかしやがて、蓮如は各地をめぐり、吉崎をはじめ多くの坊舎を建立し、大教団をつくりあげた。数限りない門徒が道場に向い、さらには一揆を惹起した。北陸や伊勢など、各地で念仏者が道を埋めた。

参勤の道・参宮の道

黄昏時に、中山道の妻籠《つまご》の町並みを歩いてみると、宿場町の雰囲気を少し味わうことができる。島崎藤村の『夜明け前』の時代以後、鉄道と幹線道路からはずれた妻籠宿は、馬籠《まごめ》とともに、時代の急変から取り残されてしまった。そのために余儀なく残った宿場町の町並みは、今は多くが復原・修築され、その景観を求めて訪れる観光客が増加している。

天保一四年(一八四三)、妻籠は本陣・脇本陣各一、旅籠屋三一、総家数八三戸、人口四一八人であった。今も家数は大差ない。馬籠は本陣・脇本陣各一は同じだが、旅籠数は一八、六九戸、人口七一七人であった。

宿場町は、中山道では五〇人、五〇匹の人馬を常置すべく定められていたが、妻籠・馬籠など山深い木曽一一宿に限って、二五人・二五匹の半減を認めていた。東海道では、馬三六匹として出発したが、一七世紀中ごろからは一〇〇人・一〇〇匹となった。中山道では、天保一四年に家数一〇〇〜二〇〇、人口数百から一〇〇〇人前後という宿が標準であり、平均旅籠数は二七軒、人口一一四〇人であった。同じ年、東海道では五五軒、人口三九四四人であるから、二倍以上であった。

イギリス人セーリスは、慶長一八年（一六一三）、平戸から江戸へ向い、途中の東海道について次のように記している（村川堅固訳『セーリス日本渡航記』）。

道は驚くほど平坦で、それが山に出会うところでは、通路が切り開いてある。この道は全国の主要道路で、大部分は砂か砂利の道である。それがリーグ（里?）に区分され、各リーグの終りごとに路の両側に一つずつ丘があって、その上には一本のみごとな松木が、東屋の形にまるく手入れをしてある。こんな目標が終りまで道中に設けてある。

江戸幕府は、街道を整備し、道中奉行を設置して管理した。全国の統括とともに、江戸を防衛し、またその大消費人口を支える生活物資を確保するためでもあった。直接管理下におかれたのが五街道であり、江戸から四周へのびる東海道・中山道・甲州道中・日光道中・奥州道中であり、美濃路・佐屋路・姫街道・例幣《れいへい》使《し》街道などが、やはり道中奉行の管轄に入っていた。

これらの街道には、先の妻籠・馬籠のような宿場町が設置され、一里塚が整備された。宿場は、宿泊・休憩のほか、人馬継立・通信（飛脚）の機能を有し、宿内の有力者が問屋として宿借人の長となり、自ら問屋場を経営して人馬継立業務を果たした。幕府の公用で旅行する大名や旗本は、朱印状や老中・所司代などの証文によって一定の人馬を使うことができた。

この公用の最たるものは、大名の参勤の旅行であり、大変な大部隊となった。享保六年（一七二一）の制限では、二〇万石以上の場合、馬上一五～二〇騎、足軽一二〇～一三〇人、中間人足二五〇～三〇〇人におよんだ。東海道では、二〇万石以上の大名が無賃で使用できるのは三日間五〇人・五〇匹であり、残りは御定賃銭で雇うことができた。参勤の大名は本陣ないし脇本陣を使用したが、大きな大名であれば、家臣従者によって旅籠屋が占領され、時には寺院などを使用することもあった。

参勤交代で往来する大名の数は、東海道一五四家、中山道三四家にのぼり、遠国奉行、駿府・大坂・二条などの城代や京都町奉行などの任地への往復に加え、将軍家へ献上する宇治茶の茶壺道中までが公用であった。沿道の住民は、これらの公用旅行に対してさまざまな負担と制約を課され、非常な畏怖を抱かざるを得なかった。「茶壺に追われてト（戸）ピッシャン、抜けたら（通過したら）ドンドコショ」という童謡の一節は、まさしくこの状況を示している。

宿の維持には、町屋敷にかかる伝馬役・人夫役などがあてられ、宿内百姓には継人馬が賦課された。さらに、助郷を近隣に設定して負担させた。重い負担を課せられた助郷の農民はもとより、本陣・脇本陣もまたしだいに財政的に困窮の度を強めた。

幕府の交通政策は、あくまで公用中心であったが、藩士の旅行でも、有利な御定賃銭で人馬を使うことができ、武士はやはり優遇されていた。一般の庶民の場合、問屋場ではなく、馬士や駕籠《かご》かきと直接交渉をすることになっていた。それでも、さまざまな人たちが、比較的安全な旅行をすることができた。例えば文化一〇年（一八一三）大坂から江戸へと旅行した大坂の商人升屋平右衛門は、一二泊の順調な旅行を書きとどめている（『日本郡市生活史料集成』）。

飛脚もまた宿の重要な機能の一つであった。幕府公用の継飛脚には、江戸・京都間を二八～三〇時《とき》（五六～六〇時間）で書状を送る急行便もあり、大名飛脚・町飛脚もあった。

整備された街道は、やはり、人と物と情報の大動脈であった。

シーボルトは文政九年（一八二六）、大井川の川止めで岡部宿に二日と島田宿に二日の足止めを余儀なくされた。「丸石でおおわれた約一〇町の幅の河床は、この川がときおりひどく増水するに違いないことを物語っている。非常に速く流れるいくつかの川筋には橋が架かっておらず、渡河に舟を使うことができない」と記している（斎藤信訳『江戸参府紀行』）。

整備のゆきとどいた東海道ではあったが、大井川の徒渉《かちわたり》は最大の難所、あるいは断点の一つであった。アンベールは、「川といえば、日本人の建築技師は実に優れた技術をもっているが、橋を掛けることはできなかったので、底の平たい小舟で越すか、それを生業とする強力な川越し人夫の肩に乗ることになる」と記している（高橋那太郎訳『アンベール幕末日本図絵』）。

しかし、アンベールが疑問をもっているように、技術的に架橋が不可能であったとは限らない。渡舟の出願は何度も行なわれたが、許可されなかった。駿府城主忠長は、将軍家光の上洛にさいし浮橋を渡した（『徳川実紀』）が、かえって将軍の憤りを招いた。確かにこれには、島田宿四八軒、金谷宿五一軒という、その東西の宿場町より多い旅籠による営利上の反対もあった。

しかし、なによりも政策的とみるべきであろう。『徳川実紀』は、「それ箱根、大井の両険は、関東鎮護第一の要地なり」としている。江戸の防衛のために、難所として整備したとみられるのである。アンベールは箱根についても記している。「東海道は、森林に覆われた山々を通っている一本道で、（中略）江戸から西方及び南方の各地に伸びる街道は、この地点で、みな幹線道路に合流している。そして東海道は峠の裏側で、突然、狭い道を通るようになっていて、そこには厳重な関所が設けられ、武装した衛兵が番をしている」（前掲書）。

街道の整備は一方で、このような管理・防衛のポイントの整備でもあった。

街道をたどる旅行者は多かった。これらの難所を含め、各種の案内書・地図が刊行された。

ふたりとも値段とりきわめて、蓮台に打乗見れば、大井川の水さかまき、目もくらむばかり、今やいのちも捨てなんと思うほどの恐しさ、たとゆるにものなく、まことや東海道第一の大河、水勢はやく石流れて、わたるになやむ難所ながら、ほどなくうち越して蓮台をおりたつ嬉しさいはんかたなし。

『東海道中膝栗毛』の一節であるが、旅行に出かける人にとっては、実にすぐれた案内書である。

遠近道印《おちこちどういん》という測量家は、詳細な江戸図の作者として著名であった。彼が実測して原図をつくり、著名な浮世絵師菱川師宣《もろのぶ》が仕上げた『東海道分間絵図』が刊行されたのは、元禄三年（一六九〇）のことであった。一町三分、つまり一二、〇〇〇分の一の縮尺を基本とし、紙幅に合わせるために方向をゆがめて描いてあるが、ところどころに方位を入れてそれを補ったものである。川や宿場町の表現は師宣の筆で生き生きとしている。宝暦二年（一七五二）には携帯用の縮冊版も出た。縮尺は元版の三分の一、本の大きさも六割ほどの折本である。

やはり浮世絵師石川流宣《とものぶ》の日本図も、よく利用された。流宣図《りゅうせんず》と呼ばれる彼の日本図は貞享四年（一六八七）刊の『本朝図鑑綱目』以来、版を重ね、もっと正確な長久保赤水《せきすい》ものが出版される一八世紀末まで広く利

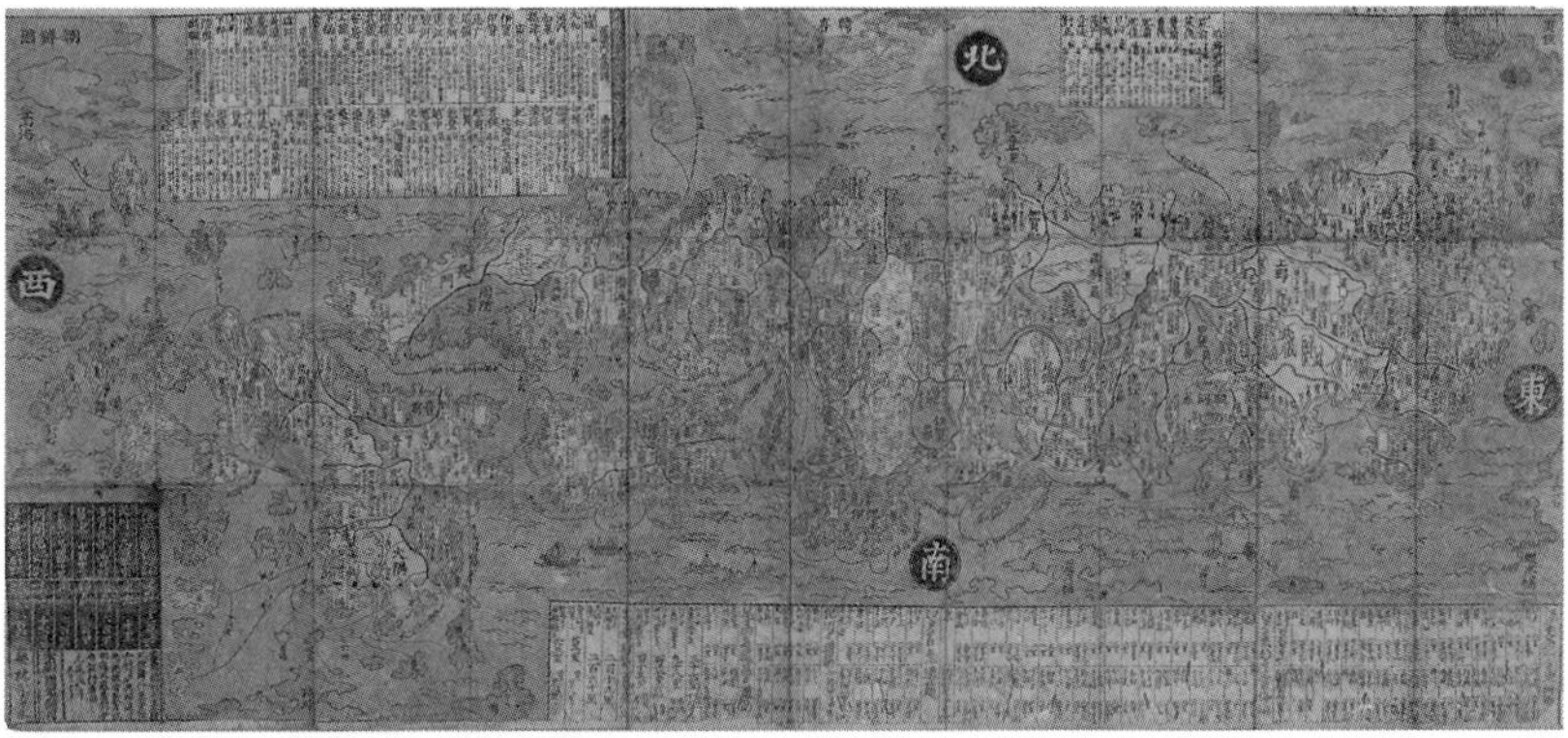

図４　『本朝図鑑綱目』（石川流宣／元禄２＝1689年版）

用された（図４）。流宣図は、地図としては行基図を装飾的にしたような精度の低いものであったが、宿駅・里程表などが加えられた一枚図であり、なによりも道中図として便利であった。

庶民にとっては、商用を除けば、社寺参詣が最大の旅行であった。縁日や開帳などの寺院参詣も盛んになったが、熊野参詣にかわって伊勢参宮が空前の盛況を呈した。伊勢参宮は、本参り、抜参り、御蔭参りに三大別される。本参りは一生に一度、講の組織の下での参宮である。抜参りは、家長や主人の承諾を得ずに参宮するものであるが、無事終れば咎《とが》めだてしないことになっていた。御蔭参りは、御札降下の噂が立って、生業を放棄して群参するもので、五、六〇年の周期で発生した。特に大きなものは四回あり、二、三〇〇万人が熱狂したとされる。

当時、参宮が、物見遊山《ものみゆさん》の最大の口実であり、なによりの行楽であった。『東海道中膝栗毛』も伊勢参宮が目的という筋立てである。

江戸幕府は、諸大名に命じて国絵図をつくらせた。慶長一〇年（一六〇五）以来の国絵図はいろいろであるが、いずれも郡の領域と町・村の位置と名を記入している。町・村はほとんどが道で結ばれ、里程や一里塚の記号が加えられていることもある。人と物資が移動するのであるから、考えてみると当然のことである。近世に整備された道は街道にとどまらず、町中・村中の道におよんだ。

街道を行く人びとは、大名であれ、武士であれ、あるいは商用であれ、物見遊山であれ、いずれも街道の方向に進んだ。休憩や宿泊あるいは商用や買い物に、一時的に止まっても、それは次に進むための準備にほかならない。物資もそうである。道は通過するルートである。

ところが宿場町は、このように通過する人や物を対象とする家々が、両側に並んだものである。問屋場《といやば》も旅籠屋も、一体となって宿の機能を果たしていた。つまり、街道に隔てられた両側の町並みが一つに結びついているのである。宿場町では、道の両側の家々が一つの町をつくり、共同体を構成しているのである。

このような両側町《りょうがわまち》が、近世では一般的な存在であった。城下町の場合でも、道ぞいに塀をめぐらせた上級武士の武家屋敷地区を別とすれば、町屋地区では道の両側を単位としていた。米屋町や呉服町あるいは本町や上町といった町名は、基本的に両側町であり、塀や堀などにそって一方にしかない町並みは、ことさらに「片町」などと呼ばれた。

このような両側町の発達は中世以後のことであった。平安京などの都城では、大路・小路は「町」を区切る境界であり、道の両側は結びつきを持たなかった。しかし京都でも、中世以後には両側町が一般的になり、道は、それにそって住んでいる人びとの生活を結びつけるものとなった。道が賑わい、人通りが増えれば、両側の店はそれぞれに利益を受けることができる。道を清めたり、時に整備をしたりするのも、両側の屋敷の分担である。京都の場合、このような両側町が単位となって町組をつくり、それが共同体の単位となった。京でも江戸でも、江戸時代の税の多くは、町屋の場合、通りに面した間口の幅に応じて課されるのが普通であった。その結果、町屋の多くは細長く奥にのび、裏側に隣町との境界があった。

村の道も、集落の中では大きな差はない。「向う三軒両隣り」が共同体の基本型である。しかし田畑の中の道はそうではない。特に田の中の道は、土地所有はもとより、用水の水掛りも道を境にして異なることが多い。水田部分の小字地名は、町と異なって、多くが道を境界としている。水田の中の道は、田を区画し、そこで働く農民がたどり、収穫を運ぶためのものであり、農村には不可欠のものである。しかし、言いかえれば、区画と通過のためのものであり、道が境界となる点では、現在の多くの新しい住宅地の町内の単位と同様である。

これまで日本の道の諸相をみてきた。その特性について明治の初めごろ、英国公使パークスが本国に上申した調査報告が見事に要点を述べている。大蔵省翻訳課の手になる『日本国内運輸ノ性質幷ニ費用ニ関スル英国領事報告』は、ほぼ次のような結論を述べている。

東海道・中山道などの大道は商品運輸の為ではなく、行政上・軍務上の便利を計るために設けられたものである。これらの大道は、日本を縦断し、山脈に平行するものが多く、容量の多い物品や多量の物品を運輸するに不便である。

県道は、封建時代の諸大名がつくったもので、江戸への往来に便利なように設けたものである。ほかに若干の便利な道はあるが、徒歩か商用で国道へ出るのに便利であるに過ぎない。

村路は、産物を運輸し、また交通の便をはかるために村費でつくったものであるが、つくり方が一般に粗略であり、険しい山を通過するところが多い。しかし、村路は狭くて粗略であるが、陸上輸送の八、九割はこの道によっている。

もはや要約は不要である。さらに次のように重要な指摘をしている。

日本人は最近に至るまではマカダム法（小さい砕石を道路に敷く方法）を知らなかったので軟かいもので道をつくった。そのため暴雨の後は車輌がほとんど通行不能となるのが普通である。

ごく最近までは、商品の国内の輸送をすべて駄馬によっており、人夫で運搬するものもあったが駄馬に比べれば少なかった。

多くの道の路面が軟かいために、雨のあとは車輌の通行が困難になることや、多くの荷が馬の背で運ばれたことは、指摘の通りである。「唯古代ノ牛車ノ一種」を使用するだけとは、その正確さに驚かされるばかりである。

すでにみてきたように、車借・馬借は「牛の頸《くび》」がただれても、「馬の背」に傷を負わせても、というのであるから、牛には軛《くびき》をかけて荷車を引かせ、馬には背に鞍を置いて荷を積んでいたことになる。牛に引かせる牛車《ぎっしゃ》は平安貴族も使用した。

ヨーロッパ社会では、牛に引かせる荷車は難路のためであることが多い。ヨーロッパ社会で長期間におよんだ馬車交通を軸とする時代は、日本ではほとんどないが、明治以後のわずかの期間にのみみられる。近世以前の日本では馬は、人が乗ろうと、荷を積もうと、車を引くことはほとんどなかった。古代の駅伝馬も、中世の馬借も、近世の宿場の馬も、すべて騎馬か駄馬である。安藤広重の東海道五三次の浮世絵でも、描かれているのは駄馬がほとんどである。日本では、馬も人と同じようにわらじ・草鞋《ぞうり》をはいていたのである。道はこの点ではあまり硬い必要はなかった。

要するに日本では、車の道が未発達であった。道を行くのは、人であれ、馬であれ、徒歩であった。

結ぶ道・切り離す道

鈴鹿・不破《ふわ》・愛発《あらち》という古代の三関は、いずれも官道ぞいに畿内と東国を遮断するものであった。さらに東の白河と、西の長門の両関は、外夷との間を画する古代国家の帝国構造の所産でもあった。関が結びつきを遮《さえぎ》るのは、箱根や新居といった、徳川幕府の関についても同様である。

平安京では、異変発生のさいに、宇治・与度（淀）・山崎などの道の警護を固めた。弘仁八年（八一〇）に藤原薬子らがクーデターを起こそうとした折り、承和九年（八四二）に伴健岑《とものこわみね》や橘逸勢《たちばなのはやなり》らが謀叛の疑いで捕えられた折りなどである。『日本三代実録』は、「東南西三方通路の衝要なるを以てなり」と説明している。『源平盛衰記』には、後白河院の近臣であった西光《さいこう》が、「山科四宮河原・洛南木幡の里・鳥羽作り道・西七条・蓮台野・みぞろ池・西坂本」に地蔵を祀ったことを記している。この七か所の地蔵を原型とし、やがて京の六地蔵として人びとに知られることになる。鞍馬街道の御菩薩地、東海道の山科、奈良街道の六地蔵、大坂街道の鳥羽、山陰街道の桂、周山街道の常盤など、いずれも京から四周へのびる街道ぞいである。多くは現在も六地蔵を祀る。

六地蔵は、京から外界への出口である。そこで疫神や霊を祀って外へ送り、あるいは外からの侵入を防ぐ場所である。遠方へ旅立つ人もまた、ここで京の世界とは完全に離れることになる。平安貴族・官人たちにとっては、現実的にも精神的にも、ことのほか大きな境であった。

この境がすべてにおいて固定していたわけではない。例えば、伊勢斎王《さいおう》に指名された王女が斎宮に向うさいには、平安京から近江国府の頓宮まで「鞍馬十疋」に加え、さらに「十三疋」が見送りの人々に供された。

この場合は、現在の大津市瀬田の近江国府が東限であった。

恒常的に平安京を出入したのは、国司たちであった。除目《じもく》があれば任地へ向い、任終われば戻った。永久四年（一一一六）に三善為康が編纂した『朝野群載』には、新任国司の「境迎事」が記されている。吉日に「官人雑仕等」が国衙《こくが》から出向き、「土風」に従って行う「境迎」の儀式は、それぞれの国・国府の世界の領域を反映し、その領域と外界との接点を示すものであろう。

道は、内と外を結ぶものである。外へ行くには道をたどらねばならないし、人も物も情報も、道を通じてもたらされる。道は外界と結ぶ唯一の出口であったが、同時に疫病や災難をもたらす入口でもあった。内は既知の世界であるが、外は未知の世界であり、可能性と危険が渦巻いている。

生活の様式と範囲が固定された村々では、村の外とを結ぶ道は、同時に異界への接点でもあった。都を小規模にした世界である。道には、外界との結びつきと、切り離す役割を同時に課さねばならなかった。結びつきを主機能とする道が、いろいろな関・境をともなって寸断されているのは、生活世界の中での道の宿命でもあった。

コラム1

久我縄手《こがなわて》――古代山陽道の遺構――

山崎の対岸の交野《かたの》へ猟に出かけた嵯峨天皇が、「山崎駅」を行宮《あんぐう》としてとどまったのは、弘仁四年（八一三）二月一六日のことであった（『日本後記』）。交野から山崎駅へは、おそらく淀川に架けられていた山崎橋を利用したと思われる。天皇は翌々日には還宮したことが知られるが、そのルートは不明である。ただ、当時、この山崎駅から平安京へは、鳥羽離宮の秋の山をめがけて走る直線状の道路をたどり、そこから鳥羽の作り道をまっすぐ北へむかうのが公式の官道であった（足利健亮「平安時代初期の山陽道」、『環境文化』五五）。この山崎・秋の山間の直線状の道路は中世には久我縄手と呼ばれていた。『太平記』には、「久我縄手は、路細く深田なれば」とか、「さしも深き久我畷の、馬の足もたたぬ泥土の中へ馬を打入れ」といったように記されており、一四世紀前半には道路としての機能が低下していたこと、特に低湿な水田地帯を通じていたことなどが知られる。道路そのものの状況は別としても、道路脇一帯には九世紀にも水田が卓越していたと考えて大過はないであろう。

図1は明治一三年（一八八〇）の下植野村の地籍図の一部である。同図には東北―西南方向に斜行している一本の道路および水路と、東西―南北方向に直交している何本かのそれがみられる。この東北―

図１　明治19年乙訓郡下植野村地籍図（部分／東端部付近）

西南方向の道路が久我縄手の遺構であり、現在でもその大部分を歩くことができる。一方、東西―南北方向に直交する径溝網は、一町（約一〇九メートル）もしくはその倍数の間隔となっており、しかもその内部は短冊型の比較的整然とした形状の水田であることが多い。このような地割形態は条里地割と呼ばれるものであり、大山崎町域の平坦部はもちろんのこと、旧乙訓郡内の平野部全域にも広く分布していた。一町間隔の径溝に区画された面積一町（約一・二ヘクタール）の正方形の区画を「坪」と呼び、坪を三六個集めた六町（約六五四メートル）四方の区画を「里」、さらに里を東西もしくは南北に連ねた幅六町の帯状のひろがりを「条」と呼びならわすのが一般的であり、この「条・里・坪」によって場所を示す土地表示の手段ともした。

　時代はやや下がるが、例えば、正嘉二年（一二五八）に沙弥修覚なる人物が勝龍寺に売却した三か所の田のうちの一か所はつぎのように記されている。

沽却　私領田地三箇所事

合柒段者　在山城国乙訓郡内

（中略）

一所平方里四坪壱町半析　字洲崎云々

（下略）

（京都大学所蔵宝積寺文書）

すなわち、乙訓郡内の平方里四坪に所在するというのである。明確に大山崎町内の土地を表示している例では、このように里名とその内部の三六の坪に付した坪並と称する番号で示したものしか知られていない。しかし、例えば「山崎国乙訓郡八條榎小田里卅三坪三段」（貞観四年太政官符案、『平安遺文』三四号）といったように表示するのが乙訓郡における典型的な様式であり、乙訓郡の場合には里名が固有名詞であるから、数詞の条の部分が省略されてもその位置が判明したものと思われる。

図2　乙訓郡内条里図

「平方里四坪」といったように里名と坪番号で土地を表示するためには、里名の配置とその内部の坪番号の配列すなわち坪並が知られていなければならない。中世に乙訓郡内に多くの荘園をもっていた久我家は、このような方法で表示される土地の所在を明確にするための索引図として図2のような絵図を使用していたようである。室町時代ごろのものと思われるこの絵図（西岡虎之助編『日本荘園絵図集成』上）には、乙訓郡内の主要な里を図示し、たとえば津田里に「ヒツメ」といった注記をも加えている。ヒツメは京都市伏見区淀樋爪町付近と考えられるから、このような比定によって乙訓郡主要部の里の配置が判明することとなる。しかも、前述のように榎小田里が八条に属し、例えばその北側の弓弦羽里《ゆづるはがり》が九条であった（建保四年主殿寮要劇田坪付注進状、『鎌倉遺文』二二三七号）から、乙訓郡の条は南から北へ数詞で数え進むものであったことも判明する。

また、これらの六町四方の里の内部における坪並は、乙訓郡の場合、西南隅を一ノ坪とし北へ数え進んで西北隅を六ノ坪、その東を七ノ坪として南へ連続して数え進む千鳥式と呼ばれるタイプであったことも知られている。嘉暦元年（一三二六）の「川嶋領中西方カラミ絵図」（前掲『日本荘園絵図集成』）などにこのような坪並が図示されているし、図3に示した長岡京市に残存している二ノ坪・八ノ坪といった小字地名の位置によっても確認できる。

ところで、前述の平方里の里名は乙訓郡内条里図には記されていない。同図が示すのは六条付近より北側の平野部のほぼ全域であるから、平方里の位置は一〜六条付近、すなわち大山崎町域、長岡京市域付近であった可能性が高いことになる。「平方」という地名は現在伝わっていないが、前掲の文書に「平方里四坪」と条里プランによる表示をした上で、「字洲崎」という小字地名を付記していることに注意したい。洲崎という小字地名は、大山崎町下植野の小畑川と桂川との合流点付近に存在しているのである。図3は遺存している一町方格の条里地割の分布を示し、六条以北の部分で確定される里の区画を図上で延長してきたものであるが、この小字洲崎を含む里を平方里と仮定すると、小字洲崎の範囲はまさしく

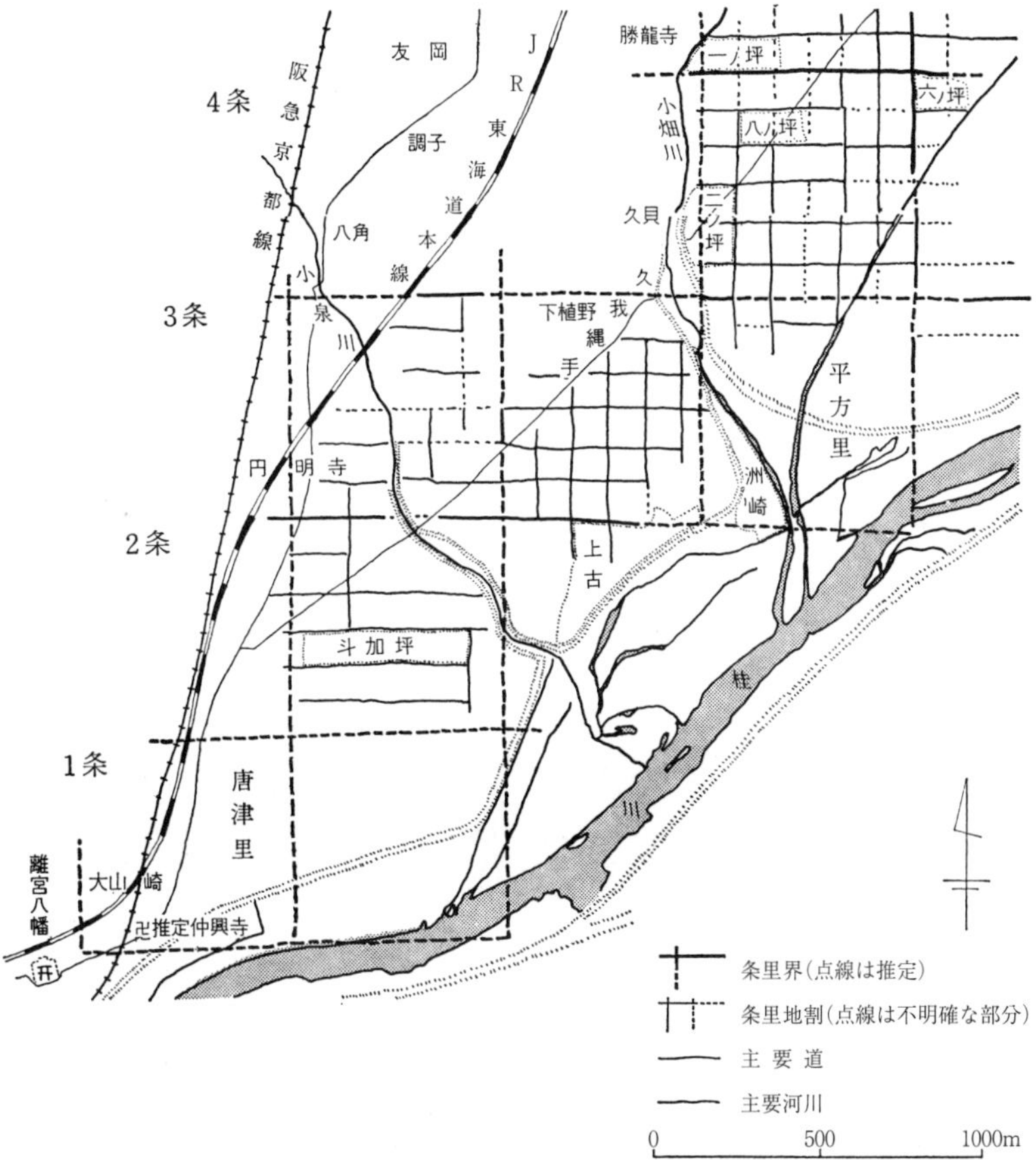

図3　乙訓郡南部の条里プランと残存遺構
〈地形は京都市計画図(昭和10年修正測図)による〉

四ノ坪の位置を含むことになる。従って、平方里の範囲は図3に示した小畑川の最下流部付近であったことが確認される。この平方里が記されている前掲の「沙弥修覚田地売券」には「槻本里」の名称も見えるが、こちらの方は遺称地名がないので現在のところその位置は不明である。

さて、平方里の位置は確認できたが、図3のように、小畑川の東西において、一町方格の条里地割に半町程度の幅の不足が生じているために、里の境界線をそのまま延長することができない。東西方向の線はほぼ無理なく連続するが、南北方向の線は平方里のすぐ西側で半町ほどの狭い間隔になっているからである。ところが下植野南端の桂川河岸に「上古」という小字地名があることによって、里の境界線を図3のように復原することができるのである。つまり、上古というのは十九が転化してできた場合が多いからである（足利健亮「上古と甚八」、『地理』一九八二年七月増刊号）。この上古が一九ノ坪の位置を示すとすれば、南北方向の里の界線は図3の位置に推定するのが最も無理がない。しかも、このように復原してみると、大山崎にある「斗加坪《とがつぼ》」という小字地名が、一〇ノ坪の位置を含むことになって、この点からも傍証されることになる。

このように里の範囲を確定することによって、さらにもう一つの里の現地比定が可能となる。元暦元年（一一八四）の「源末友田地売券」（前掲宝積寺文書）には、

謹辞　沽却進田事

合佰弐拾歩者 在山城国乙訓郡唐津里十三坪 地子拾斗参舛也但油

四至 限東御供田　限南溝 限北縄手　限西仲興寺

とあって、唐津里なる里名の存在が知られる。唐津里一三坪をめぐる土地券文はこの後もいくつか散見

するが、一三坪の西側にあった仲興寺は極楽寺の末寺であり、大山崎にあった（脇田晴子『日本中世都市論』）から、この里は図3のように乙訓郡一条に相当する部分に比定されることになる。

2―景観史への道程―「条里制」研究から何が見えるか―

日本における歴史地理学的研究視角は、歴史的な場所・地名の現地比定に代表される歴史地理学的知への強い関心から始まったといってよい。この関心は同時に、歴史的な領域や土地制度への理解を含むものでもあった。この動向を背景としつつも、近代的歴史地理学への展開の嚆矢となったのは、昭和七年（一九三二）に発表された米倉二郎の論文「農村計画としての条里制[1]」であった。

米倉が研究対象とした「条里制」とは、古代に由来し、現在の地表の地割形態にまで大きな影響をおよぼしたものである。米倉論文は、まさしくその「条里制」への理解を進めた。マイツェン（A. Meitzen）の地割形態研究の考え方にもとづき、現実に広く分布が確認できた地表の条里地割の形態によって、古代の村落形態の推定を行ったものである。米倉論文によって、地割形態研究ないし村落景観研究を確実に歴史地理学の分析対象にとりこみ、近代地理学の一小分野としての歴史地理学の基礎をつくることとなった[2]。

ところが、米倉の考えの基本となった村落および耕地の形態の歴史的不変性について、研究の進展とともにさまざまな疑問が増大し、各種の留保条件や修正の必要性が生じてきた。今日では、当時の「条里制」の概念そのものさえ大きく変更される段階にいたっている。この過程そのものが、「条里制」という研究対象の本質を反映し、同時に歴史地理学の視角と方法の展開をたどるうえできわめて有効な対象であると思われる。

本稿の目的は、「条里制」の研究史をたどりながら、歴史地理学の視角と方法の展開の一例を描出し、歴史地理学的事象の研究の典型例を示すことにある。

「条里制」の理解と誤解

「条里制」についての最も古い段階での説明として、多くの研究で引用されてきたのは『拾芥抄』であった。尺度の説明および田令の説明の流れのなかで条・里・町の規模や配列などについて解説したものである。解説のなかには一部間違いも含まれているが、鎌倉末から南北朝ごろの有職故実の書という同書の性格[3]からすれば、必要であったのは「条里制」に関する一定の理解であり、その限りにおける必要性は充足していたものであろう。「条里制」に対する理解は、条里呼称法による土地表示が中世末ごろにおいても一般的であった平安京周辺や大和国の平野部では、現実的にも必要な知識であったようである。荘園領主であった寺社・貴族の管理者にとっては、その必要性はとりわけ高かったとみられる。

平安京南部付近を描いた「京都九条図[4]」はこの事情を明確に説明している。同図の裏書には、永正一六年（一五一九）に、「里坪之境」つまり条里プランの境界がよくわからないので忘備のために作製したものであったことを記している。ところが、模式的には間違っていないものの、道路の位置の表現などの具体的表現には、同図そのものに一部混乱がみられる。この付近に荘園を有した九条家にとっては、条里プランで表示された土地を把握するために、その理解が不可欠であったものの、おそらくは同時期の九条家の荘園管理の状況を反映し、具体的な道路の位置などの把握が必ずしも明確ではなかったものであろう[5]。

同じ九条家の、相前後する時期に作製されたとみられる「九条御領辺図[6]」でも、状況は類似している。条里プランの概念的説明は正しいものの、平安京条坊プランと条里プランとの具体的な位置関係については、九条家領の存在しない西の方へ行くに従って現実との誤差が大きくなるような表現となっている。(7)

ここで、すでに使用し始めた「条里プラン」という用語について説明しておきたい。前述のような本章の目的に記した主題にもあるように、「条里制」というのが長く使用されてきた用語である。明治初期の横山由清《よしきよ》の研究(8)や、それを批判した明治三四年（一九〇一）の堀田璋左右《しょうぞう》も(9)「条里の制」という用語を用いていた。横山はすでに、律令制の「令式」に「条里制」の規定がないこと、延喜主税式に「某里某坪」と「里坪の字面」の記述がみえるだけであることを指摘し、その説明を前述の『拾芥抄』によったのである。これを批判した堀田は、そうではあっても「条里の制」は班田の必要上実施されたものであるとの説を展開した。

米倉もまた、基本的にこの考えを踏襲していた。昭和四三年（一九六八）にいたり、弥永貞三《いやながていぞう》は、「土地制度としての条里制と、土地割としての条里遺構をはっきり区別し」、「条里的土地割のもっとも重要な特色は、段地割の形態であること」、「条里制と班田制とが楯の両面であること」を主張した。(10)この整理は、当時の標準的な考えであり、要するに「条里制」とは次の三要素からなる土地制度として理解されてきた。

(A)一町方格（約一〇九メートル間隔のメッシュパターン）の径溝網とその内部の半折型・長地型といった規則的な地割形態――〔条里地割〕

(B)「三条五里十八坪」といったような、六町四方の「里」の区画と一町四方の「坪」の区画を単位とする土地表示のための呼称――〔条里呼称法〕

(C)律令国家の基本政策であった班田収授法との密接な関連――〔班田収授との関連〕

この三要素からなる「条里制」の概念に対し、(A)・(B)の条里地割と条里呼称法の二要素からなるシステムを指すのが、「条里プラン」の語である。[11] この用語を設定する最大の必要性は、議論の明確化にあるが、詳細な理由についてはのちに述べる。

さて、平安京近郊のみならず、大和国においても条里プランの理解の必要性が高く、またしばしば誤解も発生していた。

例えば、一五世紀に興福寺領の記録をした『三箇院家抄《さんがいんけしよう》』では、「大和国田地帳事」の冒頭に、「一郡ノ内ニテ一里、二里等ヲ立事」と記している。[12] 奈良盆地では、条里プランの条は平城京の南辺付近から、下ツ道の東西ごとに路東、路西としてそれぞれ一律に南へ数詞で数え進むが、里については郡ごとに一里・二里と個別に数え進むのであり、そのことを説明しているので、一般論としては正しい。

ところが、同じころの『大乗院寺社雑事記』の著者尋尊《じんそん》は、同書に「大和国楊本荘条里図」を掲げ、一五条のところに「城上郡一里也、下津道ヨリノ五里也」といった説明を加えている。しかし、正しくは城上《しきじよう》郡一五条の一里は、下津道から数えて四里目であるべきであり、一里分間違っている。つまり『三箇院家抄』が記すような一般論をそのまま適用して考えているとみられるが、現実は、すぐ西側の城下《しきげ》郡一五条四里と同一の里が城上郡一五条一里であり、一里分数え間違っているのである。これはこの里のうちを中ツ道が貫通し、この道が城下郡・城上郡の郡境となり、同じ里でも中ツ道の西が城下郡一五条四里、東が城上郡一五条一里であるという個別的ないし現地の事実を、尋尊が正確に認識していなかったことを反映している。

これらの事例は、いずれも一四・一五世紀のものであり、当時なお条里プランの理解が必要であったことと、現実の認識が不十分な場合に個別的な誤解を生じた例があることを示している。条里プランは、律令時代のみならず、中世末まで現実に必要とされ、使用されていたという事実と、時を経て、また個別的実態へ

下津道

城下郡15条1里	城下郡15条2里	城下郡15条3里	城下郡15条4里 城上郡15条1里	城上郡15条2里 城上郡ノ一里也	城上郡15条3里 同郡二里也	城上郡15条4里 同郡三里也	同郡四里也
城下郡16条1里	城下郡16条2里	城下郡16条3里	城下郡16条4里 城上郡16条1里	城上郡16条2里	城上郡16条3里	城上郡16条4里	
城下郡17条1里	城下郡17条2里	城下郡17条3里	城下郡17条4里 城上郡17条1里	城上郡17条2里	城上郡17条3里	城上郡17条4里	
城下郡18条1里	城下郡18条2里	城下郡18条3里	城下郡18条4里 城上郡18条1里 城下郡四里	城上郡18条2里 城上郡一里	城上郡18条3里 二里	城上郡18条4里 三里	城上郡18条5里
城下郡19条1里 十市郡19条1里	城下郡19条2里 十市郡19条2里	城下郡19条3里 十市郡19条3里	城下郡19条4里 十市郡19条4里 城上郡19条1里 四里	城上郡19条2里 一里	城上郡19条3里 二里	城上郡19条4里 三里	城上郡19条5里
十市郡20条1里	十市郡20条2里	十市郡20条3里	十市郡20条4里 城上郡20条1里 四里	城上郡20条2里 一里	城上郡20条3里 二里	城上郡20条4里 三里	城上郡20条5里

中津道

図1　大和国路東15〜20条の条里名と出雲荘土帳・楊本荘条里図の条里記載(15〜17条のゴチックの文字は楊本荘条里図、18〜20条のゴチックの文字は出雲荘土帳の記載。なお、城下郡・十市郡の各条里名の「路東」の語を省略した)(金田：1993)(5)

の理解不足が、誤解へと結びつく場合があったことに注意しておきたい。

条里地割の基本的属性

米倉は、「条里制」を「耕地計画」と考え、次のように推定した。㋑方六〇歩（間）の坪の区画が、「条里制」以前の五〇〇代の単位を踏襲したもので、一戸分の口分田の受田面積を基本としたものであること、㋺坪の内部がのちに長地型・半折型と呼ばれることになる、それぞれ面積一段の長方形の地筆一〇筆で構成されていたこと、㋩半折型の方が大化改新の詔に規定されたもので、長地型は耕作技術の進展によって半折型から変化して成立したものであること、などである[13]。つまり、地割形態に注目して論を展開したことになる。

この推論は、現実に所在する条里地割の形態を根拠とし、律令前後の地割形態に具体的イメージを付与したことから、ほどなく大きな反響を呼ぶこととなった。

㋑については後述するが、㋺の指摘にような長地型・半折型の地割形態は、その後の多くの調査により、各地で広くその分布が確認された。一方、㋩は半折型先行説とも呼ばれ、これに対して長地型先行説が提示されて議論を呼んだ。

長地型地割の先行を主唱したのは竹内理三であった。長地型地割分布地に律令以前の制度・施設の遺称とみられるミヤケ地名やミヤケ推定地が多いというのが、その主要な論拠であった[14]。この長地・半折論争は、八世紀に両者ともに存在したことを示した弥永論文[15]によって一応終束した。ここで注目しておきたいのは、この段階の地割形態論が、この終束の理由とは別に、現実の地表の地割形態によって、古代、さらには大化以前・以後といったいわば任意の時期の議論を展開していたことである。この問題点はきわめて大きい。

同様の問題点は、条里地割の分布調査によって、それを古代の標準遺跡であるかのように、古代の生活領域の広がりを推定した多くの研究[16]にも含まれていた。地表の条里地割が、地下の地割形態としばしば異なっていることが判明するのは、いま少し後の時期であった[17]。米倉が耕作技術の進展によって、半折型から長地型へと変化したと説明した想定も、特に根拠が明確なものではなかったが、地割形態の変化という観点については改めて検討を加える必要があろう。

さて、米倉の㋑の指摘にある「条里制」以前の代の単位とは、『令集解』の租稲をめぐる注釈と、町・段・歩の面積規定の注釈にでてくるのが主要な典拠であり、後者では五〇〇束の代が一町に相当すると理解された。つまり五〇〇代が令に定められた一町にあたるとするものである。この代の面積に相当する地割形態の考え方やその存否については、尺度の問題もからんで現在なお諸説の一致をみているわけではない[18]。いわば「理解と誤解」の錯綜段階を、まだ十分には脱し切れていないといってもよいであろう。

ただし、五〇〇代が一町に相当することについては、例えば天平七年（七三五）の年紀を有する「弘福寺領讃岐国山田郡田図」が一町＝五〇〇「束代」という単位を使用している（図2参照）ことからしても問題のない事実である。しかし、同図や他の史料に一段の五分の一に相当する一〇束代ないし七二歩、あるいはその倍数の面積表示がみられることからすれば、これらの単位は明らかに令の町・段・歩といった一町方格とその内部の分割を基準としたものとみられる。つまり、現在まで史料で知り得る代の単位とは、条里地割の町・段・歩という面積にかかわる表現であり、代の面積に相当する地割の存在については全く根拠を得られていない状況にある。例えば、七二歩あるいは一〇束代に相当する一段の五分の一の地割形態が遺構として検出されたとしても、実はそれは条里地割であり、時に誤解されている場合があるが、代固有の地割形態と

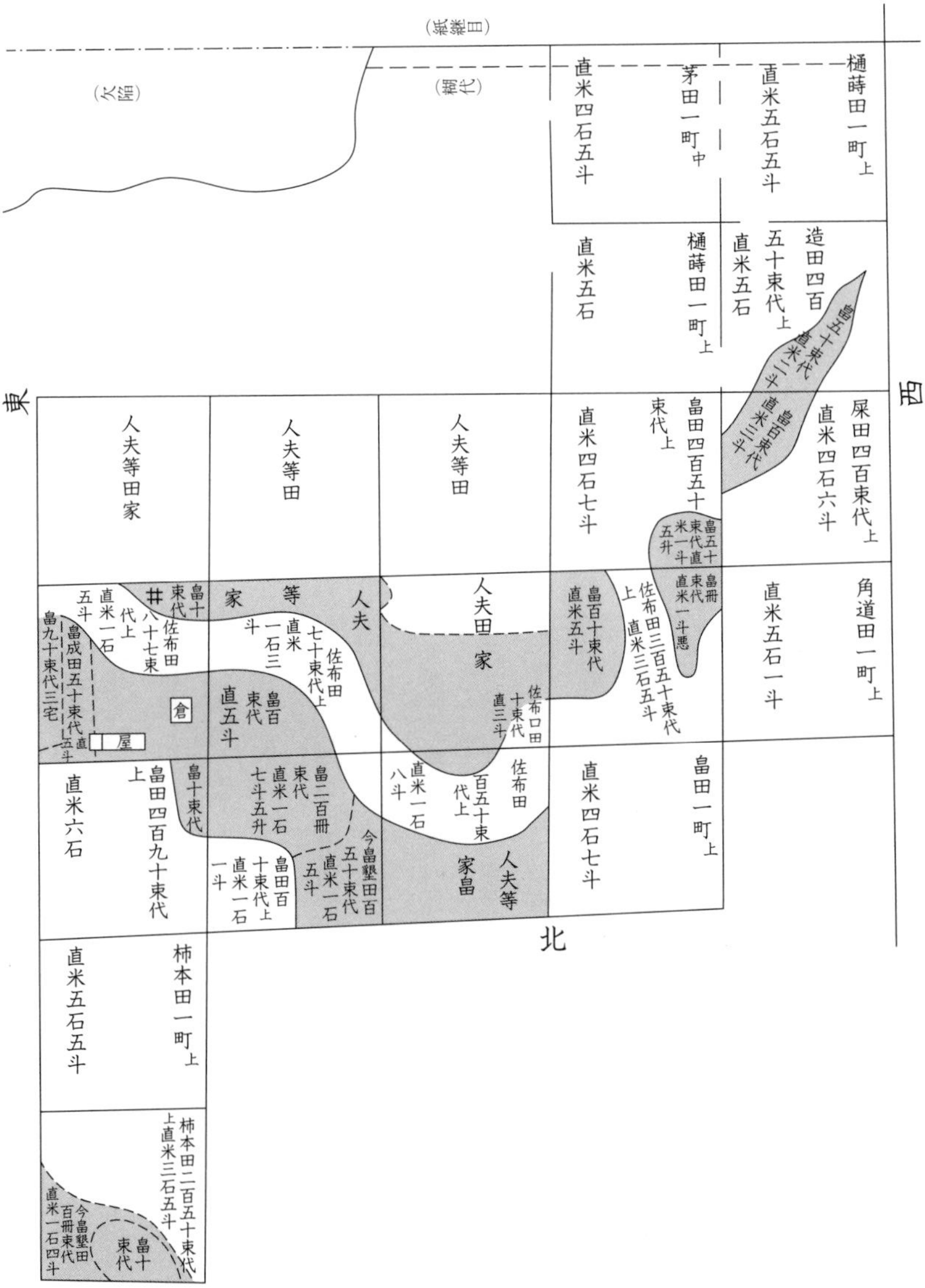

図2 「弘福寺領讃岐国山田郡田図」(北半部)の地筆標記(金田：2002)[31]

は速断できないことになる。『令集解』の注釈は、あくまで面積規定ないし租稲をめぐる規定の説明であり、地割規定ないしその説明ではない。

米倉が(ハ)のように根拠とした大化改新の詔における規定についても、これが少し後の田令田長条の規定の溯及転用であることを別として、やはり同じように面積規定であって地割規定ではないことに留意する必要がある。条文の「およそ田は、長さ三〇歩、広さ一二歩を段となし、一〇段を町となせ」という規定はあくまでも面積規定である。

地割形態への注目の重要性については論をまたないが、初期の段階はやはり、理解のための努力と、誤解をともなう想定が交錯していたのである。

先に紹介した条里地割の形態(A)は、一町方格の径溝網と、その方格内部の長地型・半折型といった規則的な地筆の形状からなるが、弥永は後者(「段地割の形態」)を「もっとも重要な特色」と位置付けていた。しかし、その後急増した発掘調査データや、例えば天平神護二年(七六六)の越前国司解に記載された計四四七筆の土地のうち、一段単位のものが一四三筆にすぎず、端数のあるものが三〇四筆と七割近くを占めていることなどから、条里地割の最も基本的な属性は、前者の一町方格の坪の区画であると考えるべきことも判明した[19]。条里地割の基本的属性は、同時代の史料とデータにもとづいた検討が不可欠であったことになる。このことは、のちに言及する条里プランの機能やその変遷過程ともかかわる。

条里地割の規格・規模・施工基準

昭和一一年(一九三六)の段階で、深谷正秋《まさあき》は条里地割が日本各地に広く分布している状況の概要を報告した。[20] 条里地割の分布調査は、次第に広範かつ詳細となり、近畿・瀬戸内海沿岸・北九州・濃尾などの平野部では条里地割の分布が卓越し、そこから離れるに従って分布密度は希薄になるが、分布自体は北は秋田市近郊から南は鹿児島県国分平野にまでおよんでいることが判明している。ただし、分布する条里地割の形態や分布の連続性についても、分布密度が高い部分から希薄な部分にかけて、一般に条里地割の特徴的形態が不明瞭となったり、断片的な分布状況となったりする傾向があることも判明している。[21]

盛んになった条里研究について、昭和二九年（一九五四）に米倉はその動向に次の五群のテーマがみられることを指摘した。それは、ⓐ半折と長地、ⓑ条里起源の問題、ⓒ古代村落制の問題、ⓓ条里景観の問題、ⓔ条里研究の地域的拡充である。[22] さらに昭和四八年（一九七三）に服部昌之は、その段階での新たな研究も含めて①条里の分布論的研究、②条里を中心とする地域論的研究、③条里の継起的研究の三者に研究動向を集約できるとした。[23]

米倉の整理のⓓⓔ、服部の①②にかかわる条里地割の分布調査は、二万分の一、二万五〇〇〇分の一地形図を基本とする段階から、空中写真、地籍図、二五〇〇分の一ないし三〇〇〇分の一の大縮尺図を基本とする調査へと進んだ。

条里地割の分布調査は、条里呼称法の遺称地名の調査や、条里呼称法による土地表示史料の調査をもともなうことが多く、条里プランの復原を一つの目的としているのが通常である。このような調査法は、二五〇〇分の一図を調査の基礎とし、地籍図の悉皆調査による条里地割と小字地名の調査結果と、史料分析を加えた条里プランの復原結果を五〇〇〇分の一図として刊行するというかたちで一つの完成段階に達している。奈良盆地全体を対象とした『大和国条里復原図』[24]と、福井県下の主要平野部全体を対象とした『福井県史条里復原図』[25]が、このかたちの典型である。

このほか、荘園調査の一環として、荘園あるいは関連する市町村域などを対象として、通称地名や水利系統などの丹念な聞き取り調査の結果を加えたもので、条里プランにかかわるものもある。香川県高松市の讃岐国山田郡弘福寺領[26]、兵庫県小野市の東大寺領大部荘[27]、兵庫県西紀町・丹南町（いずれも現・篠山市）の東寺領大山荘[28]、兵庫県太子町の法隆寺領斑鳩荘[29]、滋賀県新旭町（現・高島市）の木津荘[30]などにかかわる調査報告書を例示しておきたい。

このように、調査内容が豊かになり、調査精度が高まるという動向を含みつつ、条里地割の分布調査が進展することによって、条里プランの復原にとどまらず、条里プランのさまざまな実態が判明してきた[31]。

一つは条里地割の方格の規格であり、結果的には曲尺（一尺≒三〇・三センチ）による六〇間に相当する一〇九メートルが標準的であることが再確認された。ただし、奈良盆地（モード一〇九メートル、平均一〇九・三メートル）・福井平野・高松平野などでは全体としてこの標準的規格で構成されているものの、例えば静岡平野では一〇七メートルの方格網が展開していると報告され、兵庫県揖保川流域・三重県鈴鹿川流域などでは平均が一一〇メートルを越える規格とみられる条里地割群も確認されており、地域的な差がある。しかも、このような規格の大小は、八世紀の面積を記した史料ないし地下遺構の考古学的調査によっても検出されている例があり、現在の地表の条里地割だけに限定される現象ではない。

一方、尺度の変遷の過程で算出される八世紀初めごろの高麗尺（令大尺）は一尺≒〇・三五三メートルであり、その五尺を一歩とする六〇歩、ないし六尺を一歩とする五〇歩はいずれも約一〇六メートルとなり、藤原京の遺構から推算される造営尺を基準とすれば約一〇六・八メートルとなる。これを前述の代の単位と

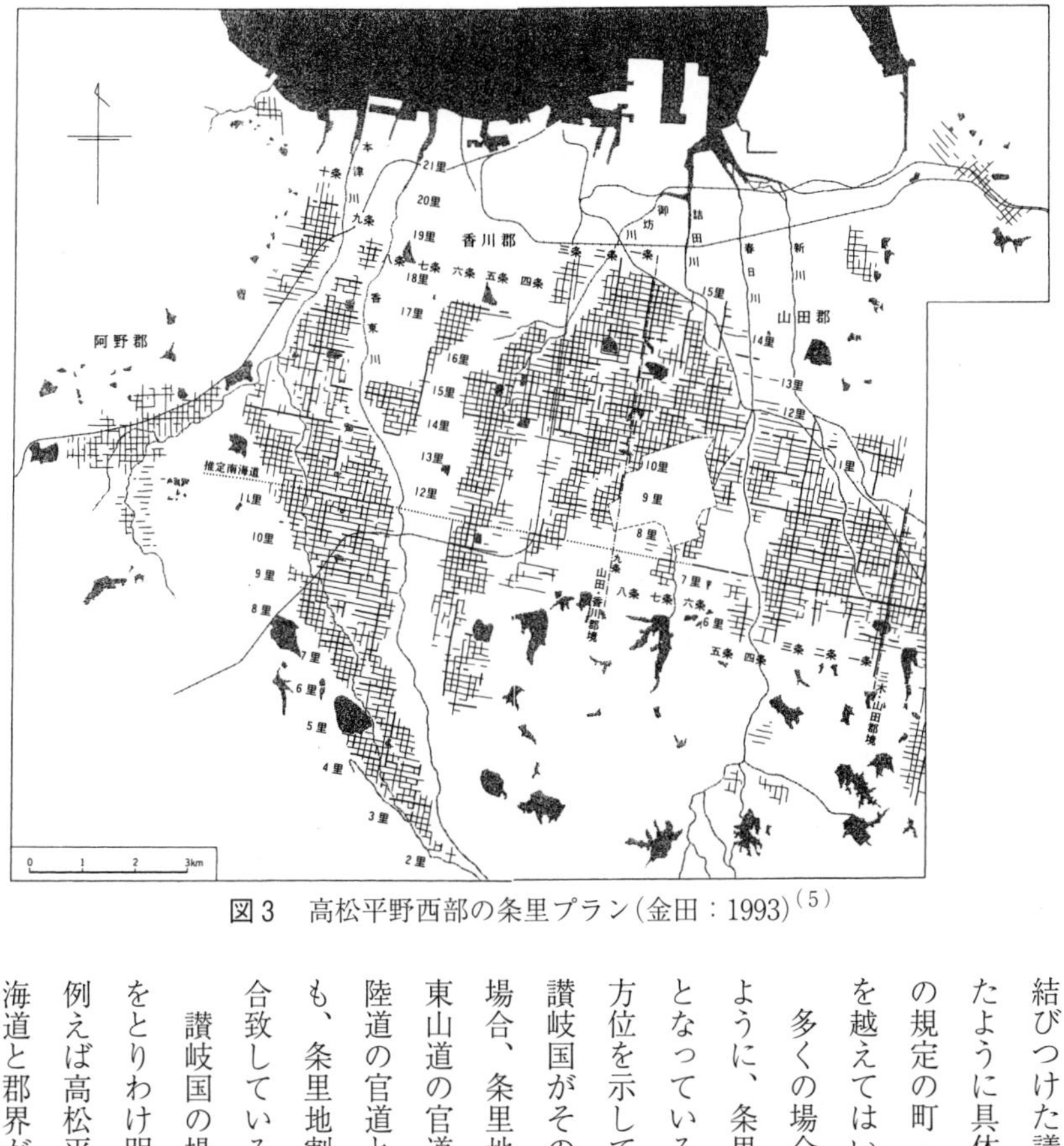

図3　高松平野西部の条里プラン(金田：1993)[5]

結びつけた議論があるが、すでに述べたように具体的な地割形態としては令の規定の町・段・歩の地割の議論の域を越えてはいない[32]。

多くの場合、奈良盆地や福井平野のように、条里地割は東西・南北の方格となっているが、一国単位で異なった方位を示している例もあり、近江国と讃岐国がその代表例である。近江国の場合、条里地割の方位が湖東平野では東山道の官道と、湖西の平野部では北陸道の官道と合致する。讃岐国の場合も、条里地割の方位は南海道の官道と合致している。

讃岐国の場合、条里地割の施工基準をとりわけ明確に知ることができる[33]。例えば高松平野では、図3のように南海道と郡界が、目標地点として明確に識別できる山頂、山嶺線の変換点、峠、麓などを結ぶ直線で設定されており、条里地割と条里呼称法はその南海道と各郡の東側の郡界線を基準として施工・編成されているとみられる。条里呼称法は、各郡の東の郡界から条を数え進み、南海道を里界線としている。その結果、郡の西端の条はしばしば一里分の坪列六に満たない不完全な規模となっている。南海道の道幅もまた里(直接的には坪)の区画から除外されていたとみられ、この点も讃岐国の条里プランが郡界と南海道を基準としていたことの傍証とすることができる。

条里地割の施工基準、条里呼称法の編成規準と様式は、すでに判明しているように国によっていくつかのパターンがあり、前述の讃岐国のような場合のほか、下ッ道を基準とした大和国奈良盆地、各郡ごとに分割線を設定して四象限《しょうげん》の構成とした越前国平野部などをその例としてみることができる。

条里地割の規格や規模、あるいはその施工基準についても、研究史の初期にはその規則性ないし画一性に大きく注目することから始まったが、研究の進展と精緻化の結果、その実態の多様性も析出されることとなった。しかもその多様性は律令制下の国を単位としたまとまりを基礎としていることにも留意する必要の高いことが一層明確となった。

条里プランの起源と特性

令のいかなる規定にも全く言及されていないにもかかわらず、「条里制」は班田収授と密接にかかわるものと想定されていたことはすでに述べた。しかも、律令の諸制度と同様に、隋・唐の影響の下にあった、との想定も漠然とではあるものの特に異をはさまれたことがなかった。

ところが、条里呼称法のような数詞を用いた体系的土地表示法は当時の中国に存在せず、条里呼称法は日本において展開した固有の土地管理システムであったことも明確となった。条里地割と条里呼称法からなるシステムを条里プランと定義する必要性は、この点からも不可欠であった。

条里呼称法の様式が同時代の中国に存在しないという事実の判明は、日本において独自にこの様式が成立・展開した可能性を検討する必要性が高まることとなる。実は、まさしくこの過程をたどることが可能となった[34]。

表1 土地表示法の変遷（左側は事例）

Ⅰ 原初的地名
Ⅱ 小字地名的名称
Ⅲ 条里呼称＋小字地名的名称
Ⅳ 条里呼称
Ⅴ 条里呼称と小字地名、ないし小字地名と条里呼称
Ⅵ 小字地名

(1)天平七年（七三五）弘福寺領讃岐国山田郡田図（図2）
境界線および樋蒔田など←Ⅱ段階
(2)天平勝宝九年（七五七）法隆寺文書（讃岐国）
上原田八段（鵜足郡）←Ⅱ段階
(3)天平宝字七年（七六三）山田郡弘福寺田校出注文（讃岐国）
八條九里卅一池田一段百六十歩←Ⅲ段階
(4)康治二年（一一四三）太政官牒案（讃岐国）
三條廿里廿五坪（多度郡）←Ⅳ段階
(5)康平五年（一〇六二）讃岐国曼荼羅寺田地宛行状案
吉原郷七条九里廿三坪北畔本字律与田（多度郡）←Ⅴ段階
(6)保安三年（一一二二）僧信誉田地売券（大和国）
合壹段者、字伍段田粥免
在添下郡七條六里卅一之坪内従東三四筋←Ⅴ段階

前掲の図2は天平七年（七三五）という現存最古の年紀を有する古代荘園図である。同図には面積一町の方格網が表現されているものの、数詞による条里呼称法は標記されておらず、各区画には小字地名のような名称が記入されている。後述するように、現在の小字地名とは異なった性格を有することから、これを「小字地名的名称」と呼ぶことにしたい。

この小字地名的名称には、図2の例のように複数の区画に同一名称のものがあったり、表1の事例(2)の「上原田」が、「次原田・中原田」などと隣接した土地を示しているとみられる例があることなどから、「原初的地名」（Ⅰ段階）とでも表現し

うる名称を方格に合わせて再編した場合（Ⅱ段階）があったと推定しうる。やがて条里呼称法が導入され、条里プランが完成した段階でも、条里呼称と小字地名的名称が併用された（Ⅲ段階）。条里呼称法が定着したとみられる平安時代前・中期には、条里呼称のみでの土地表示（Ⅳ段階）が一般的となるが、平安時代後半には、条里呼称に小字地名を付記したり、小字地名で表示をしたうえで条里呼称によっても土地表示をする（Ⅴ段階）例が出現し始める。このような変遷は、国によって時期などの違いはあるものの、最終的には太閤検地を経て「村・字」の表記（Ⅵ段階）へと変わる。この「字」が、明治の町村合併を経て小字に、村が大字になるのが趨勢である。[35]

さて、このⅡ段階の小字地名的名称は、図2の事例のように「――田」というかたちであり、畠および畠に積算される地籍には、小字地名的ないし固有名詞的名称が付されていない。[36]日本の律令制のもとでは、租ないし地子といった土地税に相当する負担をともなう耕地を「田」として把握して口分田・乗田など国家管理の土地とし、土地税を負担しない（不輸租）園地・宅地（総じて「畠」と称することがある）を実質的な私有地としていた。したがって、田にだけ小字地名的名称が付されている事実は、国家管理の土地にのみそれが付されていたことを意味する。小字地名的名称は、行政的土地管理システムの一環として使用されていたことになる。[37]条里呼称法が導入された後のⅢ段階においても小字地名的名称が付されているのは、この機能を踏襲しているからにほかならない。時に、条里プランの里や荘園の範囲を越えてまで同一の小字地名的名称が付されているといった、一見不自然にみえる例があるが、この観点からすれば不合理ではない。[38]

条里呼称法による土地表示の初見例は、天平一五年（七四三）の山背（城）国の例であり、これ以後各国で相次いで条里呼称による土地表示例がみられる。条里プランの過程には天平一四年ごろから行われた班田図の整備がかかわっていると考えられる。山背国や尾張国などでは天平一四年に、伊賀国では天平二〇年（七四八）ごろ、越前国では天平勝宝七年（七五五）、讃岐国・阿波国では天平宝字六年（七六二）ごろにそれぞれ条里プランの編成が完了し、使用され始められていたことが判明した。摂津国では天平勝宝八年（七五六）以後に下り、大和国でも宝亀三年（七七二）ごろに前述のような統一的な条里プランの編成がなされたと考えられる。(39)

班田図の整備が始まった時期は、律令の土地政策の大きな転換期であった。養老七年（七二三）には三世一身法が、天平一五年には墾田永年私財法が施行され、本来の律令制下には存在しなかった墾田が急増した。土地税（租・地子）を課すべき国家管理の耕地をすべて「田」として把握し、六年ごとに校田・班田を実施する。すなわち田の所在調査とそれに続く田の班給にさいして再配分をする、という大宝令の規定のままの段階であれば、おそらく前述の土地表示法の変遷のⅡ段階で対応が可能であったものであろう。しかし、私有ないし実質的に私有であった墾田の急増は、新たに合理的で明確な土地表示システムを必要としたものであろう。それが条里呼称法であり、前述のⅢ段階への移行である。(40)

この時期には、校班田の実態にも大きな変化があった。田令では、もともと校班田に一〇月一日から翌年二月末までの一回の農閑期をあてていた。しかし、天平二〇・二一年の校班田から校田と班田それぞれに一回の農閑期を費やし、作業量の激増に対応していたとみられる。この事業も上述の推定の傍証となるものである。

校班田図は、条里プランの一条ごとに一巻の巻本のかたちに調整され、例えば、上野国の場合八六巻が基本であった。校田図は一定の必要な追記を加えて班田図として転用されたことが知られており、六年ごとの一連の校班田に必要に応じていずれか一方が新しく作製されたものとみられる。[41] 条里プランの表現もまた、里を条ごとに連続して描いた場合のほかに、大和国・山城国のように里を一つずつ離して描いた場合があり、班田図を基図とした古代荘園図をはじめ、中世にいたるまで条里名の記載の様式や荘園図の表現などに影響をおよぼしたことが知られる。[42]

以上のように、条里プランは、八世紀の日本における土地管理行政の必要に応じて成立したものであり、校班田図における土地の標記の基本となったことが明らかとなった。その完成時期は国によって異なり、早い例は天平一四年（七四二）、遅い場合は宝亀三年（七七二）ごろであって、ばらつきが大きい。この時期は、早い方の場合でも、班田収授システムの開始から約九〇年後、六年ごとに実施するシステムの完成後としても約五〇年後となる。条里プランは、班田収授システムの基本的要件ではなく、むしろ墾田の制度の導入が条里プラン編成の最大の契機となったものとみられる。

条里プランの機能とその変遷

条里プランは、以上のように律令制のもとでの土地管理システムの整備過程において、特に墾田という地種の設定が大きな契機となって完成した。条里プランは、田籍や校班田図における表現・標記を通じて、田の所在確認や口分田・乗田など所在表示の手段として、また位田・職田・寺社田や各種墾田の許認可とそれらの記録や峻別に大きな役割を果たした。したがって、この段階の条里地割においては、一町方格のパターンが最も基本であり、それを一〇等分した半折型・長地型といった条里地割の典型とみなされてきた地割形態は、むしろ副次的属性であった。八・九世紀ごろの条里プランにおけるこのような機能と性格は、かつて

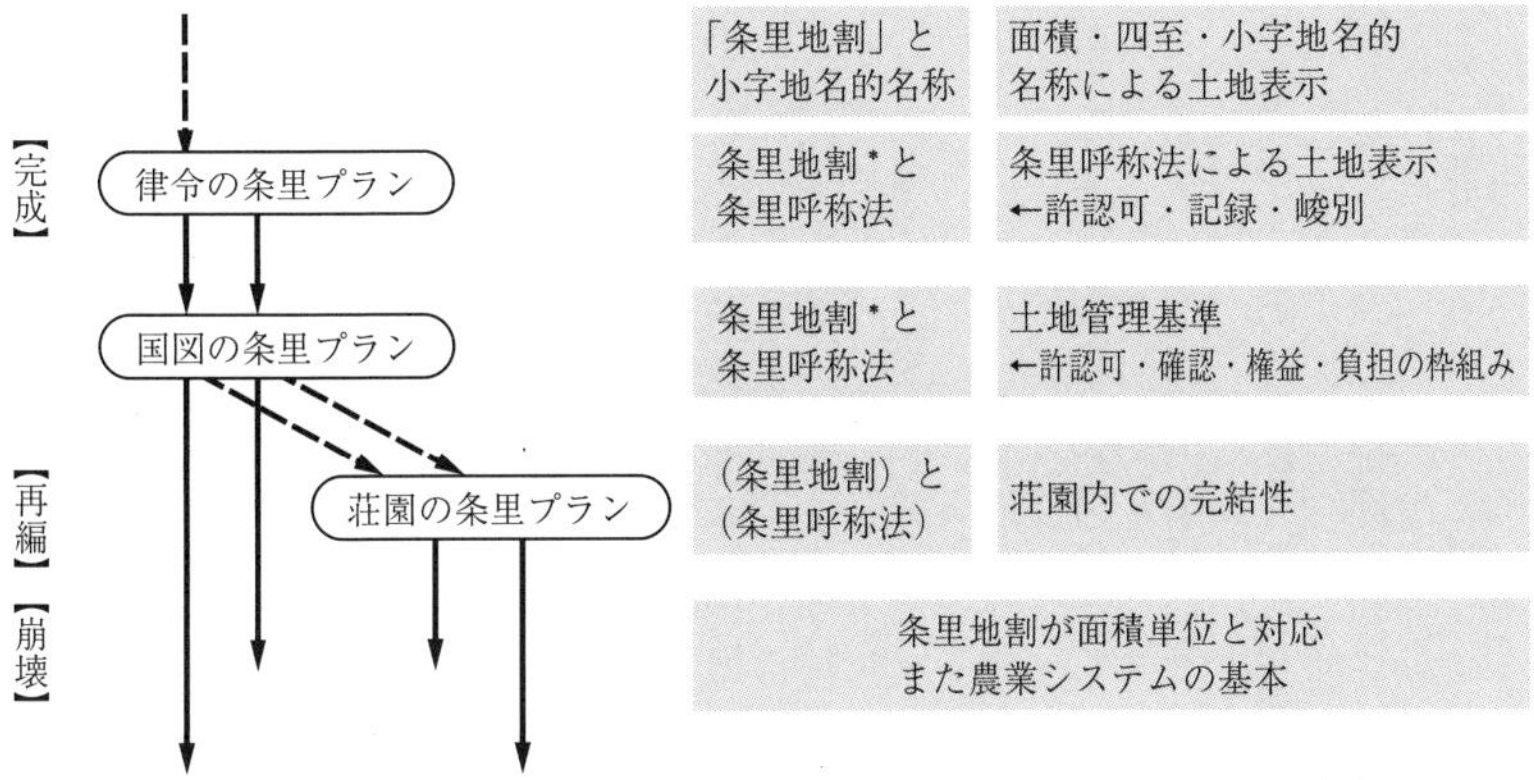

図 4　条里プランの完成・再編・崩壊のプロセス（金田：2002）[31]
（条里地割＊は制度上ないし認識上の存在で、現実の径溝をともなわない場合もある）

想定された「条里制」とは相当異なるが、これを律令の条里プランと呼ぶことができよう[43]。

九世紀ごろには、土地の権利に関する条里プランによる表記を規定した青苗簿帳《せいびょうぼちょう》の制度が再規定されるなど、土地管理システムが細部にいたるまで整備され、律令の条里プランの成熟期を迎えた。

一〇世紀以降になると、班田収授が多くの国で行われなくなるなど、土地制度の変化の時期となった。ところが、条里プランによる土地の表現を基本とする国衙《こくが》所管の校班田図は、国図と称されて土地管理の基準として用いられ続けた。免除領田制の官物免除の手続きや、土地をめぐる複雑な権利関係の記録や維持のため、さらに荘園などの境域を画する基準として、条里プランは多くの場所で重要な機能を果たし続けた。条里プランの坪の区画は、律令の条里プランの時期以上に土地管理および権益や負担の単位として強く機能し、国司ないし国衙の土地管理機構あるいはそれに準じた土地管理様式が存続した期間を通じて、この機能が持続した場合が多かった。この時期の条里プランの機能は、律令の条里プランからかなり変容しており、これを国図の条里プランと呼ぶことにしておきたい。この時期の長さ、あるいはその存在そのものの地域差はきわめて大きく、やはり畿内ないしそれに近い国々でより広範に、また長い期間持続した(44)。

ところが、一二世紀ごろになると、一つの領域型(一円)荘園の範囲内のみで完結した土地表示システムとして、あるいは条里呼称法の様式をとどめつつも、新たに編成されるか旧来のものを再編した別のかたちとしての条里プランが出現する場合があり、これを荘園の条里プランとでも呼ぶことができる(45)。荘園の条里プランのなかにも、一町方格を基準としたものが多く、国図の条里プランの段階と同様に、これもまた条里地割の形成・維持・展開の要因となった場合が多かったとみられる。条里プランの機能はこのように大きく変遷したが、遅速はあるもののやがて土地表示システムとしては全く使用されなくなった。特に「村・字」を単位とする土地表示様式を採用した太閤検地が、そのとどめとなった。

ただし、図4にも示すように、各時期の条里プランのもとで成立した条里地割自体は、一町ないし一段という面積単位と対応していたこともあり、いったん成立した灌漑水利を含む農業システムの基本となり、現代にいたるまで日本各地で存続した。近世はもとより、近代初頭においても、一町方格ないしそれに近い地割形態が再形成された場合がある。

つまり、一町方格の条里地割は、律令の条里プランの時期のみならず、国図の条里プラン、荘園の条里プランのいずれの時期にも形成が進んだ可能性があり、一町方格内部の一段を単位とするような規則的地割形態については、土地管理の強化にともない、国図の条里プランや、荘園の条里プランのもとでこそ形成が進んだ可能性が高い。

条里プランは、条里呼称法とそれに対応した条里地割としてきわめて固定的なパターンであるとの一般的認識が支配的で、さらにそこでの農業の有り様についてもまた固定的で変化の乏しいものという理解が一般的であった。しかし、以上に述べたように条里プランの機能自体が大きく変遷し、また農業・土地利用の様相も次に述べるように大きく変化してきた。

条里地割内部の土地利用と条里地割の重層性

研究史の初期において、条里地割への関心が高まったころ、日本の多くの農村では、まだ伝統的な景観が広く展開しており、明治時代に作製された地籍図や旧版の地形図などでは、条里地割の水田が連続的に広がった状況が表現されていた。

ところが、例えば天平七年（七三五）の「弘福寺領讃岐国山田郡田図」では、同図北半部に田一一町四一二束代、畠など二町四一三束代の集計が記載され、田が七〇％未満の比率であったことが知られる。この田はすべてが水田であったか否かは不明であるが、輸租地であり、一町当たり四、五～一五石に相当する直米を納めるべき土地であった。これに対し、不輸租地であった畠（宅地・畑を主とするが水田も含み得た）等は一、二五～三、六石であり、相対的にきわめて低く見積もられていたことが知られる。しかも、田であっても現実には、実際に耕作され（現作）、収穫にいたる（得田）とは限らず、何らかの理由で不作となったり、収穫できない損田となることが多かった(46)。

八世紀ごろの耕地（田）には一般に十数％から半分に近い、事実上農地として使いものにはならない部分が含まれていたことが知られている。平安時代になっても、京都盆地や奈良盆地の多くの場所で、耕地に占める畑の部分が半分ほどにもおよんでいたことが知られ、さらに水田も畑も、多くが不作や損田となっていた。[47]

讃岐国善通寺領では、このような状況をよく知ることができ、久安元年（一一四五）には図5のような状況であった。現在の善通寺の敷地に相当する本堂敷地の左上、右下一体に畠が多く、田はその外側に畠を介在しつつ分布し、田畠ともに年荒つまりその年に不作であった耕地比率が高かった状況が知られる。この本堂とその周辺の畠は、図6のような弘田川東側の微高地の部分に相当する水がかりの良くない干損地であり、土地利用が微地形条件に強く規制されていたことを知ることができる。[48]

このように土地利用を規定していた微地形のうち、田と畠の分布を大きく規定していたのは基本微地形と呼ぶことのできる微地形条件であり、さらに現作・不作などにかかわったのは、基本微地形を構成するもっと細かなレベルの微細微地形である。八・九世紀ごろの開拓はこの基本微地形に規定され、さらに耕作・作物栽培のレベルでは、水田の水がかりの状況など微細微地形のレベルにも規定されていた。この状況は基本的には中・近世にいたるまで継続するが、さまざまなかたちでこれを克服する努力が続けられ、土地利用は次第に集約化した。[49]

この土地利用集約化の過程は、何らかの土木工事をともなう工学的対応と、肥料・農作物などによる農学的対応、用水管理システムの向上などの社会的対応に大別される対応をともなった。讃岐国や大和国などにきわめて多い用水路や溜池の築造は工学的対応に属する。工学的対応は、少しでも高く水がかりの良くない土地を削平し、一方で低くて水損が起こるような土地を埋めるかたちで、平野を全体として平坦化する方向の改変の進行へと結びついた。例えば讃岐国高松平野や大和国奈良盆地などでは、地表は全体として平坦であり、一般的な条里地割の分布がみられる。しかし、地表のすぐ下には、かつて微高地だった部分もあれば、

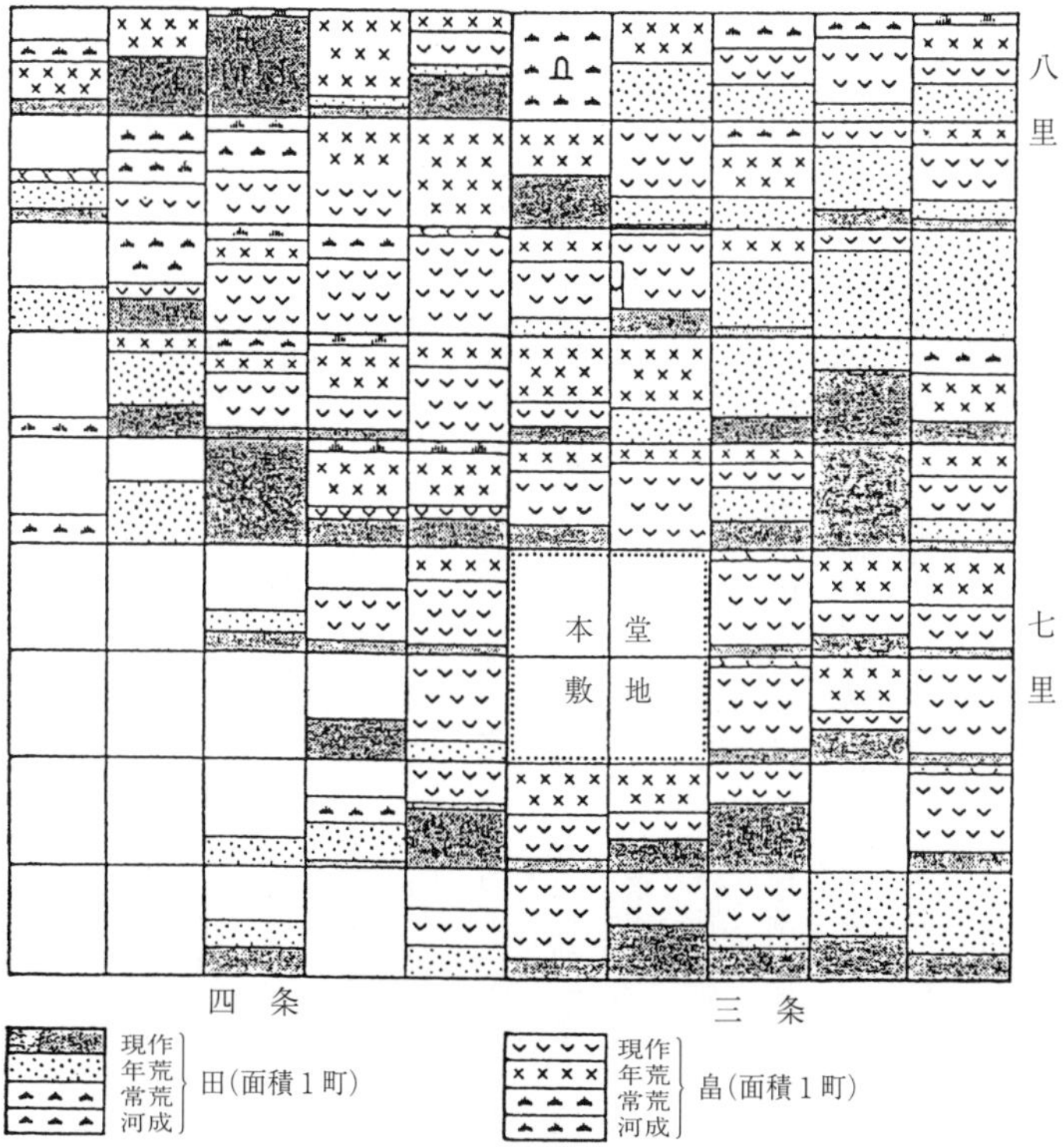

図５　讃岐国善通寺領の土地利用〔久安元(1145)年〕(金田：1993)[48]

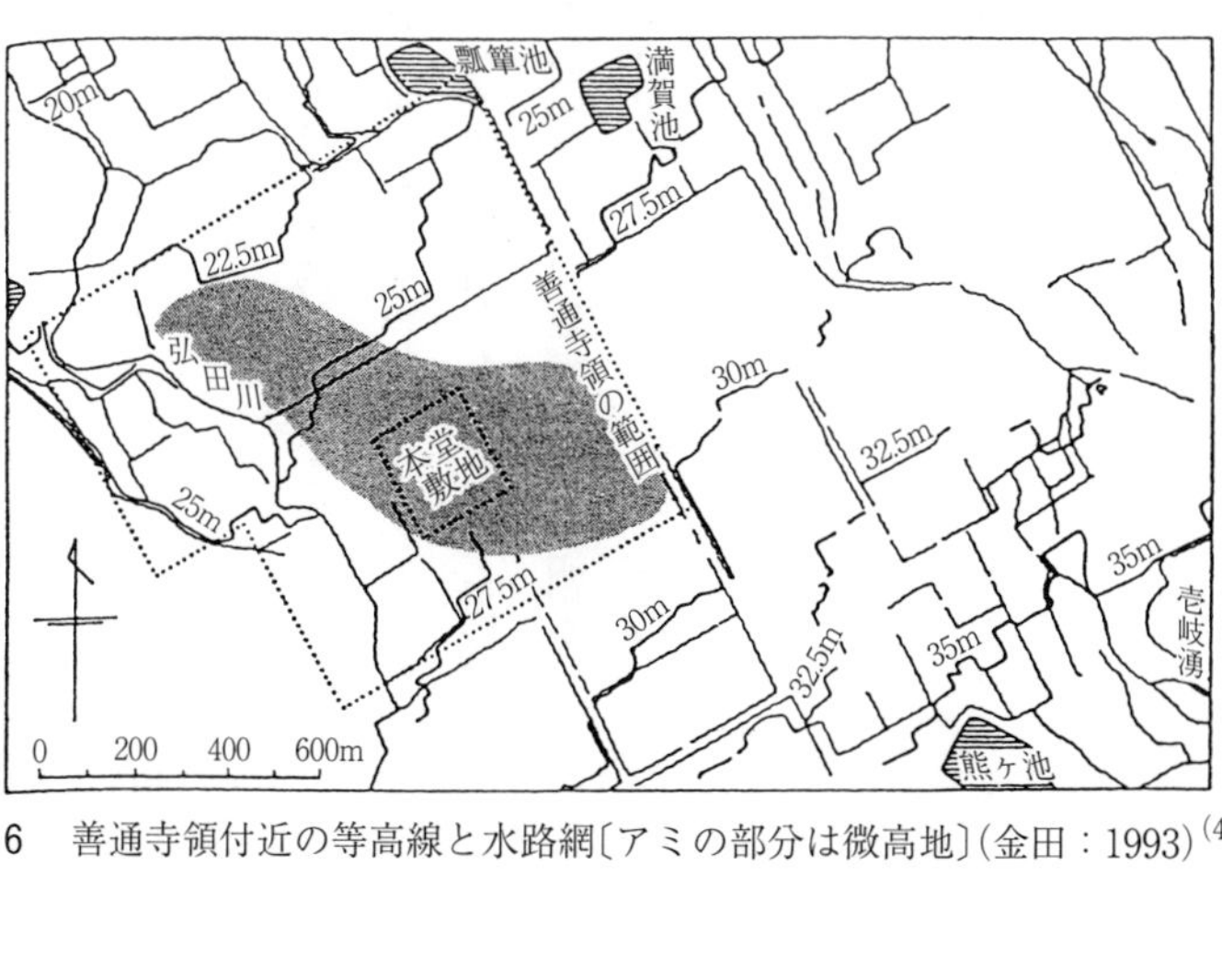

図６　善通寺領付近の等高線と水路網〔アミの部分は微高地〕(金田：1993)[48]

旧河道や低地であった部分も混在する。前者では、地表の耕作土のすぐ下が弥生時代の遺跡面で、それを削平しているような場合があり、後者では、一二世紀ごろの地表面が一メートルほども地下に存在するような場合もある。

微細微地形への工学的対応による土地利用の集約化は、皿池《さらいけ》の築造や島畑の形成のようなかたちで一つの極相となるが、これらは地割形態の変遷、条里地割の重層性とも強くかかわっている。

条里プランの機能的な変遷と、長期におよぶ土地利用の継続・変遷、とりわけ工学的対応による土地利用の集約化の過程を反映し、条里地割は垂直的にも水平的にもきわめて多様な重層性を生み出してきた(50)。

地下に条里地割の遺構が検出される事例は枚挙に暇がない。八世紀ごろの遺構の検出例もあるが、一〇世紀後半ごろから一二世紀ごろの遺構の例が多く、このころから条里地割の形成が進み、地表に条里地割が広く展開するような景観の出現は一二世紀ごろであった地域が多いのではないかというのが現在の認識である。これは、前述のような条里プランの機能変遷とも合致する。

一方、先に述べたように、水がかりの良くない田の削平をするかたちで土地利用の集約化を図ってきたところでは、長期にわたる耕作地ではあっても、条里地割が地表の一層しか存在しない場合もみられる(51)。

さて、このような地下の条里地割の遺構をめぐる議論は、地下条里遺構の年代の問題であるのみならず、同時に地表の条里地割の成立時期をめぐる議論に連動するものであった。

ところで、地表の条里地割の成立時期をめぐる議論は、いわゆる異方位条里や小規模条里などの条里地割区と関連することになる。つまり、地表の条里地割として、成立時期の異なったものが含まれているか否かという、いわば水平的重層性の問題である(52)。

この点についてはすでに、統一的な大規模条里地割に先行する地割群との想定があったミヤケなどの所在比定地における、異方位ないし特殊な条里地割区をめぐる議論があった。それらの条里地割区ないし異方位地割は、ⓐ本来耕地にかかわるものではなく寺院・宮殿などの施設に関連する地割遺構である。ⓑ規模や方位などが特殊であるとみなされてきたが、実際にはそうではなく、その地域の各所に検出される、いわば一般的な状況の地割群である。ⓒ地下から旧河道などが検出され、異方位はそれに規制されたと考えられ、統一的な大規模条里地割よりむしろ新しい起源の地割形態であると考えられる。といった、統一的な大規模条里に先行する耕地の方格地割としては、むしろ否定的な側面が浮びあがってきている。

一方、大規模で統一的な条里プランの形成期が、「律令の条里プラン」を基礎としていることは基本的に間違いないが、施工基準としての直線道や直線郡界を確認できる場合も、できない場合もあって、規格を含めて現在の段階ではその多様性を認識しておかねばならない。また、律令期の統一的な条里プランのもとで同時代にすでに異方位や不連続を生じていたことも事実であり、さらにこれらが後世に生じた場合もあるので、従来しばしばみられたように安易に「先行地割」に直結させて考えることには問題が多い。特に、先行する地割があったとしても、それが条里地割のような条里プランにかかわるか否か、耕地に直結するものであったか否かも検討を要する点である。

一連の統一的な条里プランの内部においても、詳細にみれば条里地割区とでも呼ぶことのできるいくつもの地割群から構成されている場合が多い。

条里地割と条里呼称法との一般的関係から、さまざまな条里地割区の成立の要因について少なくとも次のような類型に分類することができる。(53)

①八世紀中頃の条里呼称法導入以前に条里地割が存在した場所では、条里地割は条里呼称上の条や里と無関係に設定されているのであるから、それを編成して条里プランが完成したことになる。この場合、内部には、ⓐ開発の単位、ⓑ地割施工の単位、ⓒ施工時期の違いなどのさまざまな要因による「条里地割区」を包含することになる。

②八世紀中頃の条里プラン完成後に開発が進展し、条里地割が施されたか、または地割が再編された場所では、理論的には「条里地割区」に結びつくような不整合は生じないはずである。しかし現実には、㋑測量技術あるいは施工技術の限界から生じた誤差、㋺地形的障害による食い違い、㋩地形条件等への対応のための意識的な部分的計画変更、といった原因に由来する不整合が生じうる。

③洪水のような自然的要因による荒廃や埋積、あるいは用水不足その他の自然的社会的要因による荒廃などのあとの地割の再施工もしくは復原などのさいにも、二次的に不整合が生じうる。

八世紀後半の段階に限定しても、条里地割と条里呼称法は①もしくは②のような要因によるさまざまな食い違い・ずれなどの不整合・不連続を含んでいた可能性が高い。さらに、実際に確認される、たとえば図3などのような条里地割には、①②のみならず、③の要因に由来する不整合・不連続まで含んでいることになる。確認される地割形態がこのような状況であるから、これを基本として復原される条里プランにもまた、これらに由来する二次的変化を受けた部分や、机上の計画もしくは校班田図上の一体的表現とは異なった現実が含まれていることになろう。

研究史初期の段階から、「条里制」は、成立以来の長期にわたる固定的形態と画一的な機能を有するものとして取り扱われ、研究の進展にともなって、すでに紹介してきたように、次第に形態と機能の両者の変化と多様性が明確になってきた。条里プラン、とりわけその主要な要素である条里地割は、きわめて長期にわたって存続してきた実態であり、この点では他に例を探すのが困難なほどである。それを単一の固定的な視角のみからみることの危険性には、改めて留意する必要がある。この視角からすれば、新たな景観史を構想する視座を準備するのが不可欠である。

日本の歴史地理学に広く受容された「景観変遷史法」との対比を試みつつ、景観史の視角の必要性を説明しておきたい(54)。

藤岡謙二郎によって提唱された「景観変遷史法」は、小牧実繁《さねしげ》の「時の断面」の概念を継承しつつ、その時の断面が「厚み」のある時間で切断されたものであることを強調し、それを連ねるかたちで景観変遷を説明しようとするものであった。この方法の利点は、ある特定の時点における詳細な資料が欠如している場合においても、推定にもとづく記述的説明を展開しうることであろうし、直接関連する歴史学や考古学の成果を取り入れやすいことであろう。これによって、関連分野との整合的な説明が可能になり、地理的事象としての資料の少ないことがらについても、それを欠落した記述に陥る危険を回避することができる。しかしその一方では、景観ないし景観要素をきわめて静態的にとらえてしまう危険性をも内包していることになる。

これに対して、ダービー（H. C. Darby）が試行のうえで完成したクロスセクションは「薄い」ものであった(55)。

「薄い」クロスセクションとその間を結びつける説明的記述は、確かに方法論的完成度が高く、クロスセクションの復原も厳密である。しかし、その問題点は、この方法論自体に内在している。ここで採用される「薄い」クロスセクションは、例えば、一〇八六年という歴史的資料に恵まれた年次であるとか、一六〇〇年ごろといった区切りのよい数値の年次であり、その設定は景観の復原年次として最もふさわしい時点であるとは限らない。それぞれの年次において、ある景観要素はきわめて萌芽的段階であったり、衰退していく最終段階であったりするかも知れない。一〇〇～二〇〇年もの間隔を有するクロスセクションの間では、その間隔のなかで生起し、消滅してしまうような景観要素も存在した可能性すら想定する必要があろう。

このような「薄い」クロスセクションと「薄い」クロスセクションの間の時期の説明的記述は、本来二つのクロスセクションの相違を基礎とした、一方から他方への変化を基本とすることになる。ところが、前述のようなクロスセクション設定自体の問題が作用し、この間の説明的記述は、どうしても平板にならざるをえず、きわめて重要な要素を十分にとりあげることができなかったり、極端な場合にはそれが欠落してしまう場合さえ想定されることになろう。もちろん、このような状況に陥ることを避ける努力はなされている。例えば記述的説明には、「中世前期の変化」「中世後期の変化」「進歩の時代」「初期鉄道の変化」「イングランドの変貌」といった、その時期の特性を示す時代名や事象がタイトルとして採用されていることもその一端である。

このほか必ずしも厳密なクロスセクションであるとか、記述的説明といった方法にはこだわらず、時代によって、場所によって、またその特性によってさまざまに展開する景観形成を、いくつかの代表的な景観ないし景観要素をとりあげて、それぞれについて正叙的に記述する方法がある。

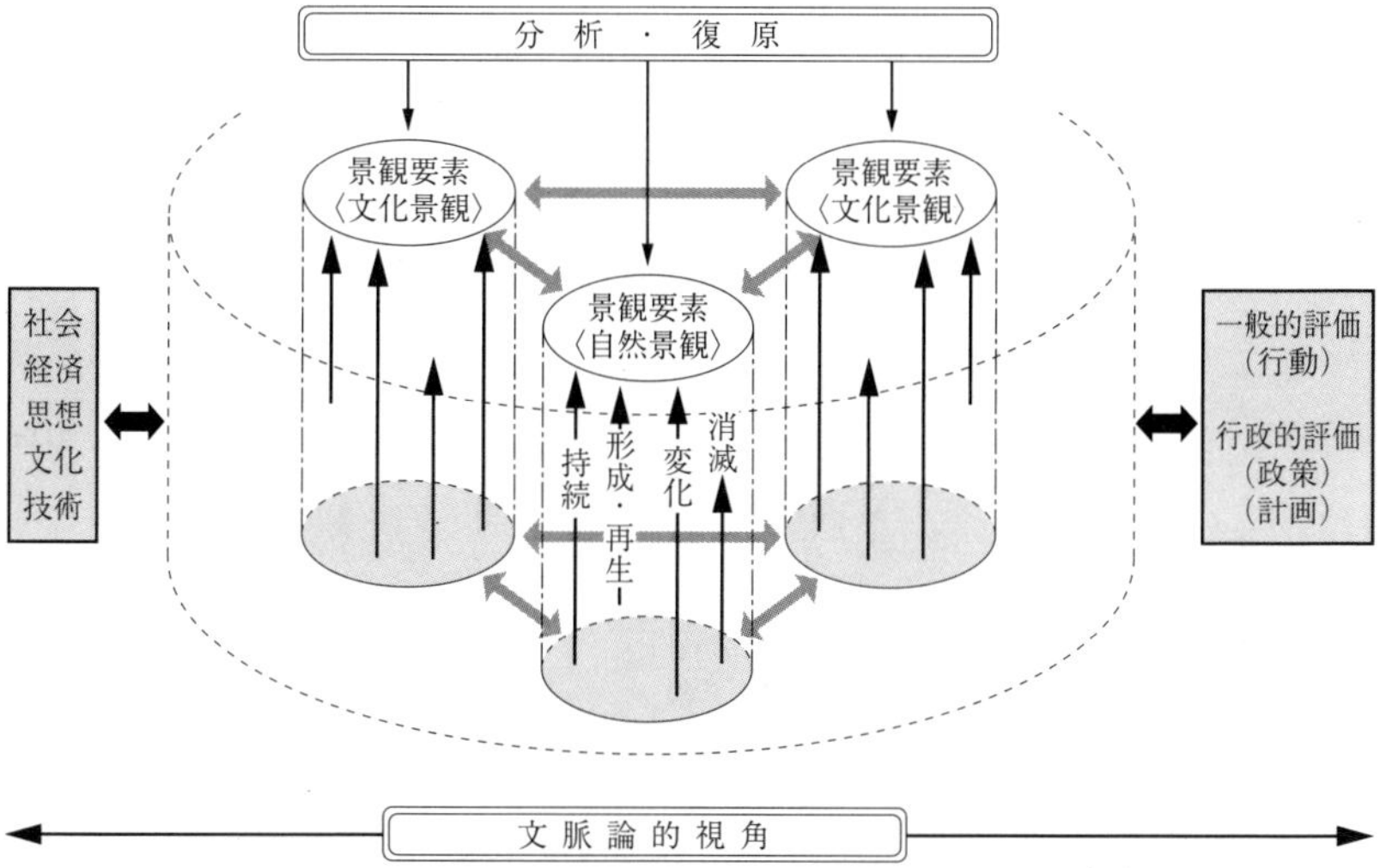

図7　景観要素の歴史的生態と分析視角（金田：2002）[(31)]

「厚みのある時の断面」を基礎としても、「薄いクロスセクション」を基礎としても、それらが内包する問題点を回避しつつ、より効果的な展開をはかりうる可能性があろう。しかし一方で、そのいずれでもない第三の方法の可能性を検討すべき必要も生じることになろう。その試みが、ここでいう景観史の視角である。

個々の景観要素が、どの時期にどのような状況であったのかを、可能な限り厳密に復原し、それがどのような機能を果たし、どのような変遷をたどったのかといった歴史的な生態ないしベクトルを探ることが重要な作業過程となる。それによって、「厚みのある時の断面」では曖昧になりがちな事実認識と動態性の欠如を克服するとともに、「薄いクロスセクション」では見過されたり、不十分な事実認識となる可能性を排除することができる。

一方、個々の景観要素を追跡することによって発生する可能性の高い、景観把握の個別性ないし分裂的性格については、個々の景観要素を規定ないし相互規定している状況を分析・統合することによって、一定程度の克服が可能となる。この視角を、筆者はかつて文脈論的視角（contextual approach）と呼び、古代荘園図研究について説明を加えた。この文脈論的視角とは、個々の景観要素について、同時代の政治的・社会的・文化的関連、自然的諸現象との関連、ならびに他の景観要素との関連を十分に視野に入れることを意味する。

したがってここでいう景観史とは、図7に示すような構造となり、景観要素の精緻な分析・復原を基礎とした、景観変遷への文脈論的接近とでも表現することができよう。「条里制」から「条里プラン」への研究の展開における一つの方法論的帰結である。

(1) 米倉二郎(一九三二)：農村計画としての条里制、地理論叢一、三〇七〜三五二頁。
(2) 金田章裕(一九八五)：条里と村落の歴史地理学研究、四〜九頁、大明堂。
(3) 同右、一〇〜二二頁。
(4) 東京大学史料編纂所編(一九九四)：日本荘園絵図聚影四、八(ただし、名称は山城国東九条領条里図として記載)、一二〇〜一二二頁、東京大学出版会。
(5) 金田章裕(一九九三)：古代日本の景観、二九一〜二九七頁、吉川弘文館。
(6) 宮内庁書陵部編(一九七三)：図書寮叢刊・九条家文書三―六五二、明治書院。
(7) 前掲注(5)。
(8) 横山由清(一八八三)：旧典類纂田制編・巻二。
(9) 堀田璋左右(一九〇二)：条里の制、史学雑誌一二―一一・一二、七〜六三頁／一一〜三三頁。
(10) 弥永貞三(一九六七)：条里制の諸問題(日本の考古学Ⅶ・歴史時代(下)、三上次男・楢崎彰一編)、河出書房新社。
(11) 前掲注(2)、一〇〜一四頁。
(12) 続群書類従完成会(一九八四)：三箇院家抄、史料纂集、三箇院家抄・第二。

(13)前掲注(1)(2)。
(14)竹内理三(一九四九):中世荘園に於ける上代的遺制、史学雑誌五八—一、一〜二七頁。
(15)弥永貞三(一九六七):半折考、日本社会経済史研究　古代・中世編、吉川弘文館。
(16)谷岡武雄(一九六三):平野の地理—平野の発達と開発に関する比較歴史地理学方法論、古今書院。
谷岡武雄　(一九六四):平野の開発、古今書院など。
(17)前掲注(5)、二九七〜三〇二頁。
(18)金田章裕(二〇〇二):古代景観史の探究、二二六〜二五五頁、吉川弘文館。
(19)前掲注(5)。
(20)深谷正秋(一九三六):条里の地理的研究、社会経済史学六—四、五五〜九〇頁。
(21)前掲注(2)。
(22)米倉二郎(一九五四):条里制研究の回顧と展望、人文地理六—五、六一〜七一頁。
(23)服部昌之(一九七三):条里制研究の課題と方法、人文地理二五—二、四五〜八〇頁。
(24)橿原考古学研究所編(一九八〇):大和国条里復原図、奈良県教育委員会。
(25)福井県編(一九九二):福井県史・史料編一六下、条里復原図、福井県。
(26)高松市教育委員会編(一九九二):讃岐国弘福寺領の調査、高松市教育委員会。
(27)大部荘調査委員会編(一九九一〜一九九六):播磨国大部荘現況調査報告書Ⅰ〜Ⅵ、兵庫県小野市教育委員会。
(28)大山荘調査団(一九八五〜一九八八):丹波国大山荘現況調査報告Ⅰ〜Ⅳ、西紀・丹南町教育委員会。
(29)太子町教育委員会(一九八八〜一九九一):播磨国鵤荘現況調査報告Ⅰ〜Ⅳ。
(30)近江国木津荘調査団・新旭町教育委員会(二〇〇二・二〇〇三):近江国木津荘現況調査報告書Ⅰ・Ⅱ。
(31)前掲注(18)、二五五〜三〇九頁。
(32)同右。
(33)前掲注(5)、一四〜四一頁。
(34)前掲注(2)、七七〜一二五頁。

(35) 同右、四三〜七七頁。

(36) 金田章裕（一九九八）：古代荘園図と景観、一二三〜五九頁、東京大学出版会。

(37) 「田」以外の国家管理の土地として「圃」があった。土地利用上は畑であり、かつ土地税の課される輸租地としての扱いが八世紀ごろの位置づけであった（金田章裕：大豆処図の畠と圃、前掲注36、二四六〜二四八頁）。

(38) 前掲注(36)。

(39) 前掲注(5)、一〜三頁。

(40) 同右、三〜一四頁。

(41) 前掲注(36)、八三〜九八頁。

(42) 前掲注(5)、七五〜九四頁。

(43) 同右、二五二〜二六四頁。

(44) 同右、二六四〜二七五頁。

(45) 同右、二七五〜二八六頁。

(46) 同右、九四〜一三一頁。

(47) 前掲注(2)、二四一〜二八一頁。

(48) 金田章裕（一九九三）：微地形と中世村落、一〇九〜一六〇頁、吉川弘文館。

(49) 同右、二二四〜二五二頁。

(50) 前掲注(18)、二五五〜三〇九頁。

(51) 同右、二八二〜二九七頁。

(52) 同右。

(53) 前掲注(2)、一七七〜二三九頁。

(54) 前掲注(18)、三二一〜四二二頁。

(55) Darby, H. C. (1983): Historical geography in Britain, 1920-1980; Continuity and change, *Transactions of the Institute of British Geographers*, 8: pp.421-428.

3―町と村の発達――宇治と巨椋池周辺――

「民家しげく茶師の家多くして、其富るは家広大なり、をよそ此里に茶園多し」というのが、『京城勝覧』における宇治の表現である。江戸時代に宇治郷と呼ばれた宇治の町は、どの書物においても、ほぼこれに近い内容の表現をしている。宇治の町は茶と茶師の町であり、そのイメージはずっと変ることがなかった。しかし、人口統計をみる限り、宇治郷の零落は目を疑うばかりである。さまざまな資料によれば、元禄三年（一六九〇）五二六七人、元禄一三年（一七〇〇）四五〇五人、正徳五年（一七一五）四四〇一人、享保一九年（一七三四）四〇四九人、延享元年（一七四四）三一一七人、宝暦六年（一七五六）二七六四人、文化一〇年（一八一三）二〇八八人、文化一三年（一八一六）一六三二人と減少の一途をたどり、回復のきざしは全くない。一七世紀末の五〇〇〇人台の人口が、一九世紀初めごろにはその三割ほどにまで落ち込んでいるのである。正徳五年には、家持が七〇二軒、借家が三一四軒であったものが、文化一〇年には家持四六五軒、借家三二軒となっている。家持層の減少もむろん著しいが、とりわけ借家人層の離散が激しいものであったことが知られる。

宇治郷は、幕府直轄地であり、茶園保護という特権と冒頭の表現のような華やかな外見をもっていた。しかし停滞的な茶業のみでは、かつての繁栄を維持することができなかったといえよう。明治七年（一八七四）には三〇〇四人となり、ようやく増加に転じている。とはいっても、依然としてピーク時には遠くおよばない。ところが、統計から離れて、目を宇治郷の町並みに移してみると、必ずしも単純な衰退とはいえないようである。二枚の絵図をながめてみたい。

図1は県《あがた》神社所蔵の「宇治町絵図」をわかりやすく書き直したものである。おそらく一七世紀の中ごろの宇治を描いたものと考えられる。町並みは、主に新町通りと県通りにそってのびていた。また平等院通りから宇治川河畔にかけては、水運にかかわる人々も住んでいた「さくら町」が広がっていた。中央部分にはいくつもの町があるが、いずれも断片的な町並みであったらしい。本町通りにも町並みは少なかった。町並みの背後には、茶園を示す「園畑」の記載が多くみられる。

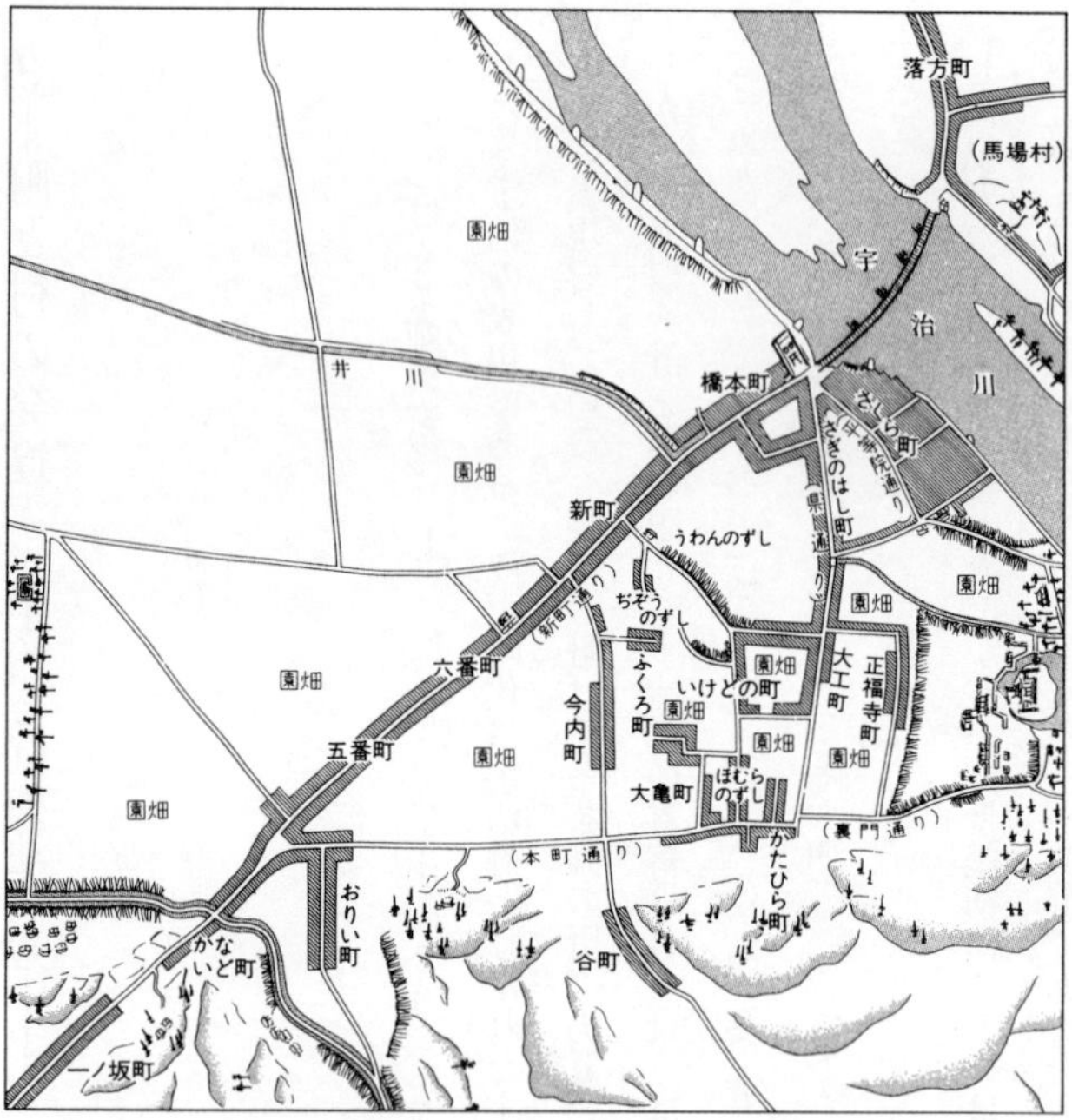

図1　県神社所蔵「宇治町絵図」に描かれた宇治の町並み

　この絵図に「ぢぞうのずし・ほむらのずし」と記入されたいわば路地ぞいの部分が、承応三年（一六五四）の板倉重宗触状請書には、地蔵堂町・ほむら町となっている。ほかの町と同様の扱いを受けるよう昇格し

図2　「宇治郷総絵図」に描かれた宇治の町並

たことになろう。この段階では、新たに本町通りぞいに薬師町と桟敷町が、五番町の西南に四番町が成立している。一七世紀の中ごろには、宇治郷はまだ発達の途上にあったようである。寛永一三年（一六三六）に幕府は宇治郷の屋地子一一〇石余を免除し、同時に年貢を半減して茶師の町の保護をはかっていた。この効果がまだ続いていたものと思われる。

図2は、宇治市歴史資料館蔵の「宇治郷総絵図」と呼ばれる絵図の中央部である。全体は縦三七三センチ、横五二三センチの大きなもので、多色で描いた美しい絵図である。作成時期は不明であるが、享保七年（一七二二）〜延享二年（一七四五）の間に推定されている。人口が次第に減少し始め、約四〇〇〇人ないし作成時期によれば三〇〇〇人程度にまで落ち

込んだ時期に相当する。

この絵図には多くの家屋が描かれている。平等院通りや県通り・新町通りの部分では、一筆一筆の宅地の間口全面に建物が描かれている場合が多い。単純な形態の建物が描かれた地筆の間口は三〜六間半であり、立派な門構えが描かれた場合には間口二〇間以上のものも珍しくない。立派な門を構え、広い間口を有した屋敷とは、現在もいくつか残っているような有力茶商の伝統的な店構えを彷彿とさせる。このほか、一筆の屋敷内にいくつもの建物が描かれた例が多いことにも注意したい。先に述べたような借家を示しているとみてよいであろう。

このようないろいろな建物で構成された町並みが、先に示した町絵図よりもはるかに広い範囲におよんでいることに注目したい。本町通りや県通りなど、町の中心部の町並みが増えていること、新町通りの西南への延長道路ぞいに、神明町にいたるまでほとんど町並みが続いていることがとりわけ目を引く。これらには空き家も含まれていたかも知れないが、町の中心部に限っていえばむしろ町並みは増加しているのである。

宗門改帳によれば、新町では天明三年（一七八三）に二九軒、一四八人であったのが、元治元年（一八六四）には四四軒、二〇二人と明らかに増加している。鷺橋町の方も、文政六年（一八二三）に一四軒、五二人であったものが、天保六年（一八三五）に一三軒、三九人に一時減少しているものの、文久三年（一八六三）には、一八軒、七四人に増えている。

一七世紀末以来、宇治郷の人口は近世を通じて減少し続けていた。しかし、町の中心部分ではむしろ町並みは発達していたとみてよいようである。人口減少は、主として周辺部分における町並みの衰微によるものであったと考えられる。

『京城勝覧』が、「町あり茶屋おほし、宇治川にちかくして舟のつく所なり、伏見にも大津にもゆく道のちまたなり」と記した六地蔵の場合、変化は宇治郷以上に大きなものであった。六地蔵は、豊臣秀吉が建設した伏見の城下に組み込まれていたのである。ところが元和九年（一六二三）の将軍家光入城を最後として、伏見の城下の機能はほどなく失なわれた。「道のちまた」の町を除けば、武家屋敷はとりはらわれ、やがて耕地化されたものであろう。延宝六年（一六七八）の六地蔵村の検地帳には、「左馬屋敷」などといった屋敷名のついた小字地名がいくつもみられる。

さて、宇治郷の人口が増加していた一七世紀の中ごろ、武家屋敷あとが耕地化されていた六地蔵だけでなく、宇治の村々ではまだ新田開発の余地があった。慶安二年（一六四九）の山城国各村村高帳に記された宇治市域の村々は、山間部を除けば、宇治郷・槇島村・伊勢田村・小倉村・大久保村・六地蔵村・木幡村・五ケ庄・大鳳寺村・三室村・大路方（乙方）村の一一カ村であった。元禄一二年（一七〇〇）の山城国絵図には、これに新田村・安田村・広野村が加わっている。

慶安二年の伊勢田村は一一二九石余の石高であった。元禄一三年になると、本村が一〇五〇石余となり、安田村一五八石余と新田村一八一石余を分離した。合計石高はこの間に著しく増加しており、その大部分が新田開発によるものであった。広野村もまた、慶安二年に始まる新田開発によって成立した。このほか、五ケ庄も新出村と称する新田部分をほぼ同じ時期に加えていた。

伊勢田の新田村は、延宝七年（一六七九）の山城国久世郡伊勢田村之内新田村検地帳が示しているように、旧村内に散在する小規模な切添新田を集めたものであった。従って、新田村として一円的にまとまった村域はもっていなかった。新田村検地帳に記載されている六三名の百姓のうち、六〇名までが本村の検地帳にも

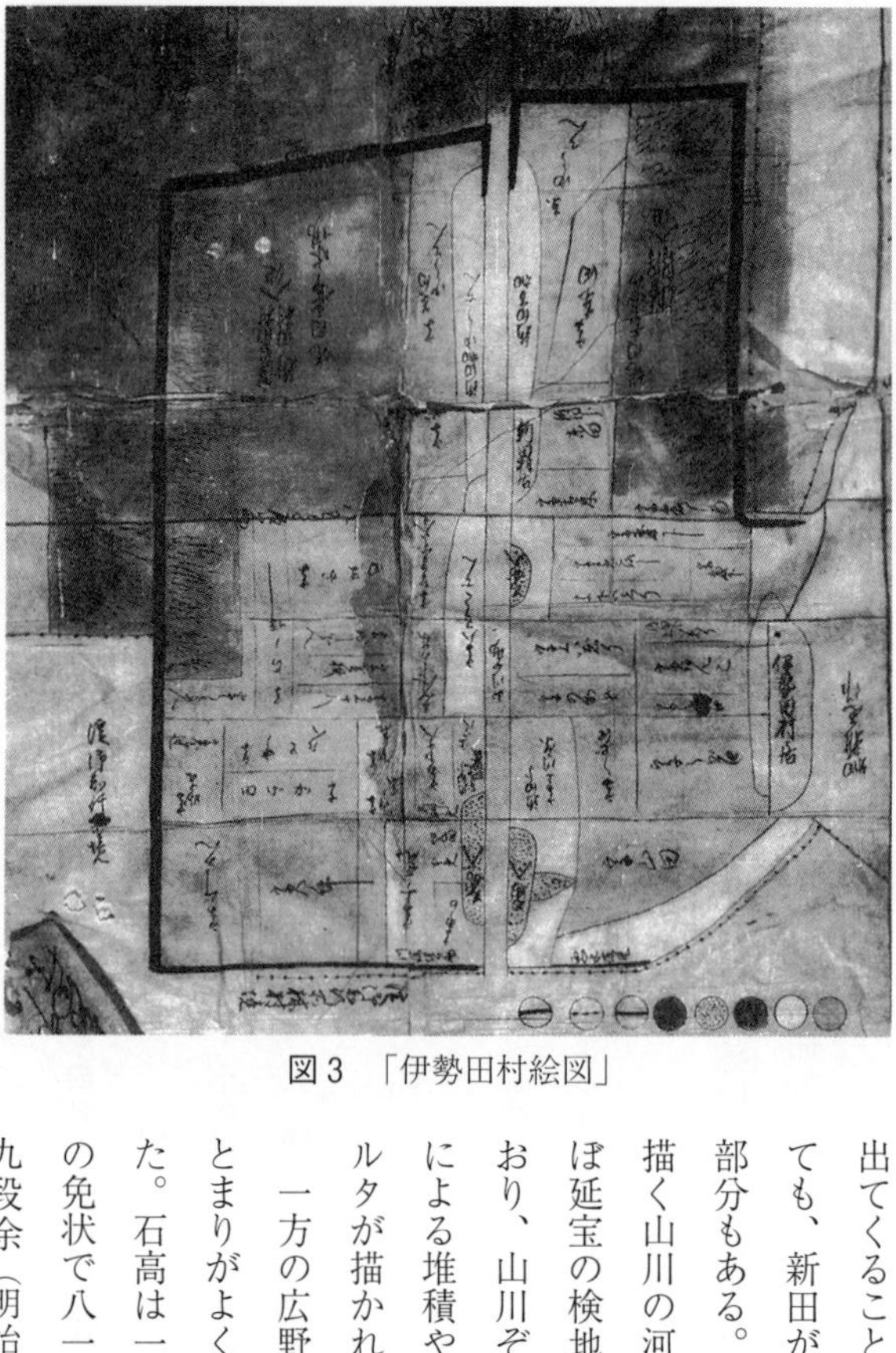

図3　「伊勢田村絵図」

出てくることも当然であろう。とはいっても、新田が比較的まとまって存在する部分もある。図3は「伊勢田村絵図」が描く山川の河口付近である。同図は、ほぼ延宝の検地帳に対応する内容を有しており、山川ぞいに石砂入と記された洪水による堆積や、河口につき出た小さなデルタが描かれている。

一方の広野新田の方は、宇治で最もまとまりがよく、また大規模な新田であった。石高は一八世紀末から一九世紀初めの免状で八一二石余、総耕地面積九七町九段余（明治五年）であった。広野新田は、JR奈良線新田駅付近一帯であり、JR線のほか、国道二四号線・近鉄線などで分断されて、旧状がわかりにくい。しかし明治三三年（一九〇〇）の地籍図によって、明治初めごろの状況を復原することができる。

復原された広野新田では、南北に走る大和街道ぞいに宅地が並び、多くの場合宅地に接して山林をともなっている。さらに同じ幅で細長く東西にのびた地筆の背後は畑となっている。慶安三年（一六五〇）と記された広野新田の円蔵院由緒書写と明和三年（一七六六）の除地水帳によれば、門前屋敷の平均間口は六間である。また明治九年（一八七六）の資料では、小字東裏の平均間口が七間半となる。土地利用のパターンと大和街道に接する地筆の間口のいずれもが、かなりの規則性を有していることになる。

耕地のほとんどが畑であることは、洪積台地上のこの付近では当然のこととみられる。しかし、このような特色ある村落形態と土地利用は、近畿地方ではめずらしい。ヨーロッパの林地村や、関東の武蔵野の新田村落と類似したものである。円蔵院から興聖寺にあてた口上書によれば、広野新田の開拓は、寛永一〇年（一六三三）に下総国古河から淀城に入部した永井尚政の意を受けて行われたという。永井氏が関東流の開拓法を持ち込んだと考えることも可能であるかも知れない。

台地上の広野新田では、むしろ水を得ることに苦心したであろう。しかし、巨椋池《おぐらいけ》の沿岸や宇治川の沿岸では水害こそが最大の問題であった。一七世紀以来、記録に残るような大洪水だけでも実に二二回に達する。小倉・伊勢田・大久保などの集落は低地にのび出た一～二メートルほど高い段丘端に位置している。ところが湖岸の低地にある安田は、二メートルほどの人工的な盛土の上に、槇島は宇治川の堤防ぞいのわずかな高まりに立地している。人々はさらに、生活の基盤である耕地をも水災から守らねばならなかった。大閤堤《たいこうつつみ》でとり囲んだ槇島村のように、村全体を輪中《わじゅう》的な構造にしてしまった場合もあった。小倉村や伊勢田村も、これと似た堤防を湖岸や湖中に築造した。

それでも水災に悩まされ続けた。人々は一筆一筆の耕地の経営においても、このような災害を乗り越えて生産力を高める努力を重ねた。島畑の造成はその典型的な方法であった。洪水の被害を受けたり、洪水のさいの土砂が堆積したような水田の一部に、土を集めて畑をこしらえるのである。水田と畑を対《つい》にして利用する方法である。水田については水がかりをよくして旱害をふせぐことができる。洪水のさいには、わずか一メートル足らずでも高い畑の存在によって、時に作物の全滅を避けることもできた。何より棉《わた》などの有利な畑作物の栽培にも適していた。かつて、この地域の条里プランに規制された水田地帯にも、たくさんの島畑が造成された。今では一部が、いちじく・なし・野菜などの栽培地として残っているだけである。

コラム2

織田信長・豊臣秀吉の土木工事――木曽川の築堤――

永禄二年（一五五九）に岩倉織田氏を攻略し尾張一国を制覇した織田信長は、翌年今川義元を破り、次々と急速に新時代の扉を開いていく。その彼が経済力を利用し、楽市・楽座をはじめ積極的な経済政策を推進したことは周知のところである。尾張西部の勝幡《しょばた》に拠り、西の玄関口であり経済中心地でもあった津島今市場を擁した信長の父信秀がその先駆をなしていたことも再言を要さないであろう。

さて信長は、天正三年（一五七五）正月二四日の朱印状において、祖父江五郎右衛門等に対して「桜木・船橋・平野・重元・小寺・横地・上畑・法華寺・中井・浅井・西御堂」の「十一郷」に「道根・横野堤」に毎年修理を加えることを怠らないようにさせるように命じている。道根《みちね》・横野《よこの》堤とは、図1のように日光川東岸に位置する旧横野村および旧西島村小字東道根・西道根・上道根などから、この日光川が東側に大きくメアンダーする部分の攻撃斜面側の堤防と考えられる。そしてその修理に当たるべき一一か村のうち、九か村は図1のように三宅川・日光川間に残る集落名と一致する。上畑・中井の二か村は後世その名称を失なったものとみえ、どこにも見当たらないが、この付近の集落のいずれかとみて大過ないであろう。竹ノ腰・天池の二集落がこれに相当する可能性もある。いずれにせよこれらの村々

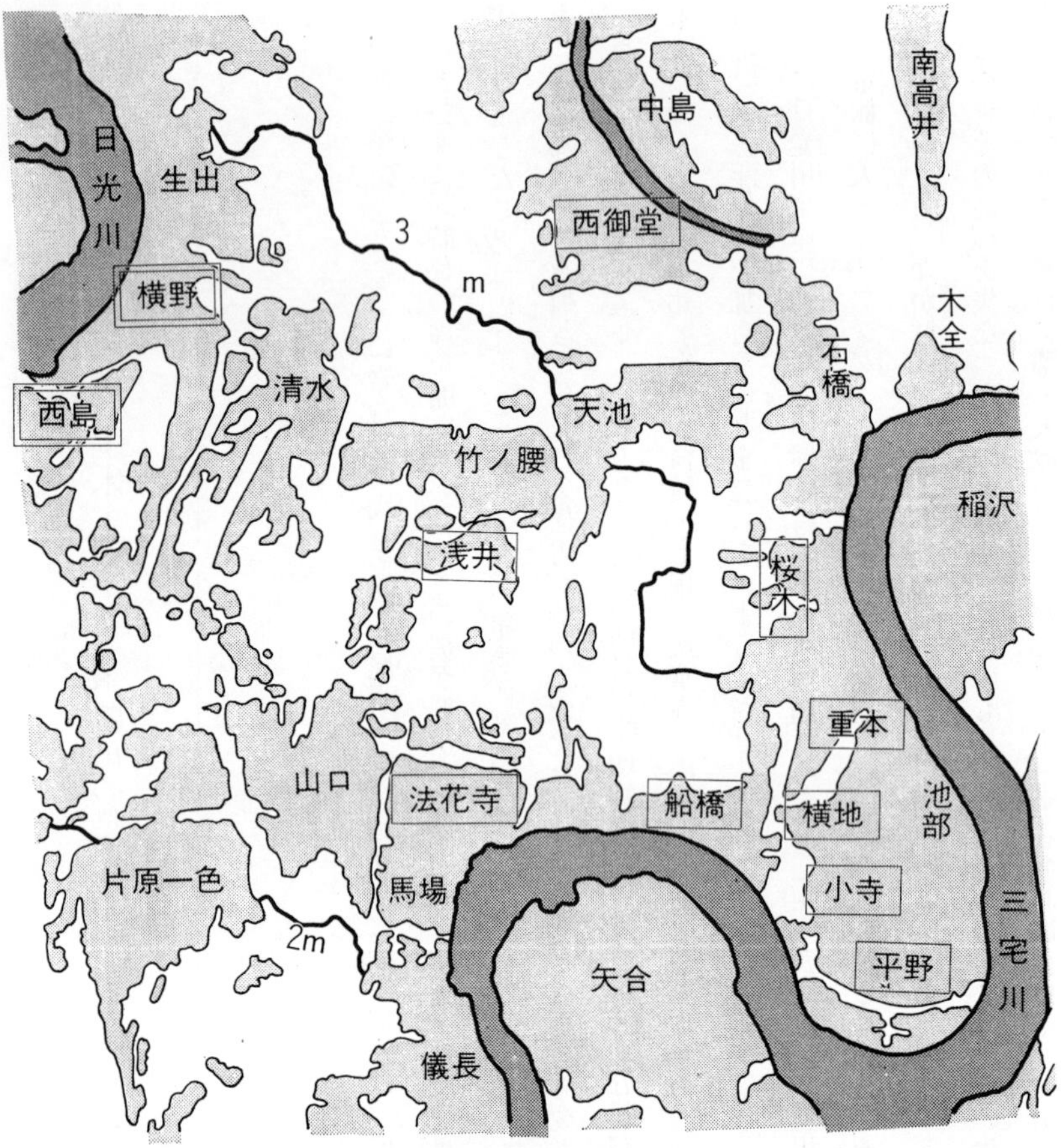

図1　横野・道根堤と信長に修理を命ぜられた村
(桜木など枠で示した9か村の他に上畑・中井の2村あり、アミの部分は自然堤防、白地の部分は後背湿地)

は横野村付近の堤が決壊した際には、図1の如き微地形からみて、直接的な被害を蒙るであろうと思われる地域の大部分を占めることになる。しかも、日光川は現河道に木曽川が固定される以前における主要分流の一つであったから、これは木曽川の堤防修築を意味するものといえよう。この他には尾張における信長の治水工事の状況を示す具体的史料はみられない。しかし、以上のように修理する堤防の直接的な影響がおよぶと思われる部分のほぼ全村を工事に動員していることと信長の一般的政策からみて、尾張各地における類似の治水政策の実施を推定することは無理なことではない。とすればこの時期、相対的に安定した河川管理の下で開拓や土地利用は一層進展し得たとみられる。

信長の政権を受け継いだ豊臣秀吉もまた盛んに治水・開拓工事をおこしている。『駒井日記』によれば、文禄二年（一五九三）一二月一四日に「高取之知行取者来年正月より在尾州仕堤之際に小屋をかけ有之候堤之普請可仕候事」、「百姓も正月五日より其月中に堤つくへし割符を請取、精を出し普請可仕則百姓にハ兵粮を可被下事」と築堤の開始をこまかに指示している。そして翌年には「尾張堤水よけに竹木数多入申候（中略）材木四千四、五百本智多郡にて伐申度由申来」、「尾張海東部堤築之奉行（中略）堤間数八万五千六拾八間（下略）」、「尾州中島郡堤築之奉行（中略）堤間数五万七千八百五拾間之由右給人百姓堤築之人数六千九拾人」などと数郡の範囲におよぶ大規模な築堤工事を示す記事が頻出している。この大工事は木曽川を対象とするものであるとみてほぼ間違いないと考えられるが、『地方古義』には慶長六年（一六〇一）に「木曽川堤成就」と記しているから、八年近くを要して一応の完成をみた可能性もある。現河道への安全な固定にはなおしばらくの年月を要するにしても、この工事によって結果的に開拓可能地はかなり増加したものとみてよいであろう。

秀吉は、この築堤工事と同時に「荒地分おこし候百姓に其年之物成一円に可被下（下略）」（『駒井日記』）と荒地開拓の推奨策をとっている。『駒井日記』によれば、さらに文禄三年（一五九四）四月には「清須町中に尾州在々所々ゟ罷出町人に成有之分帳面之内七百六拾餘人御座候右之者共前々在々江被返遣其郷々に而田畠荒地以下令耕候」と清須の町人となっている者七六〇余人をもとへ返して開拓に従わしめている。この他「算置」あるいは「陰陽師」なども諸地方から集めて尾張の「荒地おこし」に従事せしめている。

秀吉の積極的な治水・開拓政策はこのようにして推進されているわけである。ほぼ同時期にはいわゆる太閤検地が実施され、耕地と耕作者が把握される。三河国では天正一八年（一五九〇）から翌一九年にかけての検地帳がいくらか残り、尾張においても一九年から翌年にかけての検地の実施が確認されている。ただ尾張の場合には上記の治水・開拓工事と関連し、文禄二年（一五九三）から翌年にかけて再検地されており（『駒井日記』）、その政治的背景は議論を招くところである。いずれにしろ、以上のように進展した治水・開拓の結果、平野における耕地の充塡は一層進んだものとみてよい。このような織豊期の治水や開拓は強力な政治力に支えられた統一施策の一部として推進されたことも大きな特徴といえよう。

Ⅱ

はるかなる大地

II

村をたずねる人生

4—英国の世界認識と世界覇権
——ガリバーからゴールドラッシュへ——

ガリバーの遭難地点

ガリバーは、ヴァンディーメンズランド（Van Diemens Land）の北西で激しい嵐にあい、本船を脱出して、六人でボートを漕ぎ、三リーグ（約一四・四キロメートル）進んだ。疲れて限界となったものの運よく背の立つ海となり、陸へたどりついて眠ってしまった。目が覚めるとそこがリリパット（Liliput）という小人国であった。

ガリバー自身の著書としてこの話を記し、肖像画まで付して出版されたこの本は、『世界の遠く離れた国々への旅行』と題されていた。いうまでもなく、一七二六年一〇月二八日の刊行直後からロンドンで大反響を呼び、世界各地で読まれたスウィフト（Jonathan Swift）のガリバー旅行記である。スウィフトはガリバーの遭難地点に南緯三〇度二分という絶対位置まで記している。また、ガリバー旅行記第三巻では、ほとんど名称だけであるが日本（Japan）までが含まれ、第四巻のフーイナム（Houyhnhum）の国には架空の地図さえ添えられている（Gulliver, 1726）。

本論では、架空の物語の場所として、スウィフトがなぜヴァンディーメンズランドの北西を選んだのか、という観点から検討を始めたい。ガリバー旅行記は初版の刊行直後から大反響を呼び、第二版が出る前から初版が高値で売買されるほどであった（Mckelvie, 1976）。その理由の一つがこの場所の設定にあったと見られる可能性があるからである。

ヴァンディーメンズランドとは、現在のオーストラリアのタスマニア島であるが、この島はもとより、オーストラリア自体が、日本北方の日本海・オホーツク海沿岸とともに、ヨーロッパ製の世界地図では最後に正確に図示された地域である。逆にいえば、ヨーロッパの人々にとって最後まで謎が多く、正確な認識がおよびにくい場所であった。

言い換えればオーストラリアは、世界認識の進展の過程における最後のフロンティアといってもよく、その地がやがて英領植民地となり、大英帝国の覇権の中に組み込まれていくことになる。この過程の一端を追跡することが本論の目的である。

さて、スウィフトは、ガリバー自身に自らの経歴を次のように語らせている。イングランド中部ノッティ

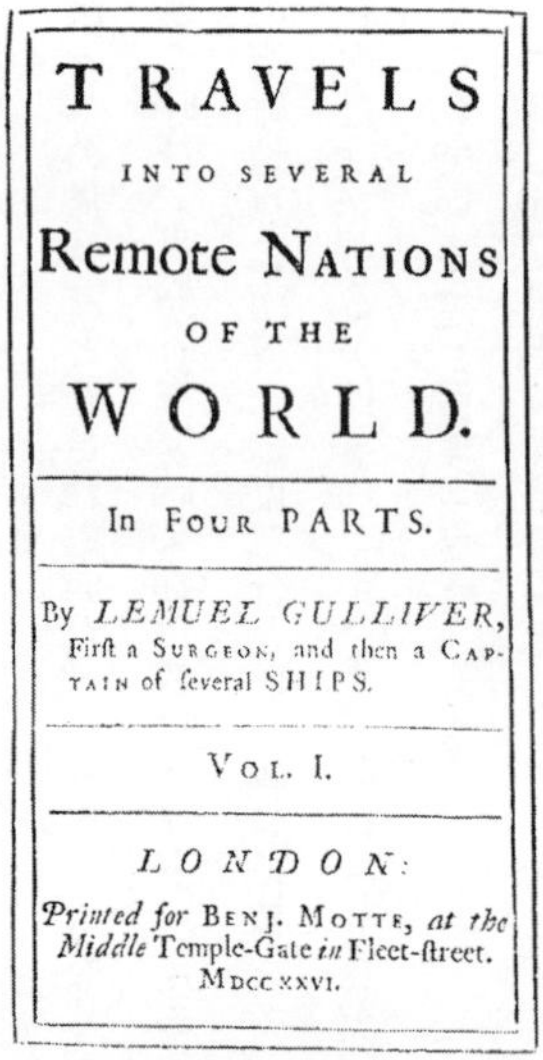
TRAVELS
INTO SEVERAL
Remote NATIONS
OF THE
WORLD.

In FOUR PARTS.

By LEMUEL GULLIVER,
First a SURGEON, and then a CAPTAIN of several SHIPS.

VOL. I.

LONDON:
Printed for BENJ. MOTTE, at the Middle Temple-Gate in Fleet-street.
MDCCXXVI.

図1　ガリバー旅行記のタイトル(上)とカバーの肖像

ンガムシャー（Nottinghamshire）の農場主の息子、五人兄弟の三番目として生まれ、やがてケンブリッジ（Cambridge）のエマニュエル・コレッジ（Emanuel College）に入った。著者としてのガリバーについても、「最初は船医、ついでいくつかの船の船長」とし、先に述べた肖像画も「レミュエル・ガリバー、レッドリフ号船長、五八歳の時」と題されている。

この時、一七二六年の出版時に五八歳とすると一六六八年頃の生まれとなり、ブリストルからヴァンディーメンズランドへ出港したとする一六九九年五月四日には、三一歳程度ということとなる。当然のことながら、読者に対して説得力のあるきわめて自然な設定である。

著者のスウィフトは周知のように、ガリバーと同世代の一六六七年生まれであり、聖職者、詩人、風刺作家として著名であり、その著作は当時の英国社会の一般的認識を十分にふまえたものであったはずである。それがスウィフトの友人に「ガリバーはすべての人の掌中にある」といわせ（Mckelvie, 1976）、前述のように大好評を博した理由の一つであったと考えられる。

ヴァンディーメンズランドは、オランダ東インド会社総督ディーメン（Antony van Diemen）の要請によるタスマン（Abel Yanzen Tasman）の航海で発見され、総督の名に因んで命名されたものであり、一六四二年一一月のことであった。探検航海と地図の発達を集成したスケルトンによれば、タスマンは同年一二月初めにニュージーランドの西海岸をも発見していたが、当時の関心を集めていた「南の未知の大陸」の一部であるか否かの疑問を解決できる機会を逃していた（Skelton, 1958）。

刊行されたタスマンの航海日誌に付された地図（図2）では、ヴァンディーメンズランドの南半部が描かれているが、北半は未確認のままであった。この地図では、オーストラリア北岸はカーペンタリア（Carpentaria）

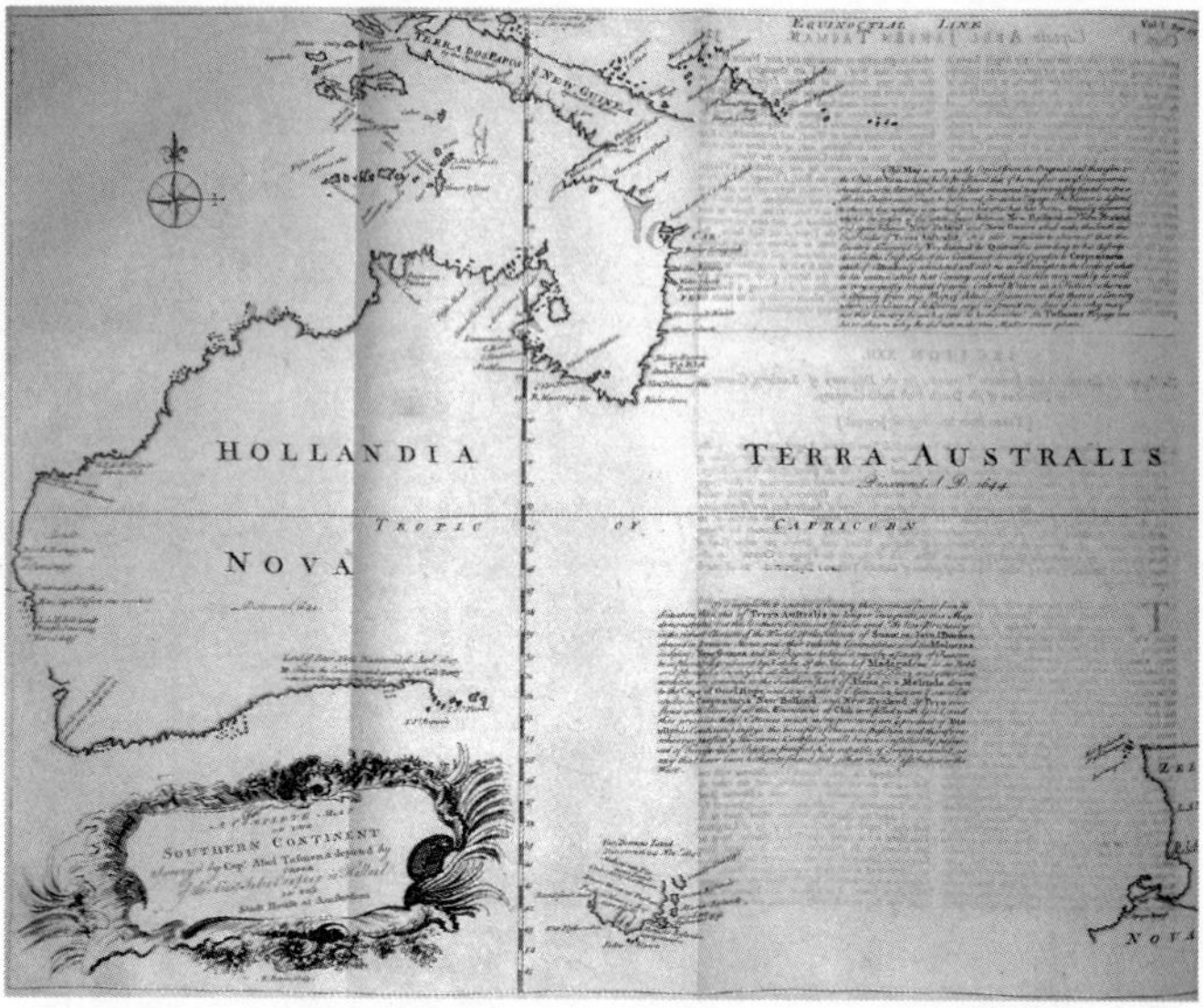

図2　タスマンによるヴァンディーメンズランド付近図

湾から西、南岸はスペンサー（Spencer）湾から西に相当する部分のオーストラリアが新オランダ（Hollandia Nova）として描かれ、その東南にヴァンディーメンズランド（Terre de Diemens）の南半が、そのさらに東方にニュージーランド（Zeelandia Nova）の西海岸の一部が描かれている。この三つの陸地の中央部は不明のままであり、そこに当時の関心を集めていた南方大陸（Terra Australis）の語が記されている（Tasman, 1764）。この成果は、一六四八年以来のブラウの世界地図によって公にされ（Blaeu, 1663）、一六六三年出版のテヴノの地図でも、タスマンの成果をほぼそのままに踏襲している（Thévenot, 1663-1672）。

　スウィフトの設定によるガリバー出航時点の一六九九年までには、これらの情報が地図として公刊されていたのであり、ガリバーはこれらの情報をもっていたという設定にほかならない。

　しかも、一六九七年にイギリス人ダンピア

（William Dampier）が新オランダの探検を進めることを主張した。一六九九年に実際にインド洋を越えて新オランダの西海岸に到達し、シャークス湾（Sharks Bay）の命名をしてさらに北上した。一七〇三年刊のダンピアの地図には、新オランダ（New Holland）の西半とシャークス湾、現在のトーレス海峡（Dampiers Passage）などを描いている（Dampier, 1667, 1703）。

ガリバー旅行記の一六九九年という設定は、まさしくこのダンピアの探検航海の年であり、スウィフトはそのイメージを使ったとするのが、一般的理解である。ただし、ダンピアはヴァンディーメンズランド付近の探検をすることができず、その後一七〇五年のオランダの探検隊は、ヴァンディーメンズランドを再度調査したが、その北側の調査は一部のみでとどまった。

つまり、ガリバー旅行記出版の年まで、ヴァンディーメンズランド一帯の情報は、タスマンの探検の結果と大きく異なるものではなかった。しかもこの状況はさらに、一七六八年のブーゲンヴィル（L. A. de Bougainville）の地図でも大差なく、新オランダ、ヴァンディーメンズランド、ニュージーランド（Nouvelle Hollande, Terre de Diemen, Nouvelle Zelande）がタスマン図とほぼ同様に描かれている。大きな違いは「南方大陸」の語が消え、ニュージーランドの東方に太平洋（Mer Pacifique）の語が入ったことである（Bougainville, 1771）。

スウィフトがガリバーの漂着地リリパットの所在地として設定したのは、このような未知の地、ヴァンディーメンズランドの北西であった。島の東と南はすでに航行されており、北東の一部にも探検航海がおよんでいたのである。島の北西部が最も謎の多い未知の空間であった。そこへの関心が深まっている時期に、この物語が設定されたのであり、いやが上にも関心が高まり、当時の人々の空想の可能性に火をつけたものであろう。南緯三〇度付近とは、タスマンがヴァンディーメンズランドに達した探検航海の航行方向を転じた南緯四九度より北であり、現在の知識でいえば大陸の陸上であるが、当時の地図上ではまさしく未知の空間の一部であった。

イギリスからみて地球の反対側のこの一帯は、一八世紀の前半において、まだ正確な地理的認識のおよんでいない部分であった。

新オランダからオーストラリアへ

タスマンは、「南の未知の大陸」を探索すべき命を受けていた。一七世紀前半頃までの地図の多くは、南半球に伝説上の巨大な南方大陸を描いていたのである。一六〇二年にマテオ・リッチ（利瑪竇）によって中国語に翻訳されて出版され、日本にも伝来して大きな衝撃を引き起こした坤輿《こんよ》万国全図もまた同様であった(1)。タスマン自身はその存否の確認をすることができなかったものの、ヴァンディーメンズランドやニュージーランドの一部を地図に加え、その後のダンピアやオランダ隊の再調査を経て、新オランダは南方大陸とは別のものとされ、南方大陸の存在の可能性は次第に南へと押しやられた（Skelton, 1958）。

このころ太平洋の交易ルートを確立していたのは、その両岸に植民地を有していたスペインであり、太平洋は「スペインの湖」とさえ呼ばれることがあった（Spate, 1988）。一八世紀の中ごろから、イギリスによるスペインの支配権に対する攻撃は組織的かつ計画的となり、一七六三年に七年戦争が終わると、さらに加速した。

探検航海において画期的な成果をもたらしたのは、英国王室海軍船長クック（James Cook）である。一七六八年にエンデヴァ号の指揮官に任命されたクックは、海軍省から派遣されて、金星の太陽面通過の観察を行う科学者たちをタヒチ島に運んだが、同時に「南方大陸」の探索の密命も受けていた（Skelton, 1958）。この航海（第一回）では、クックは南米南端のホーン岬を経て太平洋に入り、ニュージーランドを一周して地図を作製し、新オランダの東岸を測量しつつ北上した。トレス海峡を経、インド洋経由で、一七七一年に帰国した。クックの測量の正確さは、図3のようなニュージーランドの地図によってもよく知られている。その理由の一つは、当時イングランド北部で石炭運搬船として使用されていた、「キャット型」と呼ばれる四〇〇トン前後の積載量の帆船の使用であった。この平底の船が沿岸に接近しての測量を可能にしたとされる。

クックは、一七七二年から七五年にかけて第二回の探検航海を実施した。この時はインド洋の南を経てニュージーランドにいたり、太平洋を南下して南緯七一度一〇分の南極圏にまで達し、タヒチ、ニュージーランドを経て、ホーン岬経由で帰国した。第三回は一七七六年から八〇年にかけての航海であった。再び喜望峰経由でインド洋に入り、ニュージーランド、タヒチを経て、カナダ西岸、アラスカ沿岸からベーリング海峡にいたり、いったんハワイまで南下したところで、修理のために上陸してクックは殺された。クック隊は再度カムチャッカ半島東側を経てベーリング海峡に達した上で、太平洋西北岸を南下し、南シナ海を経てインド洋を渡って帰国した（Hough, 1994）。

クックの一連の探検・測量航海の成果によって、太平洋の島々のほとんどが正確に認識され、地図化されることとなった。クックはこの間、一七七〇年に新オランダの東半部をニューサウスウェルズ（New South Wales）と命名し、英国王ジョージⅢ世の名で領有を宣言した（Hough, 1994）。

クックの成果によって、イギリスからみて地球の反対側の地理的認識は大きく進展した。しかし、依然と

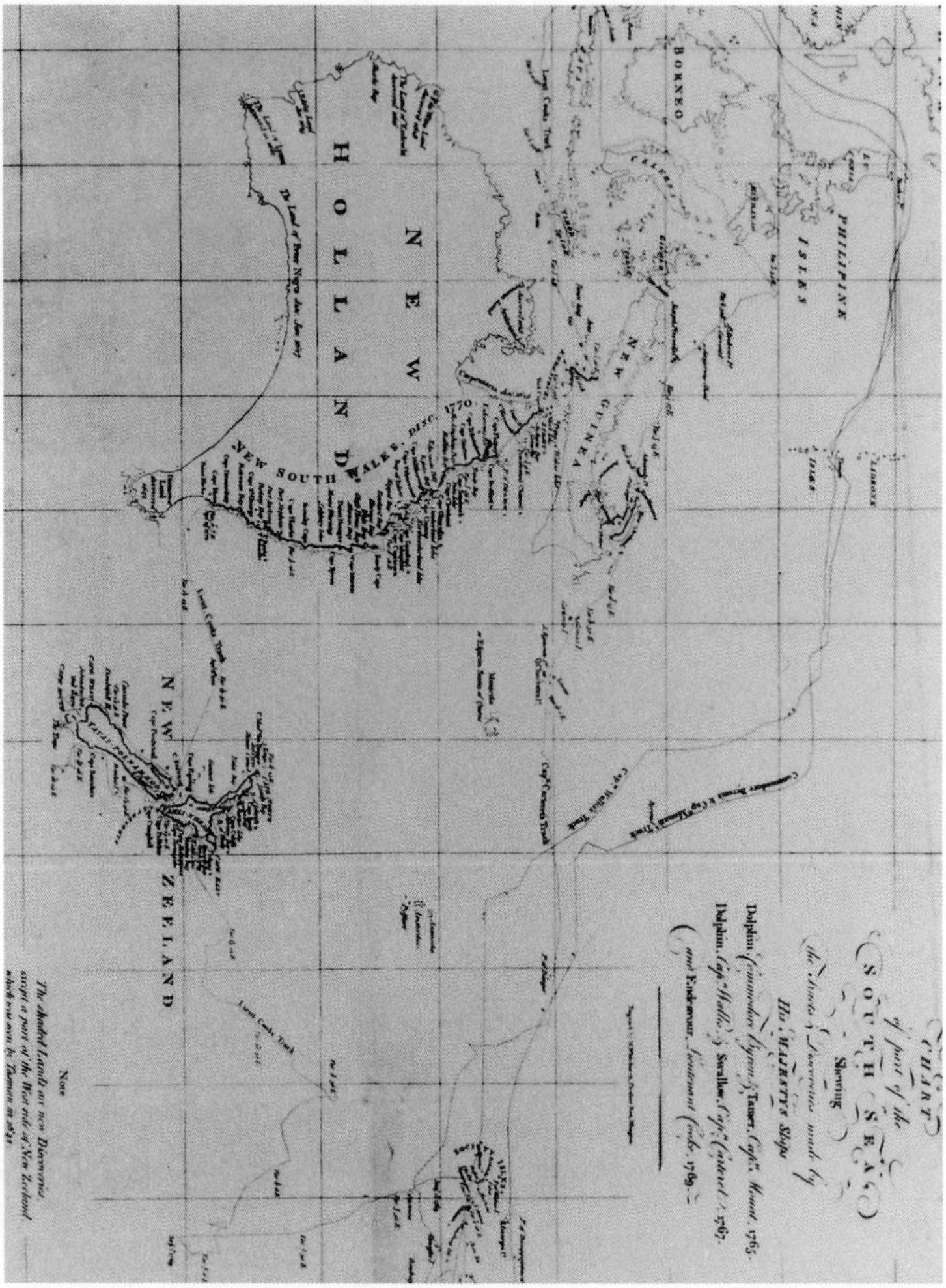

図3　クックによる測量航海の成果（1773年図／部分）

して巨大な陸地の名は新オランダのままであり、ヴァンディーメンズランドが別の島であることも知られていなかった。

一連の成果を反映し、一七七三年に刊行された地図、あるいは同じ内容の一七八八年刊行の地図では、(2)ヴァンディーメンズランドが新オランダと接合して一つの陸地となっており、新オランダの南海岸はまったく情報のない単調な線となっている。これがイギリスおよびヨーロッパでの基本的認識となったと思われる。つまり、ニュージーランドの南北の島と、不明部分を残しながらも、広大な新オランダの陸地の存在が知られ、その東部にニューサウスウェルズと名づけられた新しい英領がある、という認識である。

一方、北アメリカの英領植民地では新たな事態が出来していた。一七七四年に始まる大陸会議(Continental Congress)は、一七七六年に北米一三植民地の独立を宣言し、この間一七七五年、イギリスとの戦争に突入した。このことが直接の引金となって議論が始まり、一七八六年八月には英内務大臣タウンセンド(T. Townsend, のちの子爵 Sydney 卿)がニューサウスウェルズのボタニー湾(Botany Bay)に流刑植民地を建設することを決定し、翌年一月に小ピット(W. Pitt)から下院に政府決定が伝えられた。退役海軍大佐フィリップ(A. Phillip)が初代総督への就任を要請され、一七八六年九月には彼はこれを了承した。一七八七年五月一三日にポーツマス(Portsmouth)港を出港した八隻の船は、軍人、流刑囚など約一〇三〇人を乗せて翌年一月二〇日にボタニー湾に到着した。この間、一七八七年八月七日にリオ・デ・ジャネイロ(Rio de Janeiro)に寄港し、九月四日にはそこから喜望峰に向けて出航、一〇月一三日に到着、一一月一二日に出航といった経路を経たこともあり、約八か月を要する航海であった(Clark, 1962)。

間もなく、クックが予定したボタニー湾を離れ、ポートジャクソン(Port Jackson)湾のシドニーコーブ

（Sydney Cove）に植民都市シドニーを建設した。フィリップ総督は、広い整然とした街路からなる都市を構想していたが、初期の植民地の食料事情等のさまざまな対応に奔走し、シドニーは不規則な狭い街路からなる市街となった（金田：一九八五）。一七九二年頃までには、シドニーは南太平洋の捕鯨基地、アザラシ漁基地としての機能が重要となり、一八〇二年以来南太平洋での植民地獲得に動いていたフランスとの対抗という伝統的政策の下でイギリス本国の支持も得て、ようやく自立的経済発展の道を歩み始めた（Clark, 1962/Crowley, 1980）。

やがて新オランダの沿岸測量も進んだが、その中心人物は、バス（G. Bass）とフリンダース（M. Flinders）であった。二人は一七九八年、ヴァンディーメンズランド北側の海峡を調査し、当時のハンター（J. Hunter）総督によってバス海峡と命名された（Clark, 1962）。ヴァンディーメンズランドがようやく単独の島であることが確認されたことになるが、まだ新オランダの海岸線には不正確なものが多く、一八〇〇年にいったんイギリスに帰国したフリンダースは、翌年沿岸測量を再開し、一八〇三年六月までに一周測量を完了した。彼は新オランダ全体をオーストラリアと呼ぶべきことを主張し[3]、一八一七年、マックォリー（L. Macquarie）総督が正式に新オランダをオーストラリアと呼ぶこととした[4]。

ここにオーストリアは名実ともに明確に一つの大陸として認識され、ニューサウスウェルズ植民地の経営も軌道に乗ったかにみえた。しかし、植民地の人口増加とともに各種の問題も顕在化し、植民地政府の組織化や、政策の見直しが必要となった。とりわけ先住民アボリジニへの対応と、入植者、解放流刑者の入植地をめぐる混乱がその典型であり、この過程には、ロンドンの本国政府との連絡に片道約六か月を要する遥かな距離も障害となっていた（金田：一九八五）。

この時期、政策見直しのための調査に派遣されたのはビッグ（J. Bigge）調査官であり、一八一九年九月から約一年半にわたって現地調査に従事し、帰国後、一八二二年から翌年にかけて三部の報告書を作成した。ビッグはこの間、ニューサウスウェルズ測量長官オクスレイ（J. Oxley）から、一八二一年一月一五日付の手紙を受けとった。それには、土地システムの問題とその解決のための方策が提案されていた（金田：一九八五）。

この提案は、ブリスベーン（T. Brisbane）総督の一八二二年二月一八日付の認可の下で、オクスレイ自身によって実行に移された。入植以前の測量によって、あらかじめ一マイル四方のセクション（section）と六マイル四方を原則とするタウンシップ（township）を設定するというのが基本であった。ところが、ビッグ報告を受けて検討をしたロンドンの植民地担当大臣バサースト（Bathurst）伯爵は、一八二五年一月一日付で新訓令を出し、六月三〇日にはブリスベーン総督の下に届いた。これによって、六マイル四方のタウンシップは、既設定の部分も含めて、二五平方マイルのパリッシュ（parish）へと変更を余儀なくされた（金田：一九八五）。

植民地が一定程度の人口と産業を擁するにいたった時、当然のことながら解決すべき、あるいは対応すべき問題が頻出することになる。この時の本国政府との距離の大きさは、この土地政策をめぐるずれのように、それ自体が問題を引き起こしたことになる。

ビッグ報告の波紋とオーストラリアの幸運

ニューサウスウェルズ植民地の一部として、一八〇三年に四九人が入植したヴァンディーメンズランドには、シドニーから遠く離れていたこともあり、二人の総督代理が任命され、やがて統治は南北に二分された。

ビッグ報告がロンドンにもたらされた後、一八二四年に就任したアーサー準総督の下で、全島が南北一体として自立的立場を確立した（一八五六年にタスマニアと改称）が、流刑植民地としての問題を未解決のままかかえていた（Jackman, 1974）。

一方、この頃からオーストラリア西岸に新植民地を設立する運動を展開していたスターリング（G. Stirling）は、一八二八年の報告でフランスへの対抗の必要性を主張し、イギリスの伝統的政策と合致したことから、一八二九年六月一八日には正式にウェスタンオーストラリア植民地が創設され、その初代準総督に任命された（Cameron, 1981, 金田：一九八五）。これにより、全オーストラリアが英領植民地となった。ニューサウスウェルズ植民地が流刑囚を受け入れなくなってからも、タスマニアが流刑囚を受け入れ続けたのに対し、ウェスタンオーストラリア植民地は、流刑囚ぬきに発足した。

ロンドンでは、ウェスタンオーストラリアへの入植者の募集にさいして、同植民地において郡、パリッシュ等の行政区画の設定が進んでいるとしており、植民地測量長官もその予定を報告していた。しかし、実際には測量も入植もすべて停滞的であり、その設定は遂に計画のままで終った。その結果、皮肉なことに、一八四六年の入植者の希望によって、流刑囚の受け入れを始めざるを得なかった（金田：一九八五）。

ウェスタンオーストラリア植民地が設立された一八二〇年代末のロンドンで、ビッグ報告の意外ともいえる影響が出てきた。結婚詐欺で告訴され、ニューゲイト（New Gate）の監獄に収監されていた元外交官ウェイクフィールド（E. G. Wakefield）が、獄中から匿名で投稿した新聞記事「シドニーだより（A Letter from Sydney）」が大きな反響をまき起こしたのである。彼自身がオーストラリアへの流刑囚となる可能性が高かったことから、獄中でビッグ報告を読み、ニューサウスウェルズ植民地の問題解決案と新たな植民地像を主張したのである。告訴が取り下げられて出獄したウェイクフィールドと、その思想の支持者たちによって議会への建白がまとめられ、それを基礎としてサウスオーストラリア植民地設立法が成立したのである（金田：一九八五）。

新しい植民地の基本的考えは組織的植民と称され、次のような内容を有していた。

初期の段階では、入植地に一エーカー（約〇・四ヘクタール）当たり一二シリングという最低価格を設定した。その販売代金によって移民基金をつくり、貧しい人々の渡航費用に供し、ブリテン島とアイルランド島からの三〇歳以上の成年の移民を促進し、可能な限り男女同数とするというのが骨子であった。囚人は送らず、また入植地についても、開拓地が連続し、農村社会が早い段階で成立することを目指すべく、入植地の面積を八〇エーカーに制限することとした。価格や面積はその後変化したが、組織的植民はサウスオーストラリアの基本的政策となり、また、土地販売政策は、他のオーストラリア植民地にも適用された（金田：一九八五）。

一八二九年のロンドンの新聞に次のような話が載った。ある人物がオーストラリアへ出かけることを祖母に話したさいに、「そこは恐ろしく辺鄙で、世界のちょうど右手の隅っこへ下りていったところでしょう」とその祖母がいったというのである[(5)]。オーストラリアはそのころには、一般のイギリス人にとっても、きわめて遠いところとしてではあるが、広く認識されていた。

サウスオーストラリアではしかし、一八三七年三月、先行して業務を開始していた測量官ライト（W. Light）によって植民地の首都アデレード（Adelaide）の設計、測量、命名が完了したものの、遅れて同年一二月一七日に着任したハインドマーシュ（J. Hindmarsh）総督との間の軋轢から、植民地行政の混乱を招いていた。

このころニューサウスウェルズでは、一八二八年以来、前任者オクスレイの後をうけて測量長官ミッチェル（T. L. Mitchell）が着任していた。彼は、先に述べたような経緯を経てようやく定まった方格測量・区画設定の方針には基本的に反対であり、その面での成果はなかったが、地形の実情を重視し、内陸の探検・地図作製をきわめて熱心に推進していた（金田：一九八五）。ミッチェルの探検で有名なものに、一八三六年三月にシドニーを出発し、ダーリング（Darling）・マレー（Murray）上流域からポートフィリップ地区（Port Phillip District, 現在の Victoria）に入り、その西部海岸に自然に成立しつつあった港町ポートランド（Portland）に達したものがあった。この時、ポートフィリップ地区西部の草原地帯をみて、羊の無限の放牧地となり得ると感じ、「オーストラリアに幸運を約束する土地（Australia Felix）」と名づけた（Garden, 1984）。測量長官としてのミッチェルのこのような土地評価は、この地に多くの牧羊業者をひきつけたが、一八三七年から三九年にかけての旱魃やさまざまな理由で失敗し、それを恨んだ業者も多かった（Powell, 1972, 金田：一九九八）。それでも、ポートフィリップ地区では一八三八年に羊が三一万九四六頭に達し、一八四一年までには、一四〇万四三三三頭に急増した。これには、イギリスの産業革命が進展し、毛織物工業の発達とともに、海外に広く羊毛を求めたことが大きくかかわっていた(6)。

相前後して、メルボルン（Melbourne）が、一八三五年にバットマン（J. Batman）のグループがヴァンディーメンズランドから移住して住み始めていたヤラ（Yarra）川北岸に設計された。一八三七年三月にニューサウスウェルズ総督のバーク（R. Bourke）によって命名され、間もなく土地が販売された。市街予定地は、追加分も含めてすべて完売し、地価は一八三七年六月から二年余り後の三九年九月に七五倍以上に急騰した

（Garden, 1984）。メルボルンの成長は著しく、この時には、すでに人口三〇〇〇人に達していた。

この年の初めには、イギリスから直接メルボルンに宛てた最初の郵便を乗せた船が到着した。同年中には、羊毛を積んだ船が初めて直接イギリスを目ざして出航し、さらに同年中に二隻がイギリスから到着した。一八四一年中には、少なくとも四四隻の船が到着し、八〇〇〇人以上の乗客が上陸した（Turner, H., 1904）。一八五一年までには人口は二万三〇〇〇人に急増していた（Turner, I., 1978）。

この間、一八四九年の議会承認、一八五〇年八月の国王の裁可を経て、翌五一年七月には、ポートフィリップ地区がニューサウスウェルズから離れ、ビクトリア（Victoria）植民地として自立した（Garden, 1984）。メルボルンに、そしてオーストラリアに経済的発展をもたらした幸運は羊毛にとどまらなかった。ビクトリアの公式自立から間もない一八五一年八月、メルボルン北方における金鉱の発見が公になり、ゴールドラッシュが発生した。

ゴールドラッシュ自体は一八五〇年代中に最盛期を経て下降し、一八五八年に一四万七三五八人（うち中国人三万三〇〇〇人）もが採掘に従事していたものの、一八六一年には約一〇万人となった。反中国人の暴動が発生したり、いわゆる白豪主義に結びつく政策が出現したが、ゴールドラッシュがもたらした富は、他の鉱業のみならず、産業全体の発展を誘発し、鉄道建設などの社会資本の充実にも結びついた（Turner, H., 1904）。

この結果、メルボルンはめざましく発展することとなり、先行したシドニーよりも大きな人口を擁することとなった。一八六一年には一五・二万人、七一年に四六・八万人、八一年に八九・一万人、九一年には一五一・四万人となり、造船などの工業の発達も著しかった（Turner, I., 1978）。当時の大英帝国内では、ロンドンとわずかにグラスゴー（Glasgow）だけがメルボルンを上回っていたとして、ブリッグス（A. Briggs）は、英本国以外でメルボルンのみをビクトリア朝を代表する都市の事例とした（Briggs, 1963）。それほどの繁栄であった。

メルボルンの人口が一五・二万人に達した一八六一年、オーストラリアの英領六植民地全体の人口は、アボリジニをのぞき一一五・二万人であり、このうち四二・九万人がオーストラリア生まれであり、多くはイギリス系の二、三世であった。移民ではイングランド生まれが三四・二万人で最も多く、アイルランド生まれ一七・七万人、スコットランド生まれ九・七万人等とイギリス生まれが六三・〇万人となり、過半を占めていたが、ドイツ生まれが二・八万人等とイギリス以外の北ヨーロッパ生まれが計三・七万人であり、東ヨーロッパと南ヨーロッパからの移民はあわせても〇・四万人にみたなかった。目立っていたのは中国生まれであった。三・九万人に達し、先に紹介したように多くが金鉱採掘に従事していた（Vamplew, 1987）。

英領植民地としての政治的・経済的・人的結びつきは当然のこととして、ドイツ系の移民がそれに次いでいるほか、それ以外のヨーロッパからの移民はきわめて少なく、ヨーロッパにおけるオーストラリアの認知は、あくまで英領としてのものであったことが推測される。

むしろゴールドラッシュを契機として、中国（清）からの認知が急速に高まったことになる。中国系の人々は、伝統的にオーストラリア北部での海鼠《なまこ》漁に従事しており、ニューサウスウェルズ植民地からの煎《いり》海鼠《なまこ》、干鮑《ほしあわび》の輸出は初期の段階での重要な産業でもあった(7)。つまり中国からみたオーストラリアは、南方の食材の供給地としての認識から、一攫千金の地もしくは最後の可能性の地としての認知へと変わったとみられる(8)。

地球の反対側への旅程

一八三〇年代には、オーストラリアの全域が英領植民地となり、イギリスからみてきわめて遠い、地球の裏側ではあるが、そのことも含めて広く認知がおよんだ。しかし、その距離こそがきわめて大きな問題であった。英領植民地の初期の段階は、流刑囚の送致という本国政府の政策として、またフランスとの対抗という伝統的な政策として、本国政府の財政支出を基盤としていた。しかし、この距離が入植しようとする者にとっての膨大な渡航費としてまず問題となる。ウェイクフィールドの組織的植民の構想も、ヴァンディーメンズランドが流刑囚の受け入れを続け、ウェスタンオーストラリアが当初の政策を変更して流刑囚の受け入れを求めたのも、この渡航費に代表される距離の問題に強くかかわる。

ブレイニー（G. Blainey）は、名著『距離の暴虐』において、この距離が、英本国との距離と、オーストラリア内の各植民地間の距離との二重の交錯によって、オーストラリアを規定する大きな要因であったことを強調している（Blainey, 1968）。この主張は重要であるが、少し別の観点から眺めてみたい。

表1に示したのは、一八三一年から一八六〇年の移民のうち、本国政府ないし、植民地政府のいずれかの渡航費補助を受けた人数である。この間の総数は三四・五万人に達する。先に示した一八六一年の移民人口は七二・三万人、うちイギリス生まれが六三・〇万人であったから、その半数以上が何らかの補助を受けており、これにすべて政府支出の流刑囚および官僚・軍人を加えると、まったく自費での移民の比率はかなり低かったことになる。

オーストラリアへの渡航の移民船も、多くは政府がチャーターしたものであり、船内での規律はかなり厳

表1　オーストラリアへの政府助成移民数(1831-60年)

期間	NSW	VIC	QLD	SA	TAS	WA	AUS
1831-35	3,074				2,041		5,115
1836-40	24,627			12,200	1,350		38,177
1841-45	31,574			700	990	300	33,564
1846-50	26,713			6,400	320	700	37,133
1851-55	39,115	58,169		34,227	11,025	4,000	146,536
1856-60	32,534	29,794	479	14,678	5,575	1,000	84,060
1831-60	160,637	87,963	479	68,205	21,301	6,000	344,585

出典：*Australians, Historical Statistics*(1987)
注：VIC(1850年まで)、QLD(1956年まで)はNSWに含む

格でもあった（Haines, 2003）。これに対して一八五二年、自費で商船に船賃を払い、一三九日をかけてブリスベーン（Brisbane）に渡航した人物は、三等船室ではあったが、政府チャーター船と異なり、自由で良い状況であったとしている[9]。

まったくの自由渡航もあったものの、大半が政府補助による移民であり、移民船を含めて、まさしく国策によるオーストラリアへの移民であった。距離の制約が少なく、自由渡航者が多かった北米に比べると大きな違いであったとみてよいであろう。換言すれば、距離の障壁が政策としての移民送出の度合いを高めたといってもよい[10]。

一七八八年における、イギリスからの最初の入植者は、リオ・デ・ジャネイロでの一か月弱と喜望峰での一か月の寄港期間を含め、渡航に約八か月を要していた。その二〇年後にはバス海峡が確認され、シドニーへの渡航日数は多少縮まった。フリンダースのバス海峡の地図は一八〇〇年には公刊されたので、軍用よりは遅れたとしても、以後は商船も使用が可能であった（Crowley, 1980）。

おそらくバス海峡経由であったと思われるが、一八〇〇年四月八日のタイムズ紙（*The Times*, 8 April, 1800）は、最速の物資輸送船が三か月と一一日（一〇二日程度）でシドニーに達したことを報じている。一八

四八年六月から翌四九年一月にかけてプリマスからシドニーへ一〇二日、一八四八年一〇月から翌四九年二月にかけて同じく一一八日という移民船の渡航記録があり[11]、先に示した一八五二年の自由移民はシドニーより遠いブリスベーンへ一三九日を要していた。この間、シドニーへは一八一九年には約四か月、一八三一年にも約四か月という渡航日数であったから（Crowley, 1980）、少しずつ速くなっていたことが知られる。

イギリスからオーストラリアへの航路の重要な中継点であった喜望峰は、ニューサウスウェルズ植民地の開設時にはオランダ東インド会社の下にあったが、一七九五年のフランスによるオランダ侵攻後はイギリスが占拠し、その後もフランスとの間の緊張がかかわって不安定であったものの、一八一四〜一五年ごろにはイギリス領としての認知が定まった（Porter, 1991）。喜望峰の支配は、単にオーストラリア植民地へのルートの確保ではなく、インドへの進出の拠点でもあったが、いうまでもなく大英帝国の覇権の確立にはきわめて重要な地点であった。喜望峰の確保が、オーストラリアへの航路を安定したものにする一つの要因であったことは確かである。

最短記録の約一二〇日による輸送船のシドニー到着を報じた、一八〇〇年四月のタイムズ紙は一方で、輸送中の流刑囚が九六人も死亡したことを報じていた。ハインズ（R. Haines）の整理によれば、一八一五年以前のオーストラリア渡航中における成人の死亡率が一・一三％とされている（Haines, 2003）から、標準的な船で二〇〇〜三〇〇人が乗っている場合、三人前後の成人が死亡していたことになる、この比率は、先に述べたように政府チャーター船の規準が厳格化し、船医の役割が強化されたことにより低下し、一八三四〜五三年には〇・二四％、一八五三〜九二年には〇・〇一％にまで低下して、イングランド国内の成人死亡率と同様になったとされる（Haines, 2003）。

クックによって長期渡航中のビタミンC不足を解決することができるようになったことは広く知られているが、航海中の栄養不足は一九世紀初めごろまで依然として大きな問題であった。一八三九年に船医が病気治療のために船内で配給を指示していたものも、量の多い方から、レモンジュース、砂糖入りレモンジュース、肉入りスープ、スコッチ大麦、砂糖、茶、酢、オートミールといった、ほとんど栄養補給の食物であった（Haines, 2003）。

しかも、上記のように死亡率が大幅に改善されたのは成人の場合であって、子ども、幼児にとっては依然としてきわめて厳しいものであった。成人死亡率が改善された後の一八四八年から六〇年にかけての計七八三隻の移民船においては、成人の死亡者が計四〇人であったのに対し、二〇歳以下は七四三人にのぼり、このうち一〇歳以下は六七一人ときわめて多い（Haines, 2003）。このデータは、幼少者にとっては、長い船旅が依然として命の危険の多いものであったことを示している。

航海中の病気・栄養不足・ストレスなどによる死亡に比べれば、一八五〇年ごろには船の難破は、危険率からすればこれよりはるかに低かったという。このころから一八七二年にかけて、一八四五年と五五年に二隻が難破しただけであり、オーストラリアないしその周辺および南アフリカに向かった船の総数八五三隻に占める比率は〇・二％であった。ちなみに一八七三年から一九一四年の間では、政府チャーター船の全渡海数二五万八五四一回のうち五隻が難破したが、この中の二隻は全員が助かった。一方、一八六三年と九五年の民間商船では六隻が難破し、一隻だけが全員救助された（Haines, 2003）。

このような事実は、おそらくそのほとんどが新聞の報道や政府・植民地政府の公報、さらには帰国した官僚・軍人や商人たちの口伝えを通じて、一般に広く知り得るところであったと思われる。したがって多くのイギリス人にとって、オーストラリアへの渡航は、初期の情報の少ない段階を除けば、他の場所や陸上の旅行に比べても、生命の危険性が特に大きいわけではなく、生活を確立するための大きな選択肢の一つとなっていたとみられる。もちろんすでに述べたように、イギリスから遠い地球の反対側であることに由来する渡航費の高さは大きな障害であった。しかし、政府の補助・助成システムが確立し、渡航の航海自体にも多くの政府チャーター船が投入され、移民船の乗客の健康を含めたその管理システムをも政府が策定したことにより、その障害もまた政策の中に取り込まれていったことになる。

クリッパー型帆船とゴールドラッシュ

イギリスから三か月余りないし四か月を要したオーストラリアへの渡航は、まず大西洋を南下して喜望峰のケープタウン（Cape Town）に入り、そこから南緯三八度線にそってメルボルンに入るか、その近海を経てシドニーにいたるものであった。メルカトール図法が示しているように、同緯度を航行するのは技術的に容易な方法でもあった。すでにイギリス人の時計職人で、船上で緯度を計算するクロノメーターをつくったトウソン（J. Towson）が示していたように、大圏航路（great circle route）の方が近いことは知られていたが、一八五〇年代初期の航海士の多くは、南緯四〇度付近をたどるという中間的なルートをとっていた（Blainey, 1968）。最短の大圏航路をたどるとすれば、ケープタウンから東南へと南下し、南緯六六度付近まで達した後に北東へと北上することになる。

イギリスから北米のボストンやニューヨークへは、一八四〇年代後半すでに大圏航路が採用されていたにもかかわらず、オーストラリアへの大圏航路が採用されなかった最大の理由は、南半球の偏西風がきわめて強くて海が荒れており、「吼える四〇度帯（Roaring Forties）」として船乗りに恐れられていたことがある。ケープタウンから東へ三八度線をたどらずに、南へ舵をとることは、距離は短くなるものの、強風に対応する船の強度と高い技術を必要としたのである。

一方で帆船の改良が次第に進行し、一八一五年頃からの商船は次第に大型化し、また帆走速度が早くなり、一八三〇年代中頃にはクリッパー型の帆船が出現していた。クリッパーは基本的に高速帆船であり、相対的に建造費も高くついたが、高速を求める船主が増加していたからである。なかでも、ボストンのマッケイ（D. Mackay）は一八四〇年代末から有名なクリッパーの造船所であり、一八五三年には排水量四五五六トン、長さ三三四フィートもの大型クリッパーを建造していた（Perry, 1994）。

一八四九年のイギリスの航海法（Navigation Act）によって、アメリカ船が第三国からイギリスの港に積荷を輸送できることとなり、中国・イギリス間の茶貿易に参入した。さらに、一八四八年九月一九日に、カリフォルニアの金発見のニュースが、メキシコを経由してわずか四四日でニューヨークに伝わると、間もなくサンフランシスコには、一攫千金を目指す人を満載した船が殺到した。大西洋岸からホーン岬を経てカリフォルニアへと、高い運賃に糸目をつけずに乗客と積荷があふれた。カリフォルニアに向かったクリッパーは、サンフランシスコで底荷に金を積んで北太平洋を超え、中国で茶を積んで喜望峰経由でイギリスに向かい、その後ニューヨークへと帰港した。あるクリッパーは、ニューヨークから広東へと四か月と一四日で航行したという（Perry, 1994）。

アメリカでクリッパーが発達し、カリフォルニアのゴールドラッシュがそれに拍車をかけたが、イギリスでも一八五〇年代にはクリッパー型の船を建造し、イギリス船が一八五〇年代末には茶貿易に復活した

(Perry, 1994)。この間一八五一年にはメルボルンに向けて、一〇月二〇日正午にリバプール(Liverpool)を出発するという、定期航路の出航時刻の初めての設定が行われたほど、オーストラリア航路が定常化した。イギリスとオーストラリアの間の航路自体も短縮され、一八五四年には、南緯五三度付近のハード島(Heard Island)やマクドナルド諸島(McDonald Islands)付近を経由する大圏航路が採用され始めた。帆船の進化と航路の短縮により、リバプールからメルボルンへと一日四〇〇マイル以上を走航し、六〇日から八〇日で到達することができるようになった。一八五二年に、リバプールからメルボルンへ七四日で到着した例や、一八五四年に六三日で到達した例がある。前者の帰路はホーン岬経由で七六日を要した。一八五四年に別のクリッパーがメルボルンからリバプールへ六三日で帰港した例もある(Blainey, 1968)。ただし、この時期でも移民船には一〇〇日程度を費やして航行するものが多かった。

表2　ビクトリアとオーストラリアの1850年代前半のGDP

	VIC		AUS	
年	鉱業(千ポンド)	全体(千ポンド)	鉱業(千ポンド)	全体(千ポンド)
1850	0.0	2,326.0	329.0	11,703.2
1851	410.0	3,731.0	689.8	13,703.2
1852	8,424.4	16,183.3	10,998.2	30,215.9
1853	10,575.4	26,080.9	12,273.6	43,964.3
1854	8,859.6	28,541.2	9,683.7	51,559.1
1855	10,641.6	27,082.7	11,028.2	50,938.0

オーストラリアの場合も、カリフォルニアの場合と同様に、一八五一年末に発生したゴールドラッシュがクリッパーの盛行にかかわっていた。表2に見られるように、一八五二年にはビクトリアのGDPが前年の五倍近くになり、とりわけ鉱業は二〇倍以上に達していた。オーストラリア全体でもGDPが前年の二倍以上、鉱業は約一五倍におよんでいた(Vamplew, 1987)。表1に示したように、一八五〇年までの五年間に比べ、一八五〇年からの五年間の政府助成移民数は、四倍以上に急増していた。

より早いクリッパーの需要の背景にはこの動向があったことを見逃せない。オーストラリア経済の急成長は、鉄道敷設を含めた社会資本の蓄積にも結びつき、イギリスの工業製品の主要市場の一つともなったことも、当然のことながら付言しておく必要があろう。

イギリス・オーストラリア間のクリッパーによる航路は、図4に示すように従来とは大きく異なるものであった。イギリスからほぼ大西洋の中央部を南下し、ケープタウンには寄らずに直接南緯四〇度帯に入って強い偏西風を利用し、大圏航路をとって南緯五三度付近にまで南下した後、メルボルンに入港するものであった。メルボルンからは、バス海峡を経てニュージーランドとオークランド諸島（Aukland Islands）の間を東へ向かい、ホーン岬を越えてその東のフォークランド諸島（The Falkland Islands）を経、大西洋を北上するものである。地球大周航ルートとでも呼ぶことのできるこのルート[12]は、先に述べたアメリカのそれが東西の大周航ルートであるのに対して、南北の大周航ルートともいえよう。

南緯五一度と五二度の間に位置するフォークランド諸島は、一八四一年に初めて総督が任命されたイギリス領であり、オーストラリアからイギリスへの航路の中間地点に近い戦略的位置を占めていた。一八四八年には南米に一四隻配備されていたイギリス海軍艦船の南大西洋唯一の根拠地であった（Porter, 1991）。この時にはフォークランド諸島は、オーストラリアから積み出される羊毛の輸出ルートの補修・補給拠点であり、地球大周航ルートをたどるクリッパーにとっても、必要な場合の寄港地点として重要な拠点となった。

いち早く産業革命を経て、最初の先進工業国となったイギリスは、オーストラリアをまず羊毛などの農産物、ついでゴールドラッシュを経て各種鉱産物など、一次産品の供給地とする一方、工業製品の市場、余剰人口、労働力の移送先として、一九世紀中頃までには典型的な植民地とすることに成功した。地球の反対側

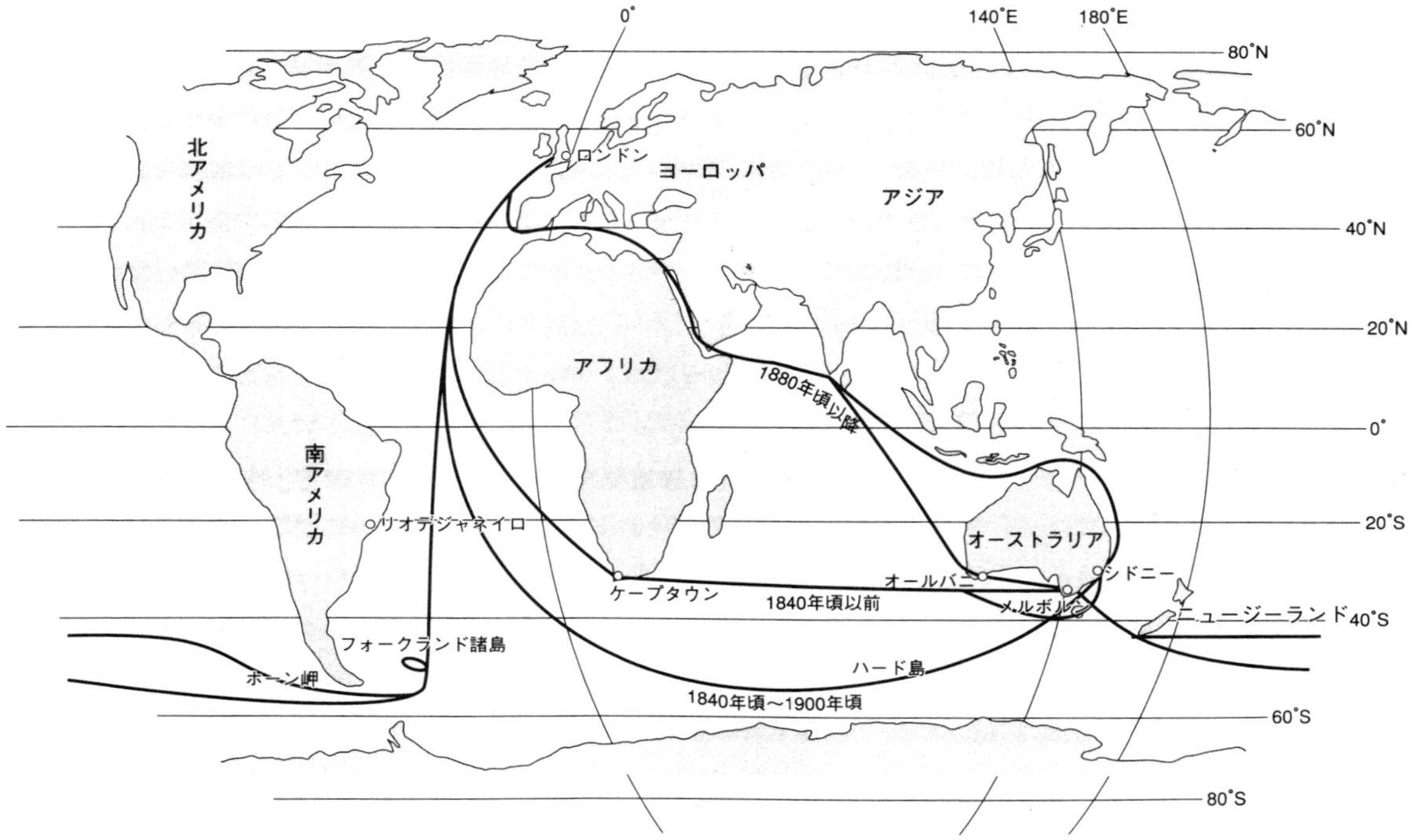

図４　オーストラリアへの主要航路の変遷（擬円筒図法）

でもある膨大な距離を、まず往路の戦略地点である喜望峰をおさえ、ついで帰路の戦略地点としてフォークランド諸島を確保したことになる。クリッパー型帆船による大周航ルートの確立は、その覇権を維持し、膨大な距離を克服する象徴的ともいえる事象であった。

蒸気船とスエズ運河——世界覇権の行方——

一八五二年八月四日のシドニー・モーニング・ヘラルド紙（*Sydney Morning Herald*）は、最初の郵便蒸気船が入港した様子を伝えている。「直接の効果は、我々となつかしいイングランドとの距離を少なくとも半分に縮め、この結果、おそらく、我々の交流の速さよりも定期性をもたらすものであろう」と評して歓迎している。この蒸気船は、喜望峰を経由して七月二三日にメルボルンへ、八月三日にシドニーへ入港したものであった。当時の帆船の郵便は片道一七五日、蒸気船の郵便で一三五日程度とされている（Crowley, 1980）から、確かに速さが縮まったとはいえ、それよりも通信の確実性が増したことの方を評価したものであろう。

同年一二月にも、当時世界最大の蒸気船が乗客六一五人、乗員一三七人を運んできたが、先に紹介した七〇余日で到着したクリッパーは、八八六人の政府助成移民を運んでいた[13]から、大きさでも速さでもクリッパーにはまだ敵わなかったことになり、上掲の新聞にもみえる「定期性」が最大の評価であったことになろう。

蒸気船がイギリス・オーストラリア間において確実な地歩を占めるのは一八六〇年代末のことであった。しかし、一八七〇年代にイギリス経済が不況に陥ったこともあってクリッパーは生き残り、例えばもともと中国との茶貿易に従事していたカティ・サーク号（Cutty Sark）なども、八〇年代にはオーストラリアの羊毛輸送に転じ、九〇年代まで就航していた（Bach, 1976）。

この間の画期的な出来事の一つは、一八六九年一一月一七日にスエズ（Suez）運河が開通したことであり、移民や旅行者には蒸気船が依然有利となった。それまでの一〇〇日余から四〇日余に早くなり、煙で汚れるのが難点ではあるが、クリッパーに比べて安全で快適であるとされた（Crowley, 1980）。

一八七五年にはスエズ運河が掘り下げられ、より大型の船の通過が可能になったが、貨物輸送ではクリッパーはまだ健在であった。蒸気船の最大の課題は燃料の多用であり、六〇年代には一四〇〇トンの積荷を運ぶのに毎日三〇〜四〇トンの石炭を焚かねばならず、少なく見積もっても五〇日の連続航海をするとすれば、積荷はすべて石炭でないといけないという計算となる状況であった。これが一八七〇年までには、二〇〇〇トンの積荷に対して、一日当り一四トンで済むようになった。一八八〇年には、スエズ経由ではなく、ケープタウン経由で、ケープタウンのみの燃料補給により、四二日間でメルボルンへ到着した蒸気船が出現した。

この少し前、一八七八年にはオーストラリアの一八の船会社が、蒸気船船主協会（Steamership Owners' Association of Australia）を結成した。帆船時代はようやく峠を越え、ほどなく蒸気船の時代となった。イギリスの覇権にとっては、スエズ運河が今度は最重要の戦略地点の一つとなり、一八九八年までに地中海側のアレキサンドリア（Alexandria）とキプロス（Cyprus）、インド洋のセイシェル（Seychelles）、オーストラリア西南端に近いオールバニー（Albany）にイギリス海軍の基地が増設された（Poter, 1991）。

この間、一八七二年には、イングランドとシドニー、メルボルン、アデレードとの間に電信が通じていたことも特筆される。一八七〇年九月一五日にアデレード・ダーウィン間で工事が始まり、ジャワ経由で電線が敷設されたものであり、通信での距離は克服された(14)。

イギリスの覇権は遥かな距離を越え、植民地は地球の反対側におよび、人・経済・技術のすべての面でそれを強化してきた。大英帝国の管理システムと海軍が、ルートと拠点の確保も含めてそれを大きく支えてきたことは繰り返すまでもない。

しかしその一方で、植民地そのものが自立をはじめることになる。オーストラリアの場合、その理由は、結果として成功した植民地経営による植民地自体の成熟であったといえよう。植民地内のことは植民地が定めるとは、一八四七年七月三一日付グレイ（Grey）伯爵の訓令以来のイギリスの基本方針であった。しかし、どこまでが植民地内の課題であるのかは常に不明確であり、帝国の方針との衝突は常に避け難く、ダウニング街（Downing Street）の干渉は常に最重要であり続けた（Crowley, 1980, p. 560）。

これに対して、さまざまな経緯を経て、ビクトリア植民地は、一八六九年に一つの結果にたどりついた[15]。まず、政治的権利と自由民の利益の保護は、植民地の人民によって設置された主体が担うべきで、ビクトリアの立法議会は、植民地住民不在のままで勝手にロンドンで決められることには反対であるとの基本的立場を主張し、さらに次のように続けている。「ビクトリアの人民は、法によって独自政府の権利を有しつつも、本植民地が大英帝国の不可欠な一部として留まるべきことを願望し、本議会は、選挙有権者を代表して、ビクトリア沿岸の外国の侵入に対する防衛の義務を、もっぱらコストを負担し、また（帝国政府による）ビクトリアの人民への独占的な指揮の中に留まり続けるということによって果たすことを認める」。「本議会は、帝国議会の立法による、植民地の人民が同意した場合ないし同意を表した場合を除き、ビクトリアの内政事項へのいかなる干渉に対しても抗議する」。この見解は、さらに二項目にわたって具体的に帝国政府との関係を述べているが、要するに帝国の覇権を認めつつ、植民地のより完全な自治を求めているのである。

一八六九年にビクトリアで議決されたこの方向は、一九〇一年の大英帝国内の自治州としてのオーストラリアの実質的独立に結びつくものである。一八六九年というスエズ運河が開通した年は、この方向へ明確に踏み出した初期の段階であり、ゴールドラッシュがもたらした一つの帰結でもあった。

（1） 利瑪竇「坤輿万国全図」万暦三〇年（一六〇二）、京都大学附属図書館蔵。

（2） Chart of Part of the South Sea..., 1773, 1788, etc. 同様の地図は、Henry Roberts 図（1784）, Fleurieu 図（1790）, Aaron Arrowsmith 図（1794）として刊行されている。

（3） Flinders の地図は General Chart of Terra Australis or Australia（1814）と題され、これにも彼の主張が明示されている。

（4） Macquarie to Goulburn, December 21, 1817, *Historical Records of Australia*, Series I, Vol. 9, p. 747.

（5） 前掲の「シドニーだより」（*Morning Chronicle*, 1929）。

（6） M. Barnard, *A History of Australia*, Camberra, 1962. 一八三〇年に二〇〇万ポンド（重量）、一八三四年に四〇〇万ポンド、一八四一年に八〇〇万ポンド、一八五〇年に三九〇〇万ポンドがイギリスに（全輸入量の約半分）輸出された。

（7） ‘trepanger’と呼ばれていた（金田：一九八五）。一八三〇年代まで捕鯨・あざらし漁が盛んであり、一八三五年までは羊毛を上まわる金額を輸出していた。一八五〇年には、シドニーから三〇〇万ポンド（金額）、ヴァンディーメンズランドから一二〇万ポンドを輸出していた（Roe, 1830-1850）。

（8） その結果が、ゴールドラッシュへの中国人の参入であり、混乱を経て、いわゆる白豪主義へと結びついた。

（9） Anonymous diary, Oxley Library, Brisbane, M1265.

（10） なお、中国からの移民は、広東からすれば、距離もそれほどではなく、また社会的なプッシュ要因が大きかったこともあって、前記のような多数の移民の到来となったとみてよい。

（11） Governor Fitzroy to Earl Grey, June 18, 1849, Enclosures land 2 (No. 16), *British Parliamentary Papers*, Emigration

Papers Relative to Emigration to the Australian Colonies.

(12) ブレイニーは「大圏航路（The Great Circle Route）と呼んでいる（Blainey, 1968, 長坂・小林訳、一九八〇、一八〇頁）。

(13) 'Marco Polo'号、ブレイニーは前述のようにメルボルンへ七四日、リバプールへ七六日とする（Blainey, 1968, p. 191）が、クロウリーは六八日と七四日とする（Crowley, 1980, p. 232）。

(14) Crowley（1980, pp. 605-606）による。ロンドン・アデレード間の電線は一万五七〇〇マイルにおよぶ。

(15) *Victoria, Parliamentary Debates*, Vol. IX, November 2, 1869, p. 2123.

〔参考文献〕

金田章裕（一九八五）『オーストラリア歴史地理』（地人書房）

金田章裕（一九九八）『オーストラリア景観史』（大明堂）

Aplin, G., et. al. (eds.) (1987), *Australians, A historical dictionary*, Broadway, N. S. W..

Bach, J. (1976), *A Maritime History of Australia, Melbourne.*

Barnard, M. (1962), *A History of Australia*, Canberra.

Blaeu, J. (1663), *Le Grand Atlas on Cosmographic Blariano*, Amsterdam.

Blainey, G. (1968), *The Tyranny of Distance, How distance shaped Australia's history*, Melbourne.（長坂寿久・小林宏訳、一九八〇、『距離の暴虐』、サイマル出版会）

de Bougainville, L. A. (1771), *Voyage autour du monde, parla fregate du rui La Boudeuse, et la flute l'Etoile, en 1766, 1767, 1768 & 1769*, Paris.

Briggs, A. (1963), *Victorian Cities*, London.

Dampier, W. (1697), *New Voyage round the World.*

Dampier, W. (1703), *A Voyage to New Holland.*

Cameron, J. N. R. (1981), *Ambition's Fire*, Perth.

Clark, C. M. H. (1962), *A History of Australia, I*, Melbourne.
Crowley, F. (1980), *A Documentary History of Australia, Vol. 1, Colonial Australia, 1788-1842, Vol. 2, Colonial Australia, 1841-1874*, Melbourne.
Garden, D. (1984), *Victoria, A history*, Melbourne.
Gulliver, L. (1726), *Travel into Several Remote Nations of the World*, London.
Haines, R. (2003), *Life and Death in the Age of Sail, The Passage to Australia*, Sydney.
Hough, R. (1994), *Captain James Cook*, London.
Jackman, S. W. (1974), *Tasmania*, Melbourne.
Mckelvie, E. (1976), *Introduction to Gulliver's Travels by Jonathan Swift.*
Perry, J. C. (1994), *Facing West, Americans and the Opening of the Pacific*, Westport.
Porter, A. N. (1991), *Atlas of British Overseas Expansion*, London.
Powell, J. (1972), *Image of Australia, 1788-1914, Monash Publications in Geography, 3*, Melbourne.
Skelton, R. A. (1958), *Explorer's Maps, chapters in the cartographic record of geographical discovery*, London.（増田義郎・信岡奈生訳、一九九一、『図説　探検地図の歴史――大航海時代から極地探検まで』、原書房）
Spate, O. I. K. (1988), *Spanish Lake, The Pacific since Mazellan*, Canberra.
Tasman, A. J. (1764), The Voyage of Captain Abel Janzen Tasman, in J. Harris (ed.), *A Complete Collection of Voyages and Travels*, Vol. 1, London.
Thévenot, M. (1663-1672), *Hollandia Nova Australe, in Relation de Divers Voyages Curieux*, 4 vols, Paris.
Turner, H. G. (1904), *A History of the Colony of Victoria, Vol. I*, London.
Turner, I. (1978), The Growth of Melbourne, in J. W. McCarty & C. B. Schedvin (eds.), *Australian Capital Cities*, Sydney.
Vamplew, W. (ed.) (1987), *Australians, Historical Statistics*, New York.

5—世界の大地への関心

——「新訂万国全図」の編集過程をめぐって——

はじめに

日本における世界地図作製はいくつかの系譜におよび、また画期が何段階かにわたって認められる。系譜を大別すれば、仏教系世界図、中国系世界図、マテオ＝リッチ系・蘭学系世界図の三大類型となろう。(1)

日本において最も古い系譜をたどることができるのは、仏教系の世界図である。現存最古の地図は、重懐書写と記す、法隆寺蔵の「五天竺図」（貞治三年＝一三六四）であるが、東大寺大仏蓮弁に刻まれた簡略な須弥《しゅみ》山《せん》図にも仏教による認識の世界である瞻部洲《せんぶしゅう》が描かれている。「五天竺図」にはいくつかの写本があり、書写の時期や成立過程にも若干の問題がある。宝永七年（一七一〇）に浪華子の筆名で刊行された鳳潭の「南瞻《なんせん》部洲万国掌菓之図《ぶしゅうばんこくしょうかのず》」は、ヨーロッパの知識も加えられているが、基本的には仏教系の世界認識の中にそれを取り込んだ世界図であり、仏教系世界図の最後の画期をなしたものであろう。

中国系世界図では、龍谷大学蔵「混一疆理歴代国都之図《こんいつきょうりれきだいこくとのず》」やその系譜に連なるものが代表的な例である。同図は、朝鮮の李朝太宗二年（一四〇二）に李薈《りかい》が、元の李沢民《りたくみん》による「声教広被図《せいきょうこうひず》」と、元末・明初の僧清濬による「混一疆理図《こんいつきょうりず》」を合わせ、朝鮮半島の情報を加えた結果成立したものである。直接この図の系譜ではないものも含め、明清時代の中国図・世界図が、近世には数多く日本に入ってきていた。

これらとは別に、大きな影響を与えたのがマテオ＝リッチ系・蘭学系世界図とでも称することのできるヨーロッパ系世界図の一群である。とりわけ衝撃的な影響をおよぼしたのは、やはり中国から伝来した「坤輿万《こんよばん》国全図《こくぜんず》」であった。同図は、中国から伝来したが、地図自体はヨーロッパ系の世界図であり、イエズス会士マテオ＝リッチ（利瑪竇）が明末の万暦三〇年（一六〇二）に刊行した漢訳の世界図であった。日本に実物がもたらされたほか、日本語訳の写しが多数作成され、とりわけ長久保赤水「地球万国山海輿地全図説」は、赤水の名声にもささえられて、広く流布した。

「坤輿万国全図」とは別に南蛮地図屏風と総称されている屏風仕立ての世界図があり、多く日本図と一双をなしている。南蛮地図屏風の世界図は浄得寺本など一六世紀末ごろからのものが知られているが、一七世紀に入ってもいくつかの系譜のものが知られており、いずれもヨーロッパ系の世界図を基図としたものであるので一応このグループに入れておきたい。

このほか、やはりヨーロッパ系の世界図ではあるが、これらにやや遅れて蘭学者によって受容された世界図の一群がある。その初期の代表作は司馬江漢による寛政四年（一七九二）の「地球図」とみられる。蘭学者たちの作製した世界図の多くは両半球図からなる世界図であり、橋本直政（宗吉）による寛政八年（一七九六）刊の「喎蘭新訳地球全図《おらんだしんやくちきゅうぜんず》」などがその例である。

本稿でとりあげる「新訂万国全図」は、高橋景保によって刊行された、文化七年（一八一〇）の日付をもつものであり、この系譜に属することになる。

この地図は、「当時、最新のヨーロッパ資料を基礎に世界の広範な地域を描くとともに日本および中国、ことに日本の北辺における未知の土地の地理像を、鮮やかにかつ正確に表現している点において、比類のないものであった(2)」と評されているように、日本において作製された世界図としてはもとより、世界的にみても画期的な世界図の一つであった、とみられている。

この著名な世界図については、すでに幾多の研究成果ないし言及がある。本稿の目的は、これらの驥尾に付して、若干の知見を加えることにある。

高橋景保による説明

「新訂万国全図」識語

「新訂万国全図」を作製した高橋景保は、同図識語および自著の中において、同図の由来を自分自身でかなり詳細に説明している。まずその内容の確認をしておきたい。

口絵3のように、「新訂万国全図」は、左右に西半球図と東半球図を並べ、その下部中央に「凡例」を付している。文化七年(一八一〇)三月刊の同図識語は六か条に及ぶ。

一、

①文化四年(一八〇七)十二月に、「万国全図」の「校訂」を命ぜられた。

②「大府見存図本」に加え、「清国」に「西洋刻本若干種」を求めて、それらを比較し、取捨した。

③この間、間重富、林大学頭の教示を得た。

二、

④西洋諸国は常に航海し、諸国を訪れて実見しており、旧図を補訂しているので本図もまた新図によっ

てさらに校訂を加えた。

三、⑤「大都府、小都府、郡県、衛、川、岬、岸尖、湾、港、浦、江口又河口、海峡、島、礒或崎礁、砂洲」の記号を示す。

四、⑥アジア、アフリカ、ヨーロッパ、南北アメリカを四大洲とし、「旧図」の「南極」に描かれていたメガラニカをなくした。

五、⑦経緯度線は五度ごとであり、経度は「福島」（筆者注：「新訂万国全図」中のカナリヤ）諸島内「勿囉島」（筆者注：同図中のヘルロ島）を起点として数え、とりあえずは西洋図の様式によった。

六、⑧各地の面積・「風俗政教」などについては別冊に記したが、大要は本図の如くである。

以上が識語の要点であり、特に次の三点を再確認しておきたい。

(a)「新訂万国全図」作製のさいの原本となったのは、幕府所蔵の地図だけでなく、新たに清国から西洋版の地図若干を取り寄せて比較・検討した。

(b)新しい情報を重視し、特にこれまでの多くの世界図に表現されていた南方の巨大な陸地メガラニカをなくした。

(c)経緯線を五度ごとに表現し、その起点をヨーロッパの様式に従ってカナリア諸島においた。

換言すれば、(a)は各種の西洋版の地図を用いて比較・検討の上編集したこと、(b)は、従来の地図との最大の相違点がメガラニカの存在の否定であったこと、(c)は、経度の起点をカナリア諸島においたこと、の三点である。

メガラニカは、一七世紀以来の日本における世界図の主流を形成した「坤輿万国全図」にも描かれており、その存在の有無はヨーロッパ世界でも大きな関心の一つであった。例えばクック（J. Cook）の探検航海の目的の一つがその確認であり、一七七二年から七五年にかけての第二回航海では、南緯七一度一〇分の南極圏にまで達した(3)。この航海の結果は、一七八四年に出版され(4)（以下、クック隊図と略称するときがある）、のちに述べるように他の地図にも受容されたので、景保がこの結果をふまえて(b)のようにメガラニカを除外したと考えられることになる。この点は同時に、先に言及した司馬江漢「地球図」や橋本宗吉「喎蘭新訳地球全図」との違いを強調していることにもなる。

(c)のように経度の起点をカナリア諸島におくのは、日本に流布していた「坤輿万国全図」と同様であり、識語に記されるようにまさしくヨーロッパ図の伝統である。この点では、司馬江漢や橋本宗吉の世界図も然りである。景保がこの点を識語に明記することになった理由としては、次の二点を推定すべきであろう。

第一に、平射図法による西半球図、東半球図という表現を採用したために、この方がユーラシア・アフリカ・オーストラリアを西半球に無理なく収めることができる点を考慮すべきであろう。

第二は、景保が最も主要な原図とした後述の世界図や、さらにその最大の情報源であった前述のクックの航海成果図がすでにロンドンを経度の起点としていたことにある。従って、それ以前の旧来の様式を採用するのは、識語の②④、とりわけ④の方針と抵触することになり、その理由の明示が必要であったことであろう。

この第二点目は、「新訂万国全図」の構成原理にかかわる点であり、図幅の四隅に配置された副図とも関連するものであろう。北極、南極を中心とした北半球図と南半球図の添加は極めて自然である。しかし、「定《にほん》二日本京師為レ心図《けいしをしんとなしさだむるず》」と「日本覆対図《ふくついず》」は、極めて意図的である。前者は平射図法斜軸法による京都を中心とした半球図、後者はその対蹠点を中心とした半球図である。主図である西・東半球図には南緯・北緯の緯度が一〇度ごとに記入されているが、経度は記入されていない。これに対して、京都半球図とその反対側の半球図には緯度の記入はないが、京都を起点とした経度が東廻りで一〇度ごとに「三百五十」まで記入されており、三六〇度に区分されていることになる。つまり、主図・副図の両者によって経度と緯度が明示されていることになる。このような処理の理由が、識語に「経度、福島（カナリア）十二地内、勿囉（ヘルロ）島より数を起し、しばらく洋図の成法に従う」という、歯切れのよくない説明に結びついたものであろう。この点に関連し、のちに再述したい点がある。

『北夷考証』

識語の前掲②のような「大府見存図本」あるいは清国に求めた「西洋刻本若干種」については、景保自身の著書『北夷考証』に若干の説明がある。

まず巻頭において次のように記している。

景保嘗テ輿地総界図新製ノ命を奉ズ。茲ニ於テ西刻地理諸編諸図ヲ発下シ、且予亦他ノ所蔵ノ諸図諸説数本ヲ購求シ、互ニ参校シ、其ノ尤モ正覈的実ナルモノヲ取テ新訂ノ一図ヲ製スこれは、「新訂万国全図」の識語（前掲の①②）と同様の主旨である。

続いて、日本北方の諸島とりわけ「サガリン」について言及し、「諸図各異同アリ」、「因テ意ヲ潜メ、心ヲ用ルコト、茲ニ二年」間にわたる検討を加え、「後ニ五図ヲ設ケテ検閲ニ供ス」としている。

さらに、「近歳将来スル所ノ西洋製図モ、皆満州及ビ北野作地人此ノ二図ニ由ルモノナリ」と、日本北方の表現において西洋製地図が正しくないことを記し、その上で、

然ルニ近時官物御蔵トナル所ノ諳厄里亜国アルロウスミットナル者新製輿地図一葉アリ、コレ彼ノ一千七百八十年我安永九年庚子製スル所地球全覧ノ方図ナリ。古今舶来諸地図中コレヨリ精ナルハナク、又新製ナルハナシ。何トナレバ、従来不分明又未審ノ地方ノ如キモ、尽ク明覈シ、其航海実験セシ者ハ、其行海ノ針路ヲ引線シ、其年月ヲ傍記シ、各土地形ノ出没方位等ヲ改正スルナリ。宜ナリ、諳厄里亜人ハ欧邏巴洲中ニ於テ殊ニ航海術ニ準精ナルコト、他方コレニ法ルモノ多シトキケバナリ

と記している。

つまり、特に重要視した地図が、イギリスのアロースミス（Arrowsmith）図であったこと、それが「地球全覧ノ方図」であり、「一七八〇（安永九）」の最新図であって、航海ルートおよびその日付が入っているとしているのである。ただ、この一七八〇年製とする方形の世界図については、疑問が残ることになる。アロースミスの名の下での刊行図は、一七九〇年四月一日刊のアーロン・アロースミス（Aaron Arrowsmith）一世によるメルカトール図法の世界図（A Chart of the World upon Mercator's Projection）が最初とされるからである。(5)

なお、『北夷考証』冒頭に記された二年の検討の経過にかかわる「検閲」に供する「五図」とは次の五点であり、右のアロースミス図を含む。

①「校訂図」
②「乾隆年製図」
③「西土ピーテルホンデ書中ニ載スル所ノ図」
④「諳厄里亜国新訂我安永九年庚子製図」
⑤「間宮生実験図」

以上のように景保自身が説明しているものの、問題点のすべてを説明し尽くしているわけではない。アロースミス図の刊年のように、説明の記述自体に疑問が残る部分もある。以下、若干の問題点について検討を加え、「新訂万国全図」の性格に接近する一助としたい。

「新訂万国全図」の成立経過と「原本」

手書き本と刊本

「新訂万国全図」には周知の刊本（銅版図）のほかに手書き本の存在することが知られている。手書き本は内閣文庫に所蔵されているものであり、大きさ、内容ともにほぼ刊本と同様であり、識語もまた全くの同文である。

赤羽壮造によれば、識語に記された「文化七年春三月」が手書き本の完成時期であり、これが幕府に提出した原本であると判断され、刊本はその後の文化八年（一八一一）年秋以後と推定されている。(6) 船越昭生は、早ければ文化六年冬、遅くとも文化七年春三月までの間に手書き本が完成し、文化七年春三月にそれが上呈されたと考えている。(7)

赤羽はさらに、「新訂万国全図」に先立って景保が作製した「新鐫総界全図《しんせんそうかいぜんず》」に寄せた大槻玄沢の跋文に、図を描いたのが下津子明、文字が浦野忠郷とあるのを受けて、その両名が「新訂万国全図」手書き本にもかかわったとみている。その上で、その図を亜欧堂永田善吉に授け、銅版に付したと推定している。

ここでは、銅版図の直接の背景に以上の経過があったことを一つの前提としておきたい。

アルロウスミット新製地球全覧方図

景保が『北夷考証』に、「アルロウスミット新制」の「地球全覧方図」と記した地図は、「近時官物御蔵トナル」ものであり、一七八〇年（安永九）製のものであると説明されている。

一方、山田聯撰『彙輯北裔図説集覧備攷《いしゅうほくえいずせつしゅうらんびこう》』（文化六年＝一八〇九成稿）に「諳厄里亜《あんぐりあ》国撰海上全図所見蝦夷四彊全図」として日本周辺図が書写されたものについて、作者が「諳厄里亜国地理学士アルロウスミット」であること、「魯西亜《ろしあ》使節レサノット等入貢ノ日ニ当リテ齎シ到レルトコロニシテ、我和蘭訳司本木某私カニ請得シテコレヲ進呈」したと説明している。

赤羽壮造はこれを請けて、「このアロウ、（ママ）スミットの図は文化元年ロシアの使節レザノフの齎らしたものを、長崎の訳官（蘭通詞）本木庄佐（ママ）衛門が私に請ふて手に入れ、それを幕府に進呈したものであろう」としている。(8)

赤羽が一九五九年、「その所在すら知れず、したがって未だ一覧の機会を得ない」としたこの図について、一九七二年に室賀信夫が古書店目録に見出したアロースミス図について報告し、(9)ついで船越昭生によって詳細な探索が行われた。(10)船越は、①「方図」すなわちメルカトル図法の「アルロウスミット図」、②『北夷考証』

が記す一七八〇年が検討対象となるが、レザノフの乗艦がクロンシュタット港を出港した一八〇三年が刊行年の下限、③山田「蝦夷四疆全図」および景保「考定図」[11]の経緯線・経緯度、④日本北方の陸地の輪郭・水系、⑤露清国境線、⑥陸上幹線交通路、⑦航路の表現、⑧黒龍江河口南からカラフトへの点線、⑨「考定図」に含まれる六四個の地理的名称、「蝦夷四疆全図」に含まれる三つの表現（Channel of Tartary, Thoka on Sachalin, Kuril）の指標を検出し、特に⑨がすべて含まれることをその基本とした。

その上でアロースミス作製の地図五類型一六種について検討を加え、後述のように一七九九年ごろ発刊と推定されるアロースミス図を特定した。そのタイトルは左記の如くである。[12]

Chart of the World on Mercator's Projection, Exhibiting all the New Discoveries to the present Time; with the Tracks of the most distinguished Navigators since the Year 1700, carefully collected from the best Charts, Maps, Voyages, &c. Extant. And regulated from the accurate Astronomical Observations, made in three Voyages, Perform'd under the Command of Captn James Cook, in the Years 1768, 69, 70, 71, -72, 73, 74, 75, -76, 77, 78, 79, & 80. Compiled and Published by A. Arrowsmith, Geographer. (Bibliothéque Nationale, Paris)

理由は、前記の①②と矛盾しないこと、③の表現の説明が可能で、④〜⑨のすべてを満足することによる、とする。

船越のこの推定は結果的に間違っていないが、設定条件については無理がある。①②の条件は正しく、③の考え方もまた合理的であろう。しかし、④〜⑨のすべてを満足すると仮定すれば、むしろ次のような新たな問題が発生する。

景保自身が識語で説明しているように、「新訂万国全図」は、「大府現存本」と新たに求めた「西洋刻本若干種」を比較・取捨して作製したものであり、同様のことをさらに詳しく『北夷考証』に記している。『北夷考証』では、「諳厄里亜国アルロウスミット」図の「精ナル」ことと、「新製ナル」ことを特記していることもすでに述べた。景保の作業過程と、アロースミス図の重視については繰り返す必要はない。しかし、船越の設定条件の④〜⑨をすべて満足するという視角では、景保が比較・取捨したのは、原本とすべき地図そのものであって、いったんアロースミス図の優秀さを確認した後は、すべてその記載に従ったことになるのではないであろうか。

そうであるとすれば、「新訂万国全図」の独自性は大幅に減少することになる。しかし、すでに前述のように、メルカトル図法から平射図法への転換、経度の起点の変更など、「新訂万国全図」がアロースミス図の単なる翻訳ではない様相を有していることも明らかである(13)。「新訂万国全図」自体の表現内容について、さらなる検討が必要となるであろう。

「新訂万国全図」の表現内容と「原本」

オーストラリアとその近傍

船越の分析は、日本北方一帯の表現に大きな比重をおいていた。景保自身が『北夷考証』を著わし、その姿勢や思考を記述しているのであり、この分析はいわば当然である。船越はさらに、オーストラリア東南部一帯の表現にも注意を払っている。

船越が注目したのは、タスマニア島がオーストラリアから分離しているか否かをめぐる点である。「新訂万国全図」はタスマニアが独立した島として表現されているが、前掲のアロースミス図の初版は一七九〇年四月一日刊と考えられており、この初版図はタスマニアをオーストラリアと接続した陸地と表現している。これに対して船越が直接の原図と考えた前掲のアロースミス図は、一七九九年刊と考えられている改訂版であり、確かにタスマニアは島として表現されている。

さて、一七八四年にクック隊による一連の探検航海成果の集成図[14]が刊行されていたことはすでに述べたが、同図では、ヴァンディーメンズランド（タスマニア）はオーストラリア東南部に突出した半島の先端部であった。初版のアロースミス図は、ほぼこの図の形状を踏襲していた。

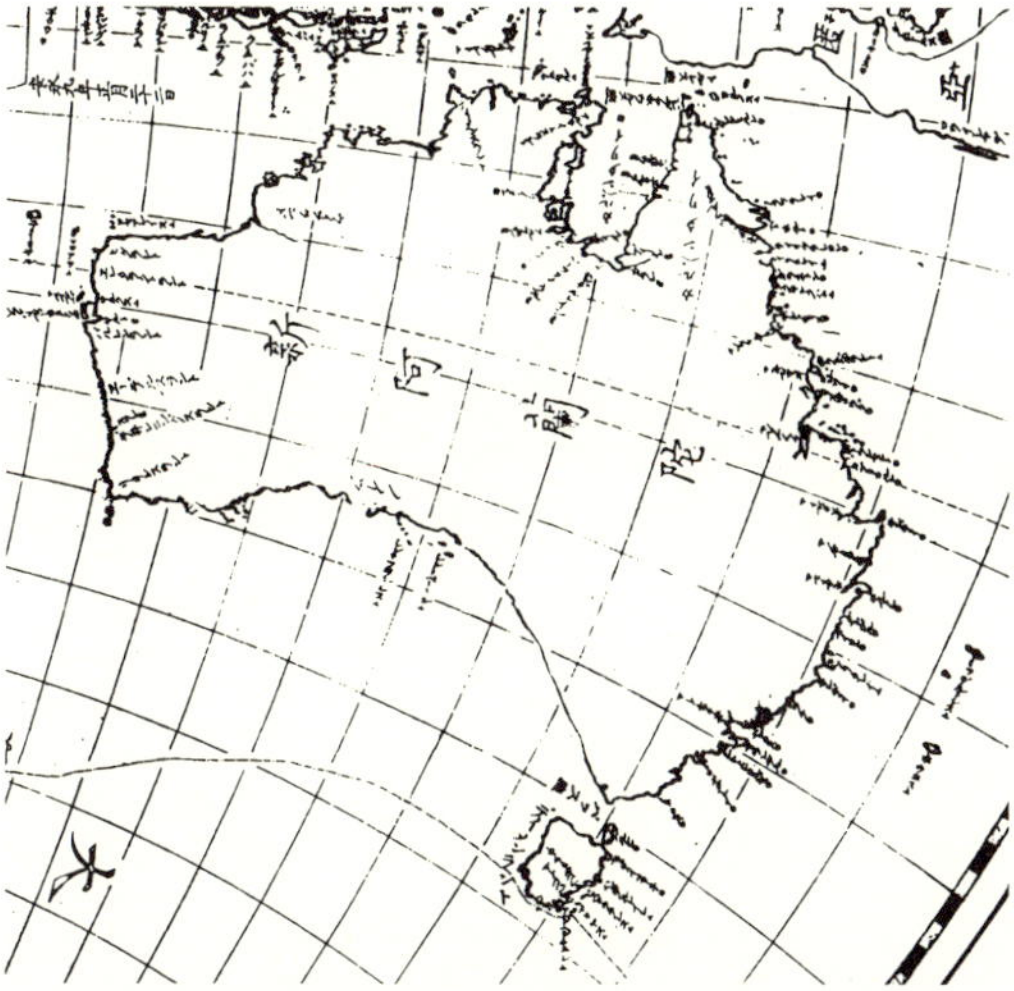

図１　「新訂万国全図」のオーストラリア近傍

ところが一七九八年、船医としてニューサウスウエルズ植民地にきたバス（G. Bass）は、捕鯨船に乗ってシドニー（Sydney）から現在のメルボルン（Melbourne）東南のウエスタンポート湾（Western Port Bay）へと往復し、ヴァンディーメンズランドが別の島であると考えるにいたった。そこで改めてフリンダース（M. Flinders）とバスが総督から正式に派遣されて海峡を確認し、それがバス海峡（Bass's Strait）と命名された[15]。その成果は、一七九八年九月付の地図として作製され、ロンドンに送られて一八〇〇年六月に刊行された[16]。この地図の刊行者は「新訂万国全図」の原図となったアロースミス図と同じアーロン・アロースミス（Aaron Arrowsmith）であった。フリンダースの地図は、早ければ一七九九年春ごろにはロンドンに到着し[17]、やがてアローン・アロースミスの元に到達していたはずである。船越は、この間の刊行年の前後関係から、「何らかの手段によって獲得した「概念的な情報」を想定しているが[18]、むしろフリンダース図の成果が直接に一七九九年刊のアロースミス図に反映していたとみるべきであろう。

さて、「新訂万国全図」のオーストラリア近傍の表現は図1の如くである。同図に記入された地名をアロースミス図と対比してみると表1のようになる。基本的にアロースミス図の地名に拠っているとみてよいが、すでに日本北方やウェーク島の例で指摘されているように、英語スペルのオランダ語風読みのカタカナ表記が目につく。また、アロースミス図に記載されていても「新訂万国全図」には採用されていない地名も多い。その中でも顕著なのは、ニューホランドを「新阿蘭陀」としているものの、アロースミス図に大きく明示されているニューサウスウエルズが全く標記されていない点である。

また、表1から知られるようにカーペンタリア湾岸については、アロースミス図にほとんど地名記載がないのに対し、「新訂万国全図」には一〇か所以上の標記がある。これらの多くは一六四二年のタスマンの地図にみられるものである。

オーストラリア近傍は、ヴァンディーメンズランドが島として表現され、バス海峡が明示されるようになったアロースミス一七九九年図（後掲C_4）とそれ以前の大英博物館蔵図（後掲C_2）との間で違いはなく、変更がバス海峡付近のみであったことも確認される。

一七九九年図のバス海峡付近の表現は、それ以前の版には存在しなかったわけであり、そこはニューサウ

表1　「新訂万国全図」とアロースミス図の地名対称(オーストラリア)

新訂万国全図	アロースミス図
新阿蘭陀	New Holland
トルレス(海峡)	Torres Straits 1606
ヨルクス(島)	Yorks Iṣ
ゲレンヒルレ(岬)	C. Grenville
ヨルク(岬)	York C.
フラツラレイ(岬)	C. Flattery
エンデアホウルス(川)	Endeavours R.
カルペンタリイ	Carpentaria
ベトホルト(岬)	Bedford
テイリブラション(岬)	C. Tribulation
テイリニレイ(浦)	Thrinity Bay
ガラストン(岬)	C. Grafton
ロックキンクハム(浦)	Rockingham Bay
サントウィス(岬)	C. Sandwich
ハクサウス(浦)	Harifax Bay
クムベルラント(島)	Cumberland Is.
レピュルセ(浦)	Repulse Bay
コジワイ(岬)	C. Co ?
ヒリスボロウブ(岬)	C. Hillisborough
トウンセント(岬)	C. Townsend
ケップル(浦)	Keppel Bay
カプリコルン(岬)	C. Capricorn
サンデイ(岬)	Sandy Cape
ビュスタルト(浦)	Busterd Bay
ウィデ(浦)	Wide Bay
モルトン(浦)	Morton Bay
モルトン(岬)	C. Morton
ダンゲル(岬)	Pṭ Damger
ベイロン(岬)	C. Byron
ソリタレイ(島)	Solitary Iṣ
サンデイ(岬)　×	Solitary Cape
ハウケ(岬)	C. Harke
バンクス(岬)	C. Banks
ボタネイ(浦)	Botany Bay
セランデル(岬)	Pṭ Solander
シントジョルゼ(岬)	C. Sṭ George
ドロメダレイ(岬)	C. Dromedary
ヒックス(岬)	Pṭ Hicks
バッス(海峡)	Bass's Strṭ
バルレン(岬)	Barren Cape
エッディストネ(岬)	Edystone P.
ハンデルレイン(島)	–
マリヤス(島)	Marias Iṣ
スコウテンス(島)	

新訂万国全図	アロースミス図
アドヘンチュレ(浦)	Advanture B.
フレデリッキヘンレイ(浦)	Fredrick Henry B.
ディーメンラント	Van Diemenland
シントベーネル(島)	St. Banel Iṣ
シントフムフンシス(島)	St. Francis Iṣ
ノイツ	Petỵ Nuyts dis. in Janỵ 1627
リオンスラント	Lions Land Discovered in 1622
南(岬)	South Cape
デインニングスラント	Dinnings Land a Low Land Where Tree appear to he drawned
スワン(川)	Swan River
エーデルスラント	Edels Land Discovered in 1619
バルレンラント	High Steep and Barren Land
サルト(川)	neither Fresh Water non Inhabifants Salt River
ディリキハルトグス(島)	Dirk Hartogo or Sharks Bay
バルレン(島)	Bamyn Land
サルクス(浦)	Sharks Bay
エンタラクトラント	Land of Endracht Discovered in 1615
ヒグラント	High Land
ウィツラント	G. F. de Wits Land Discovḍ 1616
ディメンスラント	Diemens Land discḍ 1618
アルティムスラント	Arnhem Land
コロコタイルレス(島)	–
マリイ(浦)	–　＊
リイメン(浦)	–　＊
アルフェン(川)	–　＊
バンデルレイン(岬)	C. Vanderlia　＊
マーツソイクル(川)	–
デイメン(岬)	–　＊
バンデルレイン(川)	–
カラン(川)	–　＊
ディーメン(川)	–　＊
エタック(川)	–
ユネサワ(川)	–
カルペンタリイ(浦)	–
エンデアホウルス(海峡)	Endeavouur Straits
ヨルク(岬)	York C.

注1：－は「新訂万国全図」に対応する地名がアロースミス図にないもの
　2：「新訂万国全図」の(　)内は記号による標記
　3：×は「新訂万国全図」の明らかな誤り
　4：＊はタスマン図(1642)に対応する地名が見られるもの

A R C T I C
I N D I A N O C E A N
S O U T H E R N
S O U T H
T L A N T I C
O C E A N

図2　アロースミス図(大英図書館本／MAPS 974-27)

スウエルズの「発見年」「一七七〇年（in 1770）」と四か所の地名が記されていた部分であった。この部分を消去して、バス海峡付近の海岸線を描き、「Bass's Str.」の語を標記したものであった。ほかには全く手が加えられてないのが特徴である。

つまり、改訂は必要な部分のみに施され、ほかは旧来のままの表現が使用されたとみられる。

アロースミス図の刊行と改版

検討を続ける前に、改めてアロースミス図そのものについて整理をしておきたい。

船越が「新訂万国全図」の主要原図としている一七九九年刊図以前に、アローン・アロースミスは三図を刊行したとみられている。(19) 船越の記号によれば、計四図の所蔵機関は次の如くである。

〔C_1〕Bibliothéque Nationale, Paris

〔C_2〕Francis Edwards

〔C_3〕Bordleian Library, Oxford

〔C_4〕Bibliothéque Nationale, Paris

C_1図が一七九〇年刊、C_4図が一七九九年刊とみられている。C_3図とC_4図の大きな違いは、日本およびその北方一帯の表現とヴァンディーメンズランドの表現にあり、C_2図とC_3図の違いは、一七九四年発見のウェーク島（Wake）の記載の有無にあるとされている。

一連のアロースミス図には「一七九〇年四月一日付の法によって出版(20)」といった記載があり、初版はその直後の出版であったと考えられている。

一方、すでに述べたように、『北夷考証』において景保は、「此図一千七百八十年我安永九年庚子製スル」と、安永九年（一七八〇）刊と記している。これについては景保が九を八と誤読したとする可能性や、タイトルに付されたクックの航海の最終年が一七八〇年であるのを刊年と誤認した可能性などが指摘されている。[22] 船越が主張する後者の可能性が高いのであろう。

ところで、古書店目録によって検討されてきたC_2図と同一の刊年のものとみられる地図が大英図書館（British Library）に所蔵されている。[23] この図（図2、BL図）は、一見すると六枚の版からなり、東経一二六度付近を東西の端としたかたちとなっているが、本来は東端に、もう少し伸びていたものと思われ、新オランダ（N[ew] Ho[lland]）やロシア帝国（Russian Em[pire]）、タルタール（Tarta[r]）の一部（I 内）が欠如し、また東端に一六五度の文字の一部が残存している。つまり、東端のほぼ東経一二七度から一六五度間相当部分が欠落した状況で六枚の版からなる世界図となっているのである。この欠落部分は西端部との重複部分でもあり、欠落があっても世界図としては完結したかたちとなっている。

C_4図はこの欠落部分も含め、東経一二六度を西端に、東経一六五度を東端とした八枚の版からなることからしても、大英図書館本も印刷段階では八枚の版からなっていたものであろう。[24]

ちなみにこの経度は、図中に「グリニッチの子午線から東への経度」と記されており、前述のように「新訂万国全図」はこの基準を採用せず、カナリア諸島のヘルロ島を起点としていた。また赤道を中心に北緯八一度、南緯七〇度の間を描いていることも一連のアロースミス図に共通する。

二つの日本

アロースミス図は、以上のように西端を東経一二六度付近、東端を東経一六五度付近としていた。従って、オーストラリア東半部、日本、日本近傍が地図の西端と東端の二か所に描かれていることになる。

先述の船越によるアロースミス図特定の検討過程においては、日本北辺の形状も一つの重要な関心であった。ダンヴィル型の形状からラペルーズ型への変化が、前掲のC_4図とそれ以前の図の大きな違いであるとされる。ダンヴィル型とは、一八世紀前半から中頃にフランスのダンヴィル作製図に特徴的にみられる形状で、黒竜江河口付近のくの字型の島が特徴的であり、ラペルーズ型とは、それが消滅して樺太（サハリン）島の実像に近付き始めた情報段階の形状である(25)。

しかし、船越のこの説明はアロースミスC_4図西部の日本については該当するものの、実は東端の日本については全く異なる。C_4図においても、東端に描かれた日本列島の形状は、一七二七年刊のケンプェル『日本史』所蔵図(26)と酷似した形状であり、ダンヴィル型の島も黒竜江河口付近に描かれている。ケンプェルの日本の形状は、延宝六年（一六七八）刊の「大日本図鑑」によったものと推定されている(27)。つまり、アロースミスC_4図の東端の日本および日本近傍と西端のそれは異なった形状で表現されているのである。アロースミスC_4図東端の日本の図様は、図3のようなクック隊の探検航海の総括図（クック隊図）と全く同様であり、このアロースミス図は東端の日本図において、明らかにクック隊図を用いていることが判明する。しかし、同図西端の日本図は、これとは明らかに異なっている。

さて、図2のアロースミス（BL）図西端の日本北方は、一七三四年刊のダンヴィル図(28)と極めて近い。この日本近傍が一七九九年刊のアロースミス図では、船越の指摘のようなラペルーズ型へと変更されたことになる。しかも、日本自体の形状も大きく変更された。

ところで、クック隊図（図3）の刊行は、一七八四年であるが、それ以前の一七八二年に刊行されたクック太平洋図は図4の如くであり、[29] 日本自体の形状は、一七九九年刊のアロースミスC_4図西端部日本と酷似している。しかも、日本北方は図6に示すラペルーズの一七九七年図と酷似している。

つまり、アロースミス図の一七九四年（BL）図から一七九九年C_4図への改版は、次の点が中心であったとみられる。

①一七九八年九月付のフリンダース作製図にもとづく、オーストラリア東南端のバス海峡の表現。

②地図西端部日本近傍のダンヴィル型表現から、ラペルーズ型の日本北方と、一七八二年クック太平洋図型の日本近傍への変更。

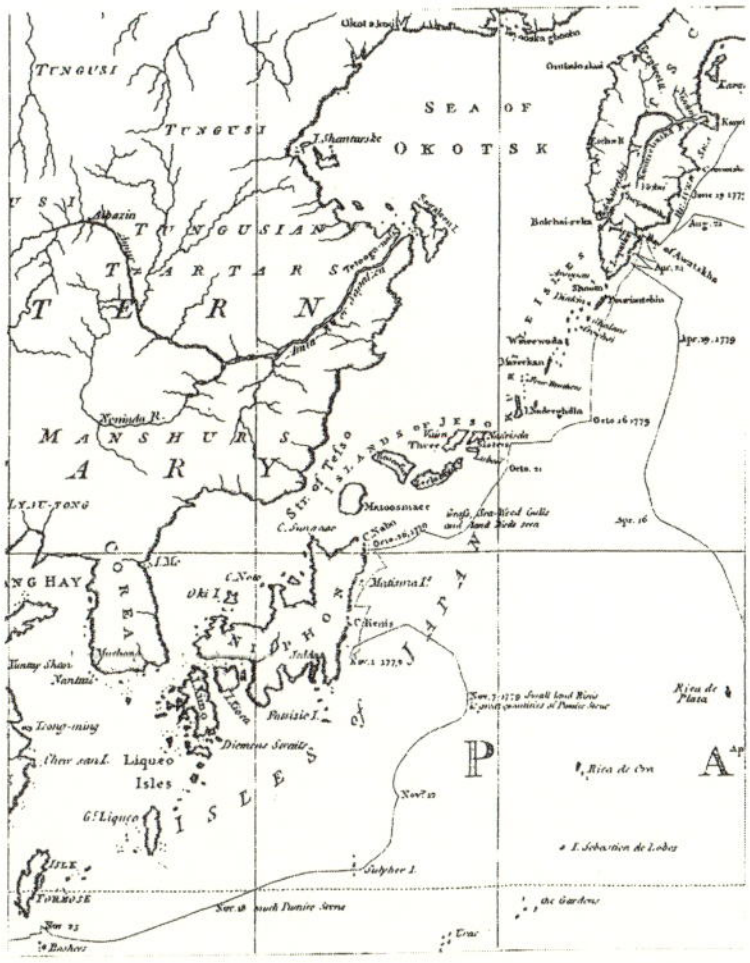

図3　1784年クック隊図の日本近傍

図4　1782年刊クック太平洋図（部分）

このうちの②以前に、アロースミス自身による一七九九年図西端と同様の日本近傍の表現を含む太平洋図の刊行（一七九八年）がある。[30]

一七九四年アロースミス図（BL）から、一七九九年図（C_4）への訂正は、日本近傍について図西端のみが変更され、東端にはおよんでいなかったことに留意しておきたい。アロースミス図は本来八枚の版からなっていたので、日本近傍がかかわる版は二枚のうち一枚だけ変更された可能性があることになる。

北アメリカ北方付近

従来の「新訂万国全図」の検討は、日本近傍とオーストラリア近傍に注目するかたちで進められてきた。しかし、そのほかにも検討すべき点がある。まず北アメリカ北方付近について「新訂万国全図」（口絵3）と、アロースミスC_4図（具体的には図2）[31]を比べてみたい。まず目につく大きな違いは、グリーンランドと北アメリカ大陸の間に描かれた湾内の様相である。アロースミス図には巨大な湾が描かれているだけであるが、「新訂万国全図」には大きな島がいくつも描かれている。ところが、これらの島々は、一七八四年刊のクック隊図には描かれていたものである。図5と口絵3を対比すると判明するように、「新訂万国全図」の島名、ヤーメス、キュムベルラント、ゴートホルトラ、バルレン、および海峡名、バッヒンス、ヒュッソンスなどは、クック隊図にJames, Cumberland, Good Fortune, Barren, Baffins, Hudson'sと記されたものをオランダ語風に読んだものと判断してよい。島々の形状と付近の大陸の形状もクック隊図と酷似している。この部分は明らかにアロースミス図を原図とはしていないことになる。

ただし、このクック隊図は全体が北緯七七度までしか表現されておらず、バフィンス湾奥が表現されていないのに対し、「新訂万国全図」の湾の表現は、明らかにアロースミス図の表現に立脚している。「新訂万国全図」では、「グルーンランド（臥兒狼徳）」の南辺と中央部付近に「ツレス海峡」と「トルメルレイサブレ海峡」を記しているが、この表現はクック隊図には全くみられない。

「新訂万国全図」に描かれたこの二本の海峡のうち、南側のものに相当する一本のみがアロースミス図に描かれているものの、名称の由来は不明である。(32) 従って、この付近の情報は、アロースミス図ではなく、またクック隊図でもない別の情報によっていると考えられる。(33)

図5　1784年刊クック隊図の北米東北方付近

アラスカ付近の表現もまた複雑である。口絵3と図2を対比すれば判明するように、全体の形状は基本的にアロースミス図によっているとみられる。例えばそれに関連して、北緯六五度と七〇度間に「寛政元年ケンシイ者始到此地」と記されている「新訂万国全図」の記載は、アロースミス図の、

By Permission of Simon McTavish Esqr is correctly delinated the Discoveries of Mr Mc Kenzie laid down from his original Journal in the Year 1789

という記述の不十分な抄訳であろう。(34)

ところが、「新訂万国全図」に「アレウツキヤ諸

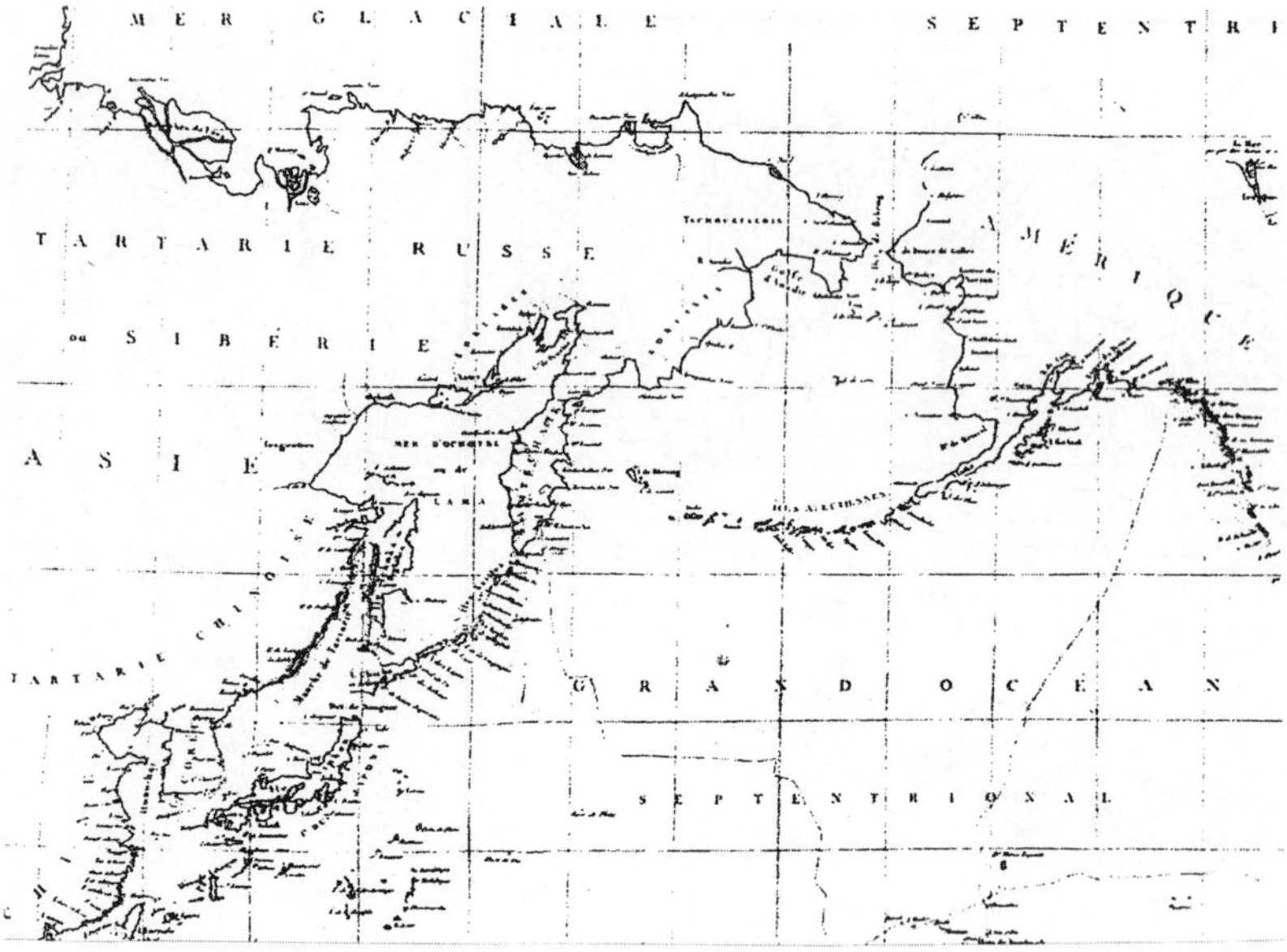

図6　1797年刊ラペルーズ北太平洋図（部分）

島」と記されているアリューシャン列島は、アロースミス図にThe Fox Islandsとされており、クック隊図には全貌があらわれておらず、いずれの名称もない。この名称が見える「新訂万国全図」以前の図は、ラペルーズのものであり、一七九七年刊のアトラス[35]（図6）や、その後の英訳本[36]にAleutiennesあるいはAleutianとして記されている。つまり、少なくともこの部分はラペルーズないし別の情報に拠っているのであり、少なくともアロースミス図が情報源ではないことが判明する。

アリューシャンの名称は、フランス系やロシア系の地図にはこれ以前からみられる名称[37]であり、寛政六年（一七九四）桂川国瑞「地球半球総図」にすでに用いられている名称である[38]。景保はすでに日本で知られていた名称の方を用いた可能性がある。

アロースミス自体がアリューシャン列島付近

やオホーツク海一帯について、ラペルーズ等の成果を利用した可能性も高い。すでに述べたようにクック隊の探検航海では、アリューシャン列島の調査は不十分であり、クック隊図には一部の島々しか描かれていない。クック隊図の日本近傍の形状は、一七九九年版アロースミス図の東端の日本の形状として採用されていたことはすでに述べた。ところが、一七九九年版図西端の日本は一七八二年のクック図に、北部および樺太(サハリン)一帯の形状はラペルーズの一七九七年図と極めて近い。アロースミス図のこの部分の改訂にはラペルーズ図をも使用していた可能性が高いとみてよいであろう。

以上のようにみてくると、景保自身が特筆して高く評価したアロースミス図自体が、多様な情報によって複雑に構成されており、景保もまた、必ずしもこのアロースミス図に全体を依存していたわけではないことになる。景保の『北夷考証』における特記自体が誤解を導きやすいものの、「新訂万国全図」そのものが、その識語に記されているように、幕府所蔵の地図と新たに取り寄せた西洋版地図若干の文字通り比較検討の結果になるものであったことになろう。

「新訂万国全図」の性格

アロースミス図との異同

アロースミス図はメルカトール図法の地図であり、「方図」と表現されていた。

これに対して「新訂万国全図」は平射図法であり、大きく異なった図法である。しかし、この平射図法は、当時の蘭学系世界図の新しい潮流として登場していたものであり、特に「新訂万国全図」の独自性ではない。アロースミス図はグリニッチを経度の起点としていたが、「新訂万国全図」はカナリア諸島ヘルロ島に置いた。これは大陸の表現上のまとまりの点からも好都合であったものとみられるが、ユニークなのは京都を中心とした半球図を始め、その反対の半球図および北半球・南半球図が添えられていることである。自国の中心都市を経度の起点とするのは、ラペルーズの地図でもみられ、当時の一つの流れであったとみられる。

オーストラリア近傍は、カーペンタリア湾一帯などを除き、ほぼ完全にアロースミス図に拠っており、同様の部分は多い。しかし、北アメリカ北東部のグリーンランドとの間付近一帯はむしろ、以前のクック隊図の情報を採用しているとみられる。グリーンランド内部や、ユーラシア大陸北方にも別の地図の情報が入っているとみられる。

アロースミス図自体が、一七九七年版の日本近傍・日本北方一帯の改訂にラペルーズ図を使用していたとみられ、「新訂万国全図」もアロースミス図のみならず他の地図を採用している部分がある。特に日本およびその北方に、日本独自の探検の成果が導入されていることは周知のところである。

なお、アロースミス図の翻訳について、オランダ語風の読み方であること、ならびにいくつかの誤認・誤訳があることをすでに指摘したが、クック等の航海ルートの各地点に標記された年月日に間違いが多々あることも目につく点の一つである。これには、刊年を一七八〇年と誤ったための連鎖とみる考えもあるが、むしろ作製プロセスに起因する必然的な誤植とみるべきであろう。

従来ほとんど言及されたことはないが、「新訂万国全図」には国境線および国名が描かれていることにも注目しておきたい。この国境線と国名は、基本的にアロースミス図の表現に従っているが、先に述べた新阿蘭陀のニューサウスウエルズのように、採用されていないものもある。山や川の表現もまた基本的にアロースミス図の表現に従っている。

以上の点からすれば、「新訂万国全図」の表現内容は、日本およびその北方一帯と北アメリカ北部および北方一帯、ロシア東部付近、カーペンタリア湾を除けばほとんどがアロースミス図の情報によっていることとなる。この性格が、先に指摘した船越の九つの検討視角が、設定の無理にもかかわらず、結果的に適合することとなった結果にかかわることになる。

「新訂万国全図」以前の蘭学系世界図との異同

寛政六年(一七九四)作製の桂川国瑞『北槎聞略』所収の「地球半球総図」は、全体の構成が「新訂万国全図」と近似する。景保がその識語にわざわざ記したメガラニカについても、すでに描いていない。日本の北方、オーストラリア東南、北アメリカ北部近傍およびその北方等が異なっているが、これはむしろ、当時の情報によるものであろう。この図の表現内容は、先に例示したクック隊図に極めて近い。この桂川国瑞の世界図は、クック隊図ないしはそれにもとづいた世界図の翻訳の性格が強いようにみえる。

刊行図では、これ以前の司馬江漢による寛政四年(一七九二)の「地球図」、続く橋本宗吉による寛政八年(一七九六)刊の「喎蘭新訳地球全図」がある。これらもまた、先に述べたメガラニカに類する表現を除けば状況は類似する。ただしこれらの刊行図は、判型が小さいこともあって情報量が少ない。

このようにみてくると、「新訂万国全図」の大きな特徴は次の四点にあるとみるべきであろう。

①京都中心の半球図を添えていること
②一七九九年版という最新のヨーロッパ新図を主要資料としていること
③日本および日本北方に独自で最新の情報を盛り込んでいること

④天地一〇五センチ、左右一八六センチという大きな版で、極めて詳細な世界図であること

特に、第四点目が従来意外に注目されていなかった点であろう。とりわけ、国境や国名などの地誌情報の多い点が、類似のヨーロッパ系世界図と大きく異なる。つまり、高橋景保が命じられた「万国全図」の「校訂」とは、このような地誌情報にこそ重点があったものであろう。それが凡例に掲げられた各種の記号が設定された理由でもあろう。詳細さを求めたが故に、カナダとグリーンランドの間およびオーストラリアのカーペンタリア湾などには、かえって古い時期の地図情報を採用したこともこれにはかかわっていると思われる。正誤について、詳しい表現の方が新しく、正しい情報のように思えたのであろうか。

(1) 金田章裕・米家泰作『日本の西方・日本の北方——古地図が示す世界認識——(図録)』(京都大学附属図書館、一九九八年)。

(2) 船越昭生「『新訂万国全図』の主要資料アロースミスの原図について」(『史林』六二—一、一九七九年)。

(3) R. A. Skelton, *Explorer's Maps, Chapters in the Cartographic Record of Geographical Discovery*, London, 1958(増田義郎・信岡奈生訳『図説探検地図の歴史』、原書房、一九九一年)。
金田章裕「ガリバーからゴールドラッシュへ——世界認識と世界覇権をめぐって——」(『グローバル化時代の人文学(上)』、京都大学学術出版会、二〇〇七年)→本書④収録。

(4) A General Chart Exhibiting the Discoveries Made by Captn James Cook in This and His Two Preceeding Voyages: with the Tracks of the Ships under his Command by Lieutt Heny Roberts of His Majesty's Royal Navy W. Palmer Sculp, Cook- King, 1784.

(5) R. V. Tooley, *The Mapping of Australia*, Vol. 1, Holland Press Cartographica, 1978, p. 10.

(6) 赤羽壮造「高橋景保の新訂万国全図について(上・下)」(『日本歴史』一三一・一三二号、一九五九年)。

(7) 船越昭生「『新訂万国全図(第一次手書本)』の成立」(『奈良女子大学地理学研究報告』Ⅳ、Ⅰ九九二年)。

(8) 赤羽、前掲注(6)。

(9) 室賀信夫「新訂万国全図の一資料アロウスミス図について」(『人文地理』二四—一、一九七二年)。なお学会報告は一九七一年。

(10) 船越、前掲注(2)「『新訂万国全図』の主要資料アロースミスの原図について」、のちに『鎖国日本にきた「康熙図」の地理学史的研究』(法政大学出版局、一九八六年)に収載。

(11) 船越は「考証図」と記すが誤植であろう。

(12) 船越論文の誤植を訂正。

(13) Tooley, 前掲注(5)。

(14) 前掲注(4)。

(15) T. M. Perry, *The Discovery of Australia, The Charts and Maps of the Navigators and Explorers*, Nelson, Melbourne, 1982, p. 79.

(16) A Chart of Bass's Strait between New South Wales and Van Diemen's Land: Explored by Mattw Flinders, 1798.9 (Published June 16th 1800 by A. Arrowsmith).

(17) 当時、シドニーとロンドンの間の公文書は約六か月を要した(金田章裕『オーストラリア歴史地理』、地人書房、一九八五年、一四三〜一四四頁)。

(18) 船越論文(前掲注2)は、「フリンダースの一七九九年に終わる探検の成果を含まないバスによる探検成果、すなわちタスマニアがオーストラリアから分離した島だとする概念的な情報をなんらかの手段によって獲得し、これによってC_3図を修正したものと考えられる」としているが、そうではなく、入手したフリンダースの図そのものによっていたものであろう。

(19) 船越、前掲注(2・10)。

(20) "London, Publish'd as the Act directs April 1st 1790, by A. Arrowsmith, Castle Street, Long Acre."

(21) 芦田伊人「樺太島の地図学史的考察」(『史苑』五、一九三〇年)。

(22) 船越、前掲注(2)。

(23) British Library Map Collections, 974 (27).

(24) このような状況が出現した背景はいくつか想定されるが、出版段階では原版によって八枚として刷り出した事実があり、そうでなければ東端の緯度が示された部分ができない。その上で、①版元が東端をカットした、②この図の購入者ないし利用者がカットした、③いずれかの段階で古書店ないしコレクターがカットした、のいずれかのかたちであると思われるが、のちの出版形態からすれば①の可能性は少ない。

(25) 織田武雄『地図の歴史』（講談社、一九七三年）二六二〜二七三頁。

(26) Kaempfer, *History of Japan*, 1727.

(27) 秋岡武次郎『日本地図史』（河出書房、一九五五年）図49キャプション。織田、前掲注(25)、二七九頁。

(28) ダンヴィル「中国領タターリア、朝鮮および日本王国全図」（一七三四年刊）。秋月俊幸『日本北辺の探検と地図の歴史』（北海道大学図書刊行会、一九九九年）一二六頁所載。

(29) W. Ellis, A Chart, shewing the Tracks and Discoveries in the Pacific Ocean, Made by Capt. Cook and Capt. Clerke in His Majestie's Ships, Resolution and Discovery, in *An Authentic Narrative of a Voyage performed by Captain Cook and Captain Clerke*, -. Vol. 1, London, 1782.

(30) A. Arrowsmith, Chart of the Pacific Ocean, Drawn from a great number of printed and Ms. Journals, 1798. A. Arrowsmith, Reduced Chart of the Pacific Ocean from the One Published in Nine Sheets, 1798. 両者ともに、船越、前掲注(10)、一九八六年所収。

(31) 図2は、一七九四年刊と推定されるアロースミス図であるが、北アメリカ北方付近については一七九九年刊と同様である。

(32) アロースミス図には次のように記述されている。"In 1776, the Ship Mentor Sailed 15 Leagues up this Strait. It is about 3 Miles broad and the Fin Whales frequently go through to the Eastward."

(33) 例えば次の二点にはグリーンランド南部に二本の海峡が描かれており、当時の認識を示していると判断される（K. A. Kershaw, *Early Printed Maps of Canada*, Vol. II, 1703-1799, Kershaw, 1996 所収）。
A Maps of ye North East and North West Parts or the Pole, in D. Brown, *An Account of Several Late Voyages and*

Discoveries, London, 1711.

Carte du Nord Est & du Nord West du Pole, Jean Frédéric Bernard, *Recueil de Voyages au Nord*, —, Amsterdam, 1731.

（34）マッケンジー（McKenzie）の英語的表現を読みとれなかったものであろう。

（35）La Pérouse, Carte des Côtes de L'amérique et de L'asie—, 1797.

（36）La Pérouse, *A Voyage Round the World Performed in the Years 1785, 1786, 1787 and 1788 by the Boussole and Astrolabe* (3rd ed.) 1807.

（37）Carte générale de L'empire de Russie divisée en Quarante deux Gouvernements, 1793.
船越、前掲注(10)所収。
魯西亜国地図、同前所収。

（38）桂川国瑞「地球半球総図」、『北槎聞略』寛政六年（一七九四）、内閣文庫蔵。船越、前掲注(10)所収。

6―北海道殖民地区画の特性と系譜

本講演は、北海道の殖民地区画をめぐるグローバルな位置づけの試みである。

北海道の殖民地区画にかかわる事項について、まず年次の確認から始めたい。北海道庁が成立した後、明治一九年（一八八六）から殖民地選定事業が始まる。殖民地選定の結果は『北海道殖民地選定報文』やさまざまな地図としてその成果が残されている。特にそのさいに重要な役割を果したのが、明治二九年に定められた「殖民地選定及び区画施設規定」である。本講演では、明治一九年から二九年に「殖民地選定及び区画施設規定」が定められる間の、この時期に注目する。この時期の代表的な土地区画は三〇〇間四方を中区画とし、その六分の一つまり一〇〇間×一五〇間の区画を小区画、中区画九個からなる九〇〇間四方を大区画とするものである。小区画（面積五町）が基本的に入植農家一戸の基本単位であった。以前には、基本的に一戸当り一万坪という入植単位が存在したが、それでは不十分であるとしてその五割増しとなった結果、一戸当り五町という面積の単位ができあがった。(1)

こうした経緯を経て成立した土地区画の単位は中区画が基本であり、それを六分割した小区画、中区画を九個集めた大区画はあくまで入植の単位ないし土地の測量の区画であった。もちろんそこに道路が建設され、さまざまな施設ができるわけであるが、入植した人たちの村の領域や町の範囲はこれとは別であった。一般的に村境は地形境界を基準とし、「自然の山川なき所」のみが「予定道路線」による区画をする規定になっている。こうした規定のなかで特徴的なことは、地形を重視して区画が設定されていることである。小さなユニットをみると地形的な単位に対応して、一定の範囲内では同じ方向の土地区画が設定されているが、全体的には一定の方位が採用されているわけではない。道路にそってあるいは地形にそってそれぞれの場所に応じた基準の線が決められている実状がある（図1）。こういった事実を確認した上で次に比較検討の試みに移りたい。

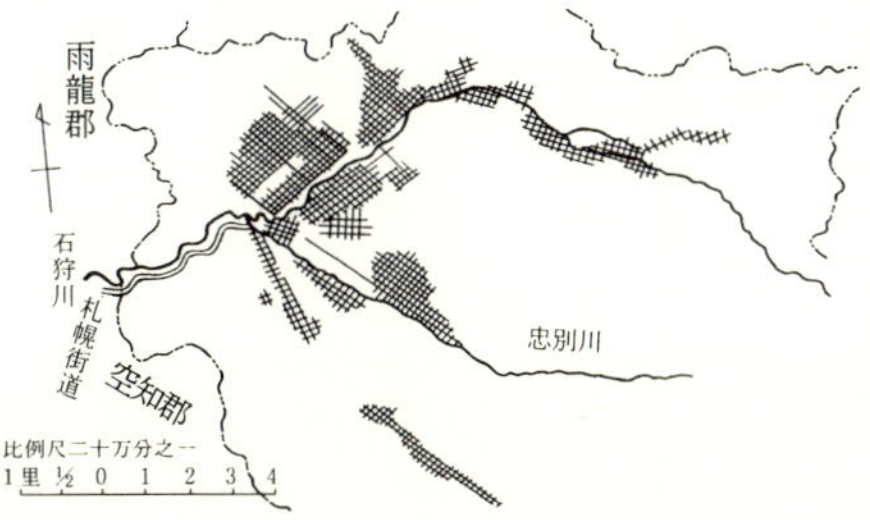

図1　石狩国上川郡之図に示された植民選定地と基線道路
（金田章裕「入植地選定と区画設定」、農業土木学会『水土を拓いた人々』、1999）

従来、北海道の殖民地区画は北アメリカのタウンシップと呼ばれる土地区画システムを導入したものであるという理解が一般的である。この理解が極端にいえば正しいのか間違っているのか、あるいはそれがどの程度妥当性のある説明なのかについて具体的に検討していく必要がある。そのさい、少なくとも以下の三点の検討が不可欠であろう。一点目はタウンシップそれ自体がどのようなものなのか、二点目はタウンシップというシステムを北海道に持ち込んだのは誰なのか、さらにどういうかたちで持ち込んだのかについてである。三点目は導入した主体である北海道庁の人々が、どのようなバックグラウンドのもと、またいかなる考えでそれを導入したのかといった文化的・思想的背景、さらに政策の拠ってきたる背景の状態を考える必要がある。

まず二点目の問題であるが、殖民地区画の策定にあたり多大な影響を与えた人物が佐藤昌介であることはすでに知られている事実である。

佐藤は安政三年（一八五六）に南部藩士の子として生まれた。明治四年（一八七一）に東京の大学南校に入学し、その後東京英語学校に学び、明治九年に新設された札幌農学校に入学する。その四年後の一三年に札幌農学校を卒業した後、アメリカ合衆国メリーランド州のボルチモアにあるジョンズ・ホプキンス大学に留学する。この大学は地理学者にとっては、David Harvey が在職しているところとして名高い。有名なペッパーの会社マコーミックの本社所在地であり、ボルチモアオリオールズの本拠地である。明治時代初頭のボルチモアは、その後の停滞に比べると活き活きとし、発展した町であった。

ジョンズ・ホプキンス大学は現在でもいい大学であるが、当時も非常に優れた大学であった。佐藤はこの大学で勉強し、この成果は大学研究紀要である *Johns Hopkins University Studies in Historical and Political Science* の第四シリーズに掲載されている。(2) 刊行されたのは明治一九年である。この年は佐藤の留学期間中の最後の年にあたる。彼は研究の成果を紀要に発表し、帰国した。あるいは帰国直後に刊行され、少なくとも校正作業その他はボルチモアで行ったと考えられる。論文の序文によれば明治一七年に執筆を開始した。論文は全体でそのシリーズの一冊を占める五頁目から始まり一八一頁目までにいたる総数一七七頁の大論文である。その後、この論文は幾度もアメリカの研究者によって引用された。

この論文で佐藤は特に四つの点に着目している。まず一つはアメリカの母体になった各殖民地の土地政策がどういったものであったのかを概観したものである。それぞれの殖民地が、独特かつ特有の個性と背景を持ちながら土地政策を展開していたため、各殖民地単位で土地政策はさまざまに異なっていた。それをまず把握している。次に新たに買収した土地や戦争の結果勝ち取った土地、たとえばルイジアナやテキサス、フロリダ、アラスカなどに関してどのような処分をしたかといった点に非常に強い関心を持って整理をしている。さらに彼が関心を抱いたのは、一七八七年のOrdinanceと呼ばれる土地規定についてであった。この規定の結果、「現在の」アメリカ合衆国の土地制度がどのようになっているかといった流れで検討を進めている。

もちろん、「現在の」というのは佐藤が研究をしていた一八八〇年代のことであり、我々からすれば百数十年前のことになる。特に、研究の結論で非常に重視していることは、アメリカ合衆国ではすべての土地が個人に売却・販売されていたということである。彼は、その販売方法に強い注目を払った。さらにその土地は幾つかのカテゴリー、たとえば鉱山用の土地とか農業用の土地といった具合いに幾つかの土地のカテゴリーに分けられ、次にそれぞれに分けた土地の種類ごとに法律を作り、これにもとづいて売却や管理を行っていたという、これら二点に関して、彼は結論部分で改めて強調している。

このような彼の研究の結果と注目点が、北海道の殖民地区画に反映されているとみることができる。彼は札幌農学校の初代教頭に着任したWilliam Smith Clarkの影響を強く受けたであろうと推察される。Clarkは着任した一八七六年（明治九）にはマサチューセッツ農科大学の副学長であった。Clarkは休暇を利用して、弟子を含め三人で札幌農学校を訪れ、そのさいに佐藤はClarkの教えを受けた。その後、佐藤はジョンズ・ホプキンス大学に留学して研究を進め、明治一九年に帰国するとすぐに母校の札幌農学校の教授に就任する。のちに東北帝大の農科大学を経て、北海道帝国大学の教授、学長、総長に就任した。したがって、北海道帝国大学にとって佐藤は極めて重要な役割を果たした研究者であった。

佐藤が検討したことの大きな特徴の一つは、ジョンズ・ホプキンス大学の紀要に掲載された佐藤の論文において、村の範囲に全く関心を払っていないことである。彼は農業のシステム、農業の単位、土地区画のシステム、土地の販売方法に極めて強い関心を払っているが、村落の単位にはほとんど関心を払っていない。したがって、タウンシップのシステムが影響を与えたとしても、その部分は欠落したかたちで影響を与えたという一つの可能性がでてくる。現実の北海道の殖民地区画の設定の仕方をみても村の領域の設定とは全く別のかたちで設定されているのは、こうした結果を反映しているのであろう。このように、佐藤は北アメリカのタウンシップ・システムと北海道の殖民地区画の設定にかかわる大きな接点であったことは間違いない。札幌農学校の教授、さらには北海道帝国大学の総長として果たした影響力、また佐藤が研究者として果たした研究能力や関心の対象と密接にかかわっていたとみることができる。まさしく彼がボルチモアにいた時期、明治一九年に帰国した時期が、この策定の時期に強くかかわっている。個別の発言内容や委員会などでの影響力のおよぼし方については未検討であるが、一定程度以上に影響力を行使していたことは間違いないであろう。

図2は、講演者が *Journal of Historical Geography*（一七巻二号）に掲載した論文から引用した(3)。縦軸に時代をとり、横軸に場所を設定した。スコットランドを除くイングランドとウェールズにおいては、中世以来タウンシップという単位が存在した。タウンシップを村と置き換えると、村は住民のコミュニティであり、一定程度結びつきを持った単位である。特にイギリスの村は開放農地を有しているため、自分の所有地であっても休閑の時期には共同放牧地に変えるという共同組織を持っていた。したがって、図2でCと示したcommunity element は共同体を単位とした共同組織を意味する。Lは land element であり、村の領域、つまり土地を有するという意味である。

一方、タウンシップの中には町に近い機能を有するものがある。たとえば村に広場があり、そこに人が集

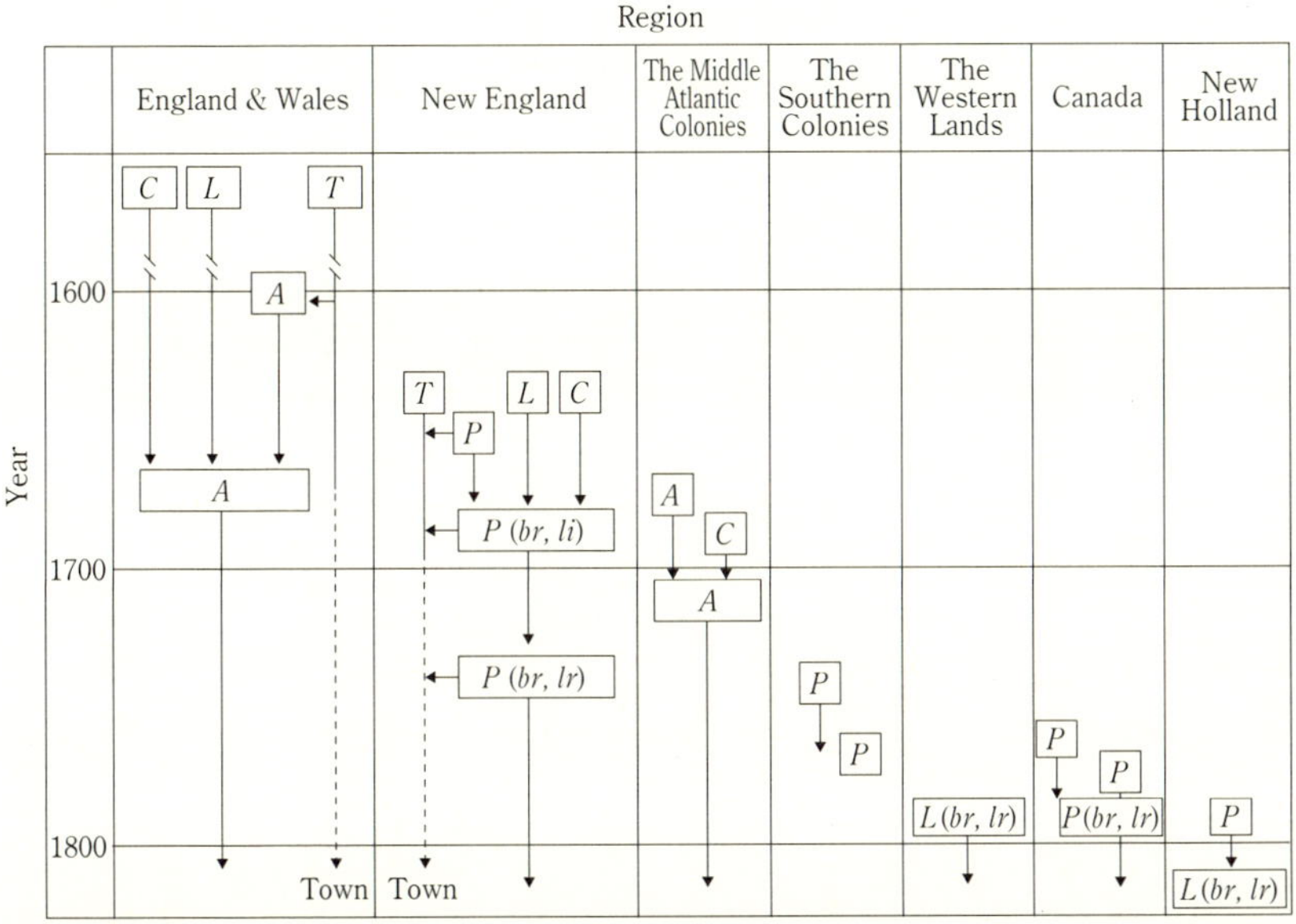

図 2　Linkage of the elements of township; *C*, community element; *L*, land element; A, administrative element; *T*, town element; *P*, planning element; *br*, township bounds; rectangular; *lr*, within-towmship land unit: rectangular; *li*, within-township land unit: irregular.

Akihiro Kinda, The concept of 'townships' in Britain and the British colonies in the seventeenth and eighteenth centuries, *Journal of Historical Geography*, 27-2 (2001) 137-152

まる。そこに教会があり、その教会の管轄範囲と一致する。これをtown elementとし、図2ではTで示す。イギリスの教会制度はparish churchと呼ばれる教区教会が基本であるが、この教区が大きい場合は内部にいくつかのタウンシップを含んでいる。そこにチャペルリーなどという教区に準じた単位（分教区）を形成した村が多かった(4)。およそ一六〇〇年前後、シェークスピアが活躍したエリザベスI世の統治時代であるが、この時期にPoor Lawという貧民救済法が成立した。この法律は何回も改訂されて継続し、以後イギリスの社会政策の基本になった。貧しい人は教会を軸としたコミュニティによって救済され、たとえば十分な教育や保護を受けられない子供たちも parish church やタウンシップの教会が中心となって彼らを保護したのである。このような機能を持つ parish やタウンシップを、政府は行政的な単位として組み込んでいった。こうした側面を administrative element として、図2ではAで示した。

このようにイギリスでは起源の異なったタウンシップと教区が、やがて一六六二年の Settlement Act と呼ばれている法律によって、非常に強固な行政の最末端の単位に設定された。こうした変化がイギリスでは一六〇〇年前後から一六六二年頃までに進行した。ただし、スコットランドやアイルランドでは、イングランドないしウェールズとよく似た実態が存在したものの、少なくともそれらに対しタウンシップという名称は一切使われていなかった。したがって、図2ではスコットランドとアイルランドは除外した。

イギリスのタウンシップは植民地にその実態や概念が多様なかたちで持ち込まれた。最初に持ち込まれたのはニュー・イングランドである。マサチューセッツやコネティカットやバーモント、ニューハンプシャー、メーン、ニュープリマスといった現在の州は、もとはイギリスの植民地であった。こうした地域に持ち込まれた段階で、イギリスのタウンシップの要素が、さまざまな認識の為政者やグループによってさまざまなかたちで受容されていた。ニュー・イングランドの場合も、もともとあった一定の土地を一つのコミュニティの単位とする考えが非常に強く受容され、導入された。やがて新しく入植する場所にタウンシップつまり「タウンを建設する土地」を設定し、そこに入植者をどのように配分するのかといった計画的な側面を強く持つようになっていった。これを planning element（図2では *P* と示す）とする。ところがその計画の中身は、区画の領域が正方形や長方形のように規則的である場合（township bounds; rectangular, 図2では *br* と示す）や、土地内部の区画が非常に不規則な場合（within-township land unit: irregular, 図2では*li*と示す）、さらに、内部の分割も碁盤目状や菱形のように一応規則的につくられているもの（within-township land unit: rectangular, 図2では*lr*と示す）があり、次第に規則的な区画が展開していくという過程をたどった。

ところがニューヨーク植民地、ニュージャージー植民地、ペンシルバニア植民地、デラウエア植民地といった東海岸中部の植民地であるThe Middle Atlantic Coloniesでは、ニューヨークを例にあげればイギリスのヨークシャーに基盤をおく、ヨーク公爵の個人的な植民地であり、ペンシルバニアはヨーク公爵に極めて強いかかわりをもった人物William Pennのこれもまた個人的な植民地であった。したがって彼らは一種の荘園領主として、そこに入ってきたことになる。その母体になったヨークシャーは最もタウンシップのよく発達したところであり、さらにもっとも早くタウンシップが行政単位になったところでもある。この行政単位として完成したタウンシップがニューヨーク植民地、ペンシルバニア植民地に持ち込まれた。これはニュー・イングランドの植民地と全く違ったかたちである。したがって、現在でもタウンシップという単位が行政単位として最もよく使われているところがペンシルバニア州である。

さらにその南にあるサウスカロライナやノースカロライナ、メリーランド、ジョージアは一時的・部分的にタウンシップが導入されたが、すぐに消滅してしまった。図2一番右側のニュー・ホランド（のちのオーストラリア）やその手前のカナダには、非常に計画的な土地区画といった側面が強く持ち込まれた。タウンシップがもっとも大きく変貌し、かつもっとも組織的に展開されたのが、図2の右から三つ目のThe Western Landsである。この地は当時の英領北米植民地が独立したあと、西方に領有を主張した場所であり、日本語でしばしば西部といわれる。オハイオ州やケンタッキー州から西である。このような地域では、一七八五年にオハイオ州の東方でSeven Rangesと呼ばれる非常に規則的なタウンシップシステムの原型となる土地区画が最初に施行された。その後、土地規定はさまざまに揺れ動くが、一八〇〇年頃には規定が固まって非常に規則的になった。この原型が、佐藤昌介が紹介した一七八七年の土地規定である。土地規定にもとづくいわゆるタウンシップシステムと呼ばれているものは、およそ州単位で基準となる南北の線と東西の線を測量によって決定し、そこから周囲に碁盤目の土地を設定していく方法であった。

図3はPrincipal Meridianという南北の基準線と、Base Lineといわれる東西の基準線の所在地を書き込み、それぞれどの基準線からどの範囲にタウンシップという土地区画が設定されたのかを図示したものである。独立する前から植民地であったアメリカ東部は対象外としてある。そこにはさまざまな土地区画が試行錯誤の状況で、あるいは需要を満たすための後追いの状態で設定された。こうした試行錯誤が独立後にもっとも典型的であったところはオハイオ州であり、アメリカの土地区画の標本とでもいうべきところで、ありとあらゆる土地区画が存在している。

次に図4では全体的に規則的なタウンシップシステムがどのように実施されたのかといった概要を図示したものである。これは郡の境界線を示したもので、厳密にはここで問題としている土地区画とは異なるが、郡の境界線が直線、また全体として正方形または長方形となっているところは、非常に典型的にタウンシップの土地区画が実施されたところという傾向が把握できよう。

図5はタウンシップシステムの概要を示したものである。左下図は先述したそれぞれの場所で基準となる南北・東西の基準の線であるPrincipal MeridianとBase Lineを設定した状況を説明したものである。Base Lineが直線ではなく曲線であると感じられるが、これは地球の形状が球体のため、北アメリカ大陸やオース

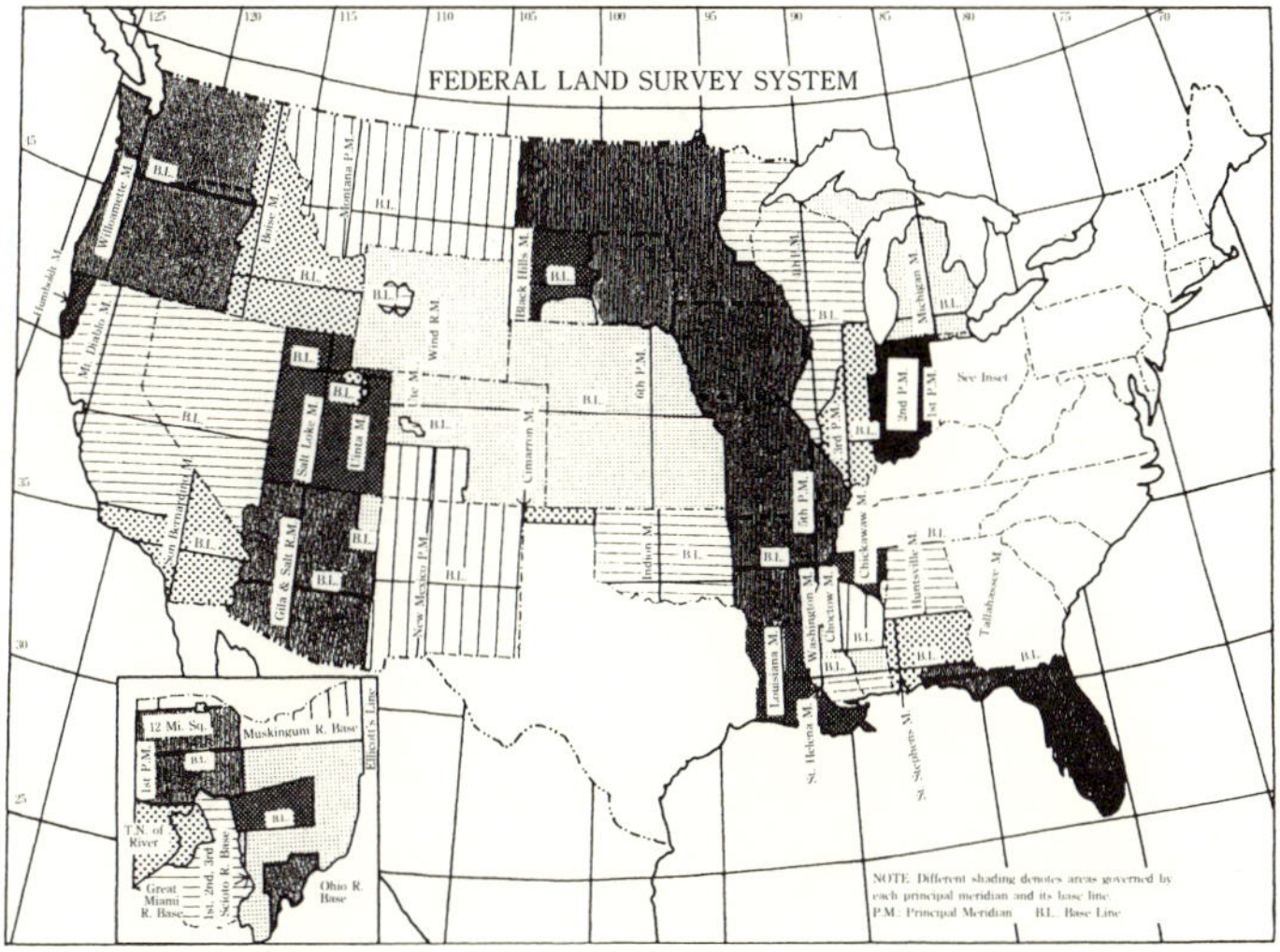

図３　アメリカ合衆国の土地測量の概要

Hildegard Binder Johnson, *Order upon the Land*, Oxford Univ. Press, 1976

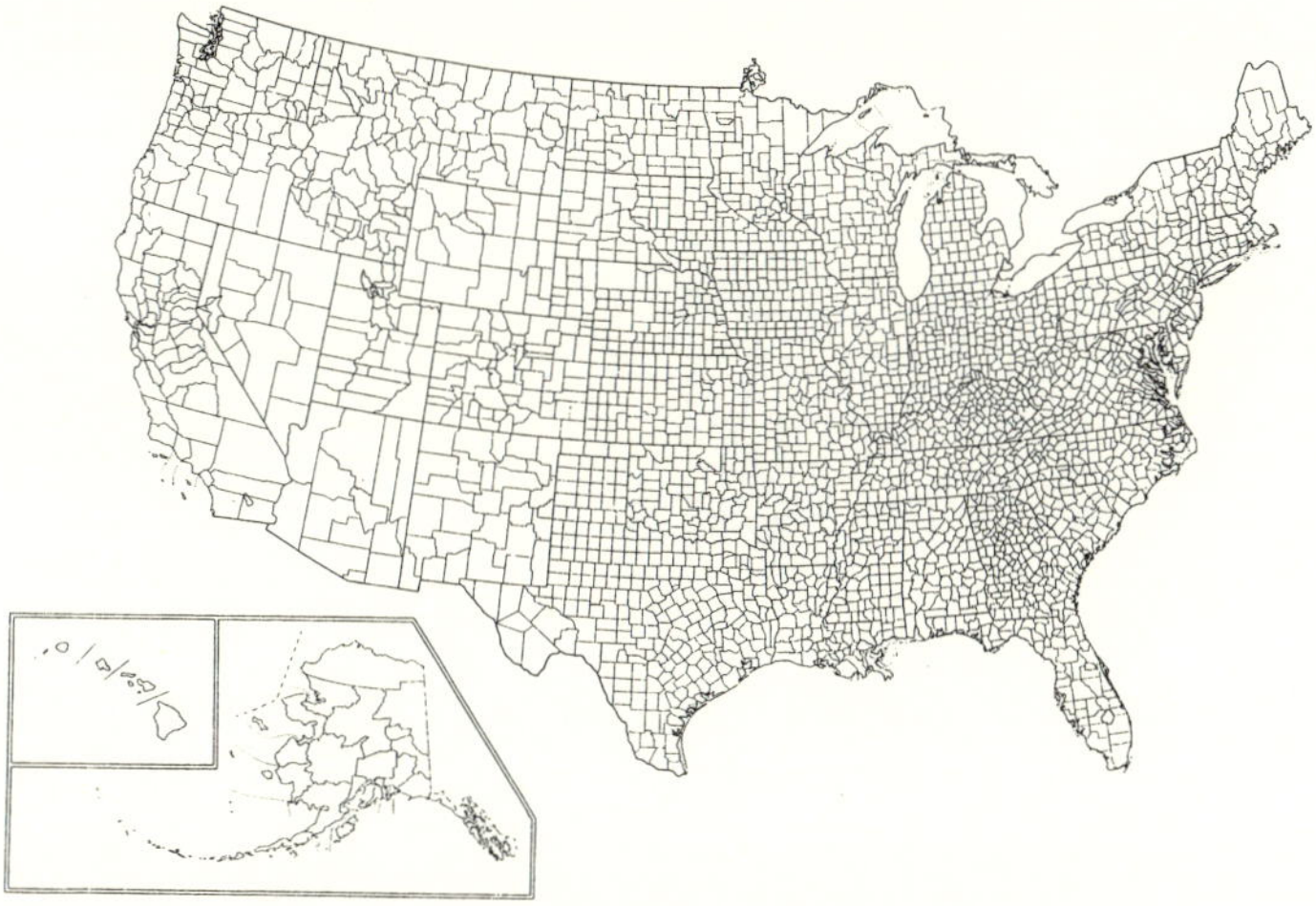

図４　アメリカ合衆国における郡の境界(1970)

Hildegard Binder Johnson, *Order upon the Land*, Oxford Univ. Press, 1976

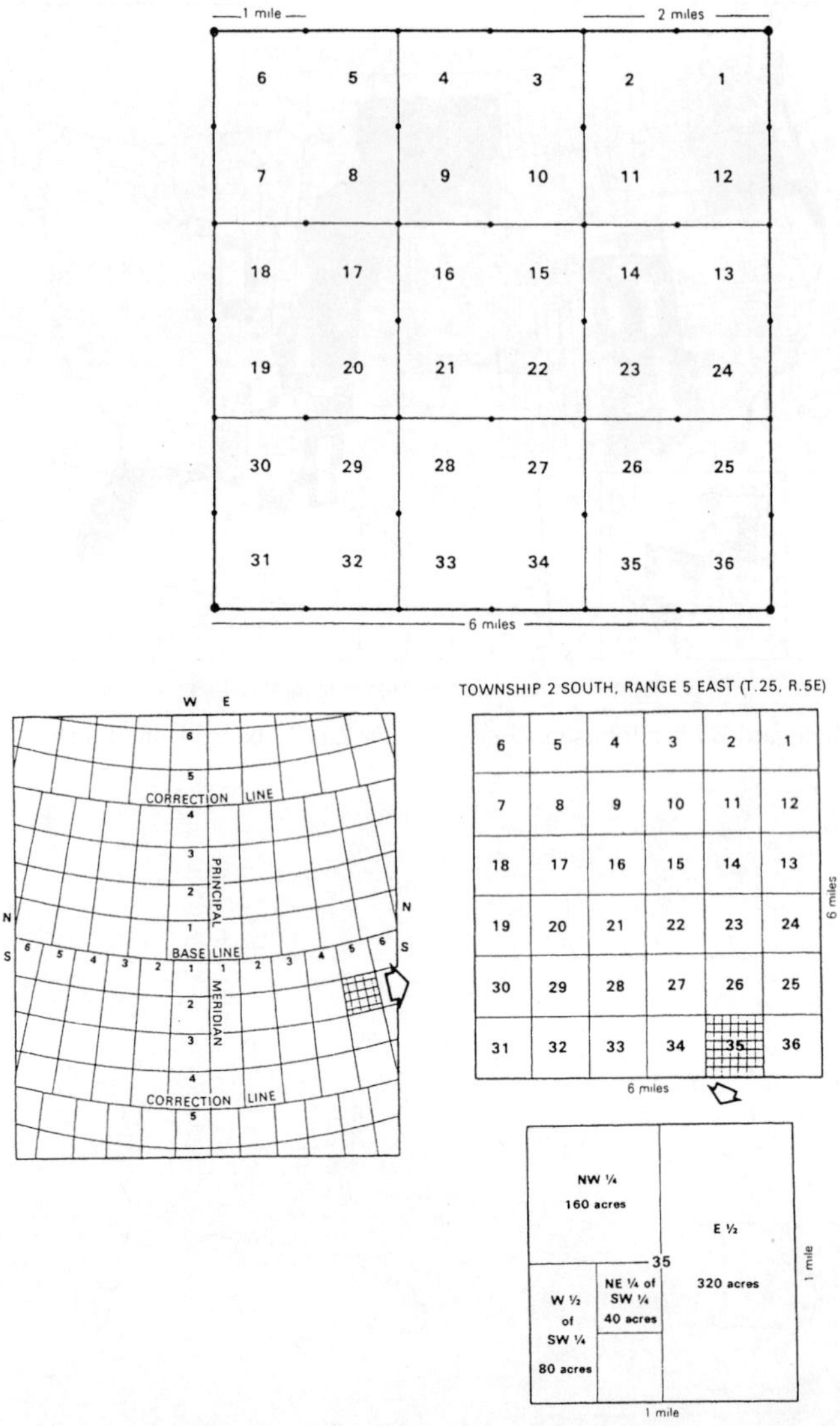

図5　タウンシップシステムの概要

Hildegard Binder Johnson, *Order upon the Land*, Oxford Univ. Press, 1976

トラリア大陸というレベルの範囲になると、地上で直線を引けば、全体として図上は曲線となるためである。Pricipal Meridian と Base Line とを記した同図の右側に碁盤目を入れた区画がある。右中図はこの内部を図示したものである。東西南北はそれぞれ六マイル四方である。一マイルは約一・六キロであるため、一マイル四方、面積では約六四〇エーカーという面積の区画を設定した。つまり六マイル四方のユニットをタウンシップと呼んだ。さらにタウンシップを、Principal Meridian から東にいくつ、Base Line から南へいくつと数え、番号をつけるシステムであった。たとえば、右下拡大図のタウンシップは township 2 south, range 5 east と呼称する。また、それぞれ一マイル四方の六四〇エーカーの区画をセクションと呼んだ。そのセクションに一~三六と番号をつけ、この番号によって一種の地番のように土地を検索した。アメリカ合衆国の土地区画を描いた、地籍図の原型にあたるものを plats と呼ぶが、これに記載されたものがセクション番号である。さらにその一つのセクションのなかを分割する方法がある。一セクションは六四〇エーカーであるため、その半分は三二〇エーカーになる。四分の一では一六〇エーカーとなる。この一六〇エーカーのことを quarter と呼ぶが、この単位がのちに Homestead Act（自作農地法）の土地の販売の基本単位となった 1 quarter は約八〇〇メートル四方である。

このような土地区画が設定されたのは一七〇〇年代の第四四半期以降の The Western Lands であった。こうした区画は、先述したように、本来タウンシップが有していたいくつかの機能、すなわち村民の結合単位、村の土地、さらに村の単位としてもともと存在している教会・市場・広場などを通じた結びつきである小さな町の機能、それに加わった町の行政的な単位としての機能のうちの、土地にかかわる機能、つまり土地を区画するという機能、測量と土地の売却の単位という機能のみが踏襲されていることになる。したがって、

The Western Lands ではタウンシップシステムそのものが変容していた。

佐藤昌介の関心は、おそらくは北海道の将来計画あるいは具体的な農業の農地開発計画であったとみられる。したがって、さまざまな勉強・研究はしたものの、最終的にはいかに土地を区画し、いかに販売ないし入植の単位として導入するのかといった側面に関心があったと考えられる。この点に佐藤の関心があったことも当然であるが、日本で認識されたタウンシップも、実はタウンシップの全体像ではなかった。タウンシップそのものにも、全体像としては先述したようにいくつかの類型がある。たとえばニュー・イングランドのタウンシップではこうだとか、ペンシルベニアのタウンシップはこうだとかいったそれぞれのところでの特徴あるタウンシップの認識ではなく、日本で認識されたのは、The Western Lands で実施されたような土地区画かつ土地測量の単位としてのタウンシップでしかなかったのであろう。このことは当時の北海道庁にいた行政官たちにとっても決して強い違和感のあるものではなかったと考えられる。理由はいくつかあるが、一つは江戸時代に児島湾や伊勢湾の干拓地で碁盤目状の土地区画がなされるというケースがかなりの程度存在した点である。このような江戸時代における干拓地の土地区画あるいは土地区画の設定方法は、北海道庁の高官たちの認識の中に当然あったであろうし、さらにもう一つさかのぼって、日本の伝統的な土地区画に思いを馳せるとさらにおもしろいことになる。

香川県高松市のある高松平野周辺の図には、一辺約一〇九メートルの碁盤目の土地区画が存在する(5)（四九頁の図3参照）。これを条里地割と呼んでいる。条里地割の基本的な枠組みを作った条里プランというべき制度は奈良時代、八世紀の中頃に完成していた。どこでもそうだが、特に高松平野の例が非常に典型的であるために、その例を提示した。

古代には五畿七道、すなわち北陸道や東山道・東海道といった行政単位があったが、明治になると、東山道つまり東の山の道、東海道つまり東の海の道というものがあり、また北陸道つまり北の陸の道はあるが、北海道という北の海の道という名称が古代には使われていなかったために、この北海道にその名称が名づけられたとみられる。律令政府は自らこの道ごとに中央政府直轄の道路を造った。これを一般的に官道と呼んでいる。南海道とよばれる官道は、たとえばこの高松平野を横断していた。この南海道を軸としてこれと直行するように郡の境界線を設定し、さらに南海道を軸として東側の郡の境界線から土地区画を設定するという体系的な土地制度を八世紀の段階で完成した。この区画は近畿地方を中心とした瀬戸内、九州あるいは関東、北は秋田平野・仙台平野にまでその痕跡があるが、近畿地方から離れるにしたがって分布は断片的になるものの、非常に広範囲に展開していた。一つ一つの区画を坪（奈良時代では坊）という名称で呼んでいた。これを東西南北六つずつあわせて里と称し、一〜三六の番号を打った。これは The Western Lands のタウンシップシステムの番号の打ち方と同じという偶然の一致がある。これを偶然ではなく、本気になって日本から伝わったものだと主張したアメリカの地理学者がかつていたが、これは全くの間違いであると思われる。いずれにしろ、こうした方格地割のシステムが広く日本の伝統的な技術として、あるいは知識として存在した。そもそも、明治政府は極めて強い王政復古的理念で出発していたし、例えば札幌の都市計画についても、松浦武四郎は「帝京」つまり京都になぞらえていた。

こうした背景のもと、佐藤昌介などの主張するような土地区画のシステムが北海道で受容されやすかったのであろうと考えられる。

以上が、現在考えている北海道の殖民地区画をめぐるさまざまな背景の一端である。

（1）金田章裕「入植地選定と区画設定」（農業土木学会『水土を拓いた人々』、一九九九年）。
（2）Shosuke Sato, History of the land question in the United States, *Johns Hopkins University Studies in Historical and Political Sciece, Fourth Series*, pp. 263-439, 1886.
（3）Akihiro Kinda, The concept of 'townships' in Britain and the British colonies in the seventeenth and eighteenth centuries, *Journal of Historical Geography*, 27-2, 2001.
（4）金田章裕「近代初期ウエストヨークシャーにおけるタウンシップの領域とその機能変遷」（足利健亮先生追悼論文集編纂委員会編『地図と歴史空間』、大明堂、二〇〇〇年）。
（5）金田章裕『古代日本の景観』（吉川弘文館、一九九三年）。

コラム3

広野新田――台地の開発――

近世における宇治市域内の新田開発は、伊勢田の新田村、五ケ庄の新田村、大久保の広野新田などが主要なものである。前者は大池と呼ばれていた巨椋池《おぐらいけ》湖岸の小規模な名木《なき》川デルタ先端部の干拓によるもの、後二者はいずれも高燥な扇状池もしくは洪積丘陵上の開拓によるものである。これらの新田の地割はいずれも周囲の新田成立以前の耕地の地割とは多少異なった形態を有している。ことに広野新田の場合は、近畿地方には従来報告例の少なかったところのヨーロッパにおける林地村（Waldhufendorf）あるいは三富新田に代表される武蔵野の新田村落に類似した特徴をそなえている。そこで、この広野新田の村落形態およびその成立・計画・系譜をめぐって若干の考察をめぐらしてみたい。

広野村の中心部分は現在の近鉄大久保駅の北東部一帯の洪積台地上とその台地を開析して流れる名木川が形成した扇状地上であるが、ここは近年の都市化の最も著しい部分でもある。しかも、近鉄京都線・国道二四号線・国鉄（現ＪＲ）奈良線などが大和街道にほぼ平行して南北走しており、旧来の地割形態は現地においても空中写真によっても確認が困難な状態となっている。しかし、明治三三年（一九〇〇）作製の地籍図によって各地筆の形態を分筆以前の状況にもどし、さらに分筆以前の地目を検索することにより、明治以後における大規模な改変を受ける以前の状態をほぼ正確に復原することが可能である。このような作業によって小字西裏・東裏および寺山・茶屋裏の一部を復原したものが図1であり、明治初期における広野村中心部付近の状況を示すものと考えてよい。

当時の広野村は図1にみられるように、南北に走る大和街道の両側にほぼ連続して宅地が配列し、背後には東西に長い短冊型の地条をともなっており、基本的には街道から両側へ宅地・山林・畑もしくは宅地・畑・山林といった極めて特徴的な土地利用状況をみせている。この短冊型の地条の配列状況と土地利用パターンに示される特徴は、畑作と牧畜を主体としたヨーロッパの林地村における長大な紐状耕地と街路から屋敷・園地・畑地・草地・森林となる基本的土地利用、そして武蔵野台地上の畑作新田におけるやはり同様の短冊型の地条の配列および屋敷・屋敷森・畑地・山林といった基本的土地利用パ

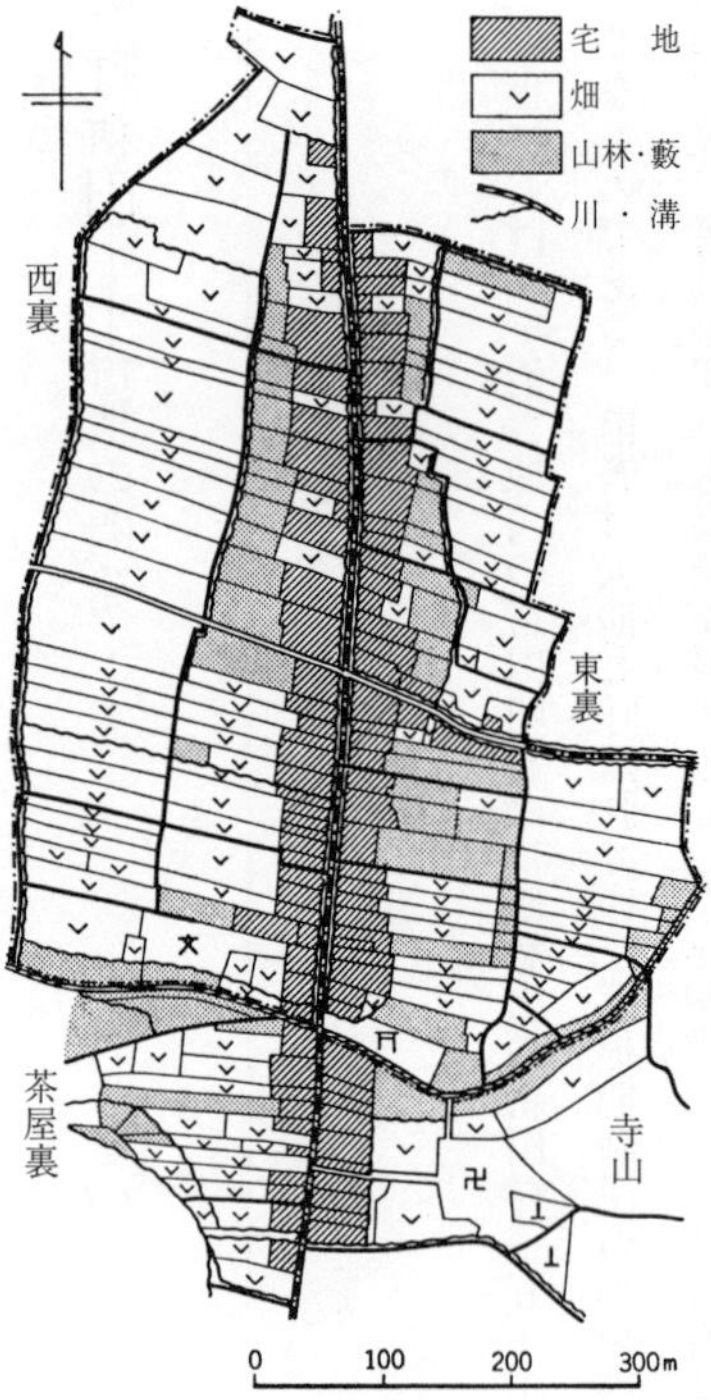

図1　明治初期の広野村中心部

ターンとも見事に一致する。また高燥な武蔵野の新田には中央を水路が貫流していることが多いが、広野村の場合にも大和街道の両側に小水路が存在したことは地籍図で確認し得る。

広野新田開発の時期が慶安二年（一六四九）であること、図1に示した寺院と神社（円蔵院と神明社）がそのさいに建立されたものであることはすでに判明している（谷岡武雄『平野の開発』一九～二〇頁、一九六四年）が、最近の市史編さん室の史料調査によってさらに詳細を知ることができる。すなわち、明和四年（一七六七）に円蔵院から、本山の興聖寺に宛てた口上書（円蔵院文書）には、

> 当院之義ハ慶安二巳丑年永井信濃守様淀御在城之砌、広野と申土地ヲ新田開発被仰付、近郷ゟ百姓新田江罷出住宅仕候ニ付、為一村一ケ寺之菩提所円蔵院御建立被仰付、（中略）并当院鎮守神明宮一社勧請被仰付、（下略）

と開発の経緯を明文化している。一方、慶安二年の山城国村々郡付并高付帖（伊勢田来迎寺文書）には広野の記載はなく、承応二年（一六五三）に興聖寺にあてた請書（円蔵院文書）には「大久保村広野新田」とみえ、享保二年（一七一七）の禁制（円蔵院文書）の円蔵院の肩書きには「広野村」と記され、享保一四年（一七二九）の山城国高付帳には広野新田として、以後の免状には広野村として記載されている。従って、本格的開拓が慶安二年に始まり、遅くとも享保初頭頃までには新しい広野村が成立していたことは確実である。しかし、例えば享和三年（一八〇三）の免状（円蔵院文書）には高七七二石一升三合の他に新田と注された高四〇石二斗六升四合が記載されており、開発そのものは断続的に進行し続けていたものと推定される。

開発のさいの地割の規格の存在の有無や、その実情を知り得る直接的史料は発見されていない。しか

し、図1の如き各地筆は無計画のままに切り取られてできたものであろうか。短冊型の各地筆の巾員に規則性が存在しないかどうかを検討してみたい。

慶安三年と記した円蔵院由緒書の写し数通には「門前屋敷東西拾五間 南北八拾五間」と記されている。一方、明和三年（一七六六）の除地水帳（円蔵院文書）にも門前屋敷一五筆の表間口が記され、五～六間二、六～七間八（三間九寸のもの二筆を一筆分として算入）、七～八間二、記載なし・不審二といった状態であって、約六間が間口の基本的単位であった可能性を指摘し得る。この門前屋敷がどこをさすのかは不明であるが、円蔵院門前に当る図1の茶屋裏もしくは寺山の宅地部分のいずれかと解してよいであろう。仮りに寺山の部分と仮定すれば、そこには南北約八五間前後であって九筆に分割されているが、試みに巾の広い地筆四筆を二筆分に数えれば六間を基本とした屋敷地一三筆が配列したこととなり、同図には記入していないが、寺山の街道ぞいには南側にさらに二筆があって計一五筆となるから明和の水帳とも一応は矛盾しない。

ところで市役所蔵の明治九年小字東裏丈量図によって各地筆の大和街道の間口を検討してみると、図1のような三六筆の宅地のうち五～六間四、六～七間九、七～八間八、八～九間一〇、九～一〇間五（但し倍数および半数のものも一筆として算入）であり、平均はほぼ七・五間となる。しかも、九間の間口に接して六間の間口が存在するといったような傾向もみられるから、間口七・五間もしくは巾員七・五間がやはり一つの基本的単位となっていた可能性が存在する。前述の門前屋敷はやや特異な部分であったと推定すると、六間、七・五間といった二種の基準が存在したことも不思議ではない。ちなみに武蔵野の場合、三富新田の如き間口四〇間という広い例の他、新座郡北野村は間口七・五間、砂川新田はおおむね七〜八間とされる（矢島仁吉『武蔵野の新田』一三二〜一三五頁、一九五四頁）。

以上、広野新田の村落形態の復原をし、その成立時期をさぐり、巾六間あるいは七・五間という地割の原初プランの推定をしてきた。ところで、しばしばひきあいに出した武蔵野の新田においては、第二期に分類される慶安年間から元禄年間までの時期に、主として台地を貫通する主要街道にそって大規模な土地計画をともなった新田が成立したとされている（矢島前掲書六八〜六九頁）。広野新田もまたこの時期、文禄年間に豊臣秀吉によって築かれた新しい大和街道（『宇治市史』第二巻五七一〜五七三頁、一九七四年）がやはり台地扇状地上を通過する部分に成立したものであった。

そこで前掲の口上書に記された広野新田開発の推進者永井信濃守に注目してみたい。寛永一〇年（一六三三）淀城に入部した永井尚政は、慶長九年（一六〇四）常陸国貝原塚に所領を得て以来武蔵国菖蒲領、上総国閨井戸等に所領を有し（『寛政重修諸家譜』第十）、武蔵野新田そのものには直接関係はないとしても、少なくともその開拓法を知り、必要とあればその技術・方法を導入し得る状況にあったことは事実であろう。すなわち、上述の如き地形・交通路・時代といった類似点に加えて、領主永井氏の役割を、地割の系譜を考えるさいに考慮する必要をここでは指摘しておきたい。

広野と同条件の神明の小字宮北・宮西の一部にも類似の地割が存在し、承応三年（一六五四）に開拓された伊賀の美濃波多新田もまた類似の形態をとっている（村松繁樹『日本集落地理の研究』一九六二年）から、これらをも含めて地割の系譜の究明には他日を期したい。

Ⅲ

禍福おりなす大地

7―古代都市の情景

はじめに

国府の研究は、長い間、都域のミニチュア型とでも表現すべき方形方格の形態の国府域を、どこに、どのような規範で推定するか、というかたちで推移してきた(1)。ところが研究の進展とともに、この想定には批判的見解が強くなり、今や新たな国府像が構築されつつある。

本稿では、国府の形態と構造についての新たな見解を紹介した上で、いくつかの国府の景観を、文学における表現例を軸に眺めてみたい。とりあげるのは、越中・出雲・讃岐の各国府と、旧来の国府像のモデルの一つであった大宰府である。

国府の形態と構造

国府には、多くの施設が存在した。

天長一〇年(八三三)に完成した養老令の官撰注釈書である『令義解《りょうのぎげ》』には、「庁・庫・館舎・国庁・倉・

蔵・官倉・倉蔵・蔵稟」といった施設の表現がみられ、その後編纂された『令集解《りょうのしゅうげ》』にも「国府・倉・官倉・公廨院宇・倉稟・国庁・倉庫院・厨院・官舎・倉院・庁・国庁院・倉庫・国厨院・国庁院門・国庁門・館・館舎・邸舎・国司館舎・庁座・府内」といった国府関係の施設・機能の名称が記されている。一〇世紀に入ると延長五年（九二七）に完成した『延喜式』には、大宰府関係を除いても、「官舎・旧府（神社）・兵庫・国庁・府庫・国府・国衙・検調物所」といった名称が散見する。

つまり国府はこのような施設・組織によって構成されていたわけであり、国府域には、国庁、各種の倉庫、各種の館、各種の公廨《くげ》官舎が存在していたことになる。しかも、『令義解』にはみられないにもかかわらず、九世紀後半に成立した『令集解』の方には、多くの「―院」という表現があることに注目したい。徭丁の給食を定めた弘仁一三年（八二二）の太政官符に、「収二納穀穎一正倉官舎院守院別十二人」[2]とあるように、当時から「―院」は存在したことは間違いない。しかし、九世紀の後半には、それが一般化した実態が背景となったものである可能性があろう。

現在までの各種の研究成果を総括すると、次のような推定を導くことができる。つまり、国府は、本来方形とか、一まとまりの連続した空間であるとは限らず、国庁と道路を核ないし軸として官衙《かんが》群が配置された機能的な構造を基本とした機構であった。各種官衙群をすべて方形方格の国府域の中に計画的に配置をする必要性ないし必然性もまた存在せず、時にはかなり離れて立地する施設群をも含む範囲が国府域と認識される場合があっても不思議ではないことになろう。この推定は、各種官衙群が集中し、築地や溝・柵等で画された、それぞれがほぼ方形の「郭・院」に相当する施設が集中する、国府域の中心部分では全く問題はない。縁辺では極端な場合、国府域が一本の道路として延びていき、その先に位置する官衙にまで達することも、当時の人びとの認識の上ではあり得たことになろう。前述のような各種の国府の構造と国府域のパターンを図示してみると、図1のようになろう。少なくとも、南北中軸型、東西中軸型、外郭官衙型とでも名付け得るパターンが存在したと考えられる[3]。

このような国府域は、国庁・各種官衙・館などが機能的に結合した構造を有しているものの、平城京・平安京といった都城や、近世城下町あるいは中世ヨーロッパの囲郭都市といった市街の連続的な都市空間に比

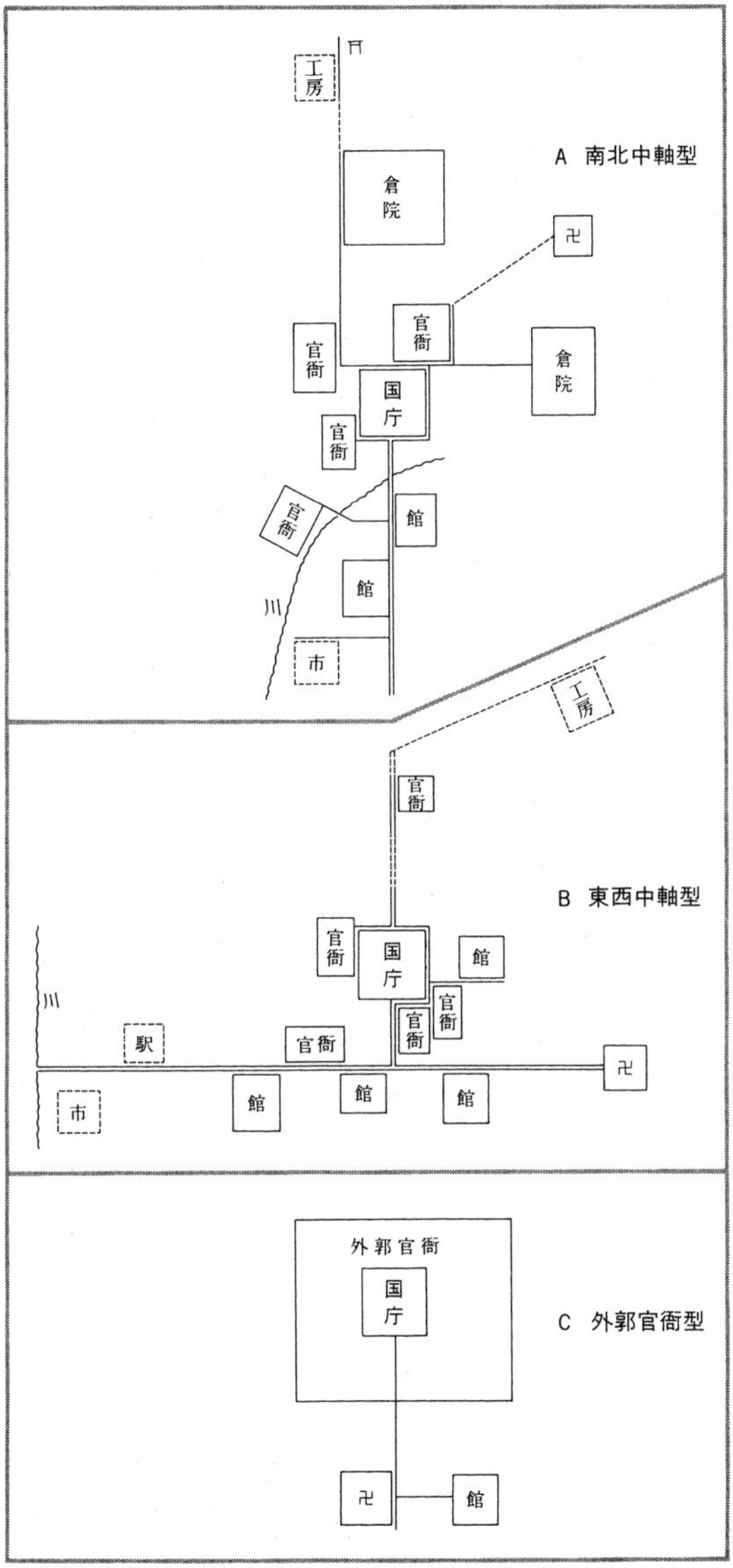

図1　国府域の類型(金田：1995年)[3]

べれば、はるかに分散的であるといわねばならない。

ところが国府には、数人～十数人の国司をはじめ、多数の官人と国内から徴発されて配当されたさらに多数の傜丁が居住・滞在し、各種工房が配置され、市もまた機能的に結合して存在していたことからすれば、国府は都市の分類に含められる。むしろ、都城や近世城下町あるいは東西世界の囲郭都市によって形成された都市概念を時間的・空間的に別次元に移して適用すること自体を再検討する必要がある。日本古代・中世の都市は必ずしも、連続した市街を基本的な構成要素とはしていなかったと考えるべきである。一般的都市概念が市街連続型の都市に由来しているとすれば、国府は「市街不連続・機能結節型」とでも表現し得る都市形態であろう(4)。

発掘調査が進展した近江国府の場合、国府域の構造が比較的明確になりつつある。

近江国府中心部には、政庁のみならず、その東側にも、やや小規模とはいえ築地をめぐらした瓦葺《からわぶ》きの施設が並んでいた。勢田橋から谷底を東へと真っすぐに進んできた東山道からは、両側の丘の上にこれらの偉容を望むことができたはずである。

政庁の西方にある堂ノ上遺跡もやはり丘上の瓦葺建物であった。政庁の反対側つまり南側の丘上に検出された青江遺跡の官舎群もまた瓦葺きであった。政庁南の崖下を東西走する東山道の東方正面の丘上にも惣山《そうやま》遺跡があり、一二棟もの瓦葺きの建物が建設されていた。さらに、まだごく一部しか調査が行われていないが、堂ノ上遺跡・青江遺跡間の中路遺跡からも瓦が出土している。中路遺跡南方の瀬田廃寺もむろん瓦葺きであり、塔もあった。

これらの瓦葺き建物群がすべて台地上に立地していたことが大きな特徴である。近江国府は「東西中軸型」の「市街不連続・機能結節型」とでも表現し得る都市プランを有していたことになる。このような平面プラン自体は、発掘調査が進んだ現時点においても再確認が可能な実態である。ところが、単に平面上のこのような配置原理のみならず、丘上に瓦葺きの施設群を配し、谷底に道路を可能な限り直線で通すという、立体的ないしは地形利用上の原理の存在をも確認してよいであろう。丘上に甍《いらか》群を配置するという景観上の特徴は、とりわけ視覚的には、強烈な偉容として見上げる人びとを圧倒するものであったと思われる(5)。

『万葉集』と越中国府

『万葉集』の編者とも目される大伴家持が守に任じられた越中国府については、『万葉集』にいくつもの関連の記述がある。

i　天平一八年（七四六）　八月七日夜、集二于守大伴宿禰家持館一宴歌（3943）

ii　天平一八年　大目秦忌寸八千嶋之館宴歌一首

右、館之客屋、居望二蒼海一。（3956）

iii　天平一九年　四月廿六日、掾大伴宿禰池主之館、餞二税帳使守大伴宿禰家持一宴歌。（3995～3998）

iv　天平二〇年　射水郡之駅館（4065）

v　天平感宝元年（七四九）　国掾久米朝臣広縄、以二天平廿年一、附二朝集使一入レ京、其事畢而、天平感宝元年閏五月廿七日還二到本任一。仍長官之館設二詩酒宴一楽飲。（4116～4118）

vi　天平勝宝元年　右一首、少目秦伊美吉石竹館宴、守大伴宿禰家持作。（4135）

vii　天平勝宝二年　　　勝宝二年正月二日　於二国庁一給二饗諸郡司等一宴歌一首（4136）

viii　天平勝宝二年・正・五　　判官久米朝臣広縄之館宴歌一首（4137）

つまり、国庁、長官之館（守館）、判官館（掾館）、大目館、館の客屋、少目館があり、水辺に駅館があったことも知られる。越中国は上国であるが、家持の赴任の折りには能登国を編入した状況であり、大・小の目が設置されていたものと思われる。

従来の越中国府の推定地は、図2のような伏木港西岸の台地上である。現在の庄川は、伏木港となっている小矢部川河口と分離しているが、八世紀ごろには少し上流で両川が合流し、河口は現伏木港付近のみであったと考えられる。

図示された国府域は、藤岡謙二郎によるもの[6]であるが、方形方格の国府域の想定が困難であることは他の事例と同様である。白鳳時代の御亭角廃寺《おちんかどはいじ》、国分寺跡からそれぞれの時期の瓦が出土し、後者の瓦は、国府推定地一帯の十数か所から出土している。明確な国府にかかわる施設の遺構は確認されていないが、勝興寺周辺では八〜九世紀ごろの掘立柱建物跡が検出されている[7]。

国府推定地一帯は洪積台地が開析谷《かいせきこく》によって三〜四の台地面に分断された状況の地域であり、各台地面にはさらに樹枝状の小開析谷が複雑に入り込んでいる。この一帯に国府が立地した可能性は極めて高いが、各施設はこれらの段丘面上に散在するかたちをとらざるを得なかったとみられる。詳細は不明であるが、市街不連続・機能結節型の国府であったことは間違いがなく、『万葉集』に記された家持らの饗宴は、点在する国庁、館のあちこちで催されたことになろう。

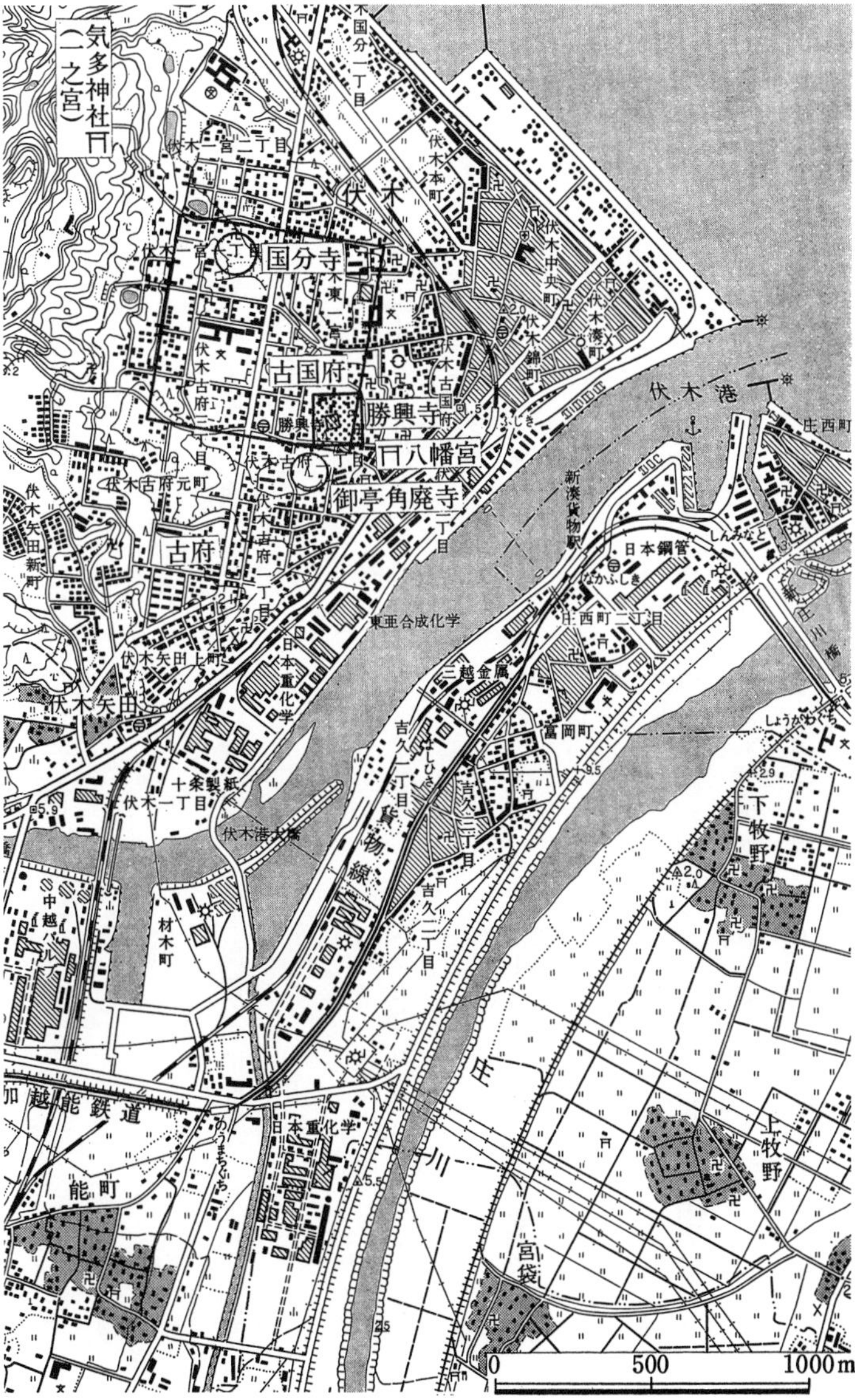

図2　藤岡謙二郎による越中国府推定地(注1による)

『風土記』と出雲国府

出雲国府は、『出雲国風土記』に記されていることでとりわけ著名である。主要な記述を列挙すると次のようになる。(8)

i（意宇郡）

黒田駅　郡家同処　郡家西北二里　有二黒田村一　土体色黒　故云二黒田一　旧此処有二是駅一　即号曰二黒田駅一　今郡家属レ東　今猶　追二旧黒田号一耳

ii（巻末記）

自二国東堺一　去レ西廿里一百八十歩　至二野城橋一　長卅丈七尺　広二丈六勺 飯梨川 　又　西廿一里　至二国庁意宇郡家北十字街一　即分為二二道一 一正西道 一枉北道

枉レ北道　去レ北四里二百六十歩　至二郡北堺朝酌渡一 渡八十歩 渡船一 　又北一十里一百卌歩　至二嶋根一

iii（巻末記）

意宇軍団　即属二郡家一

この記述からすれば、国庁、意宇郡家、意宇軍団、黒田駅が同処ないし極めて近接した場所にあり、その北に「十字街」があって、そこから四方に道がのびていたことが記されている。

出雲国府の場合、意宇川北岸にさまざまな国府関連遺構が検出されている。(9) 六所神社東側・北側における一九六八～七〇年の発掘調査によって、六所脇地区で政庁後殿と推定される掘立柱建物跡、宮ノ後《うしろ》地区で計画的配置の掘立柱建物群などが検出されたのを始め、その北側の一貫尻・大舎原《おおじゃら》地区では国司館と推定され

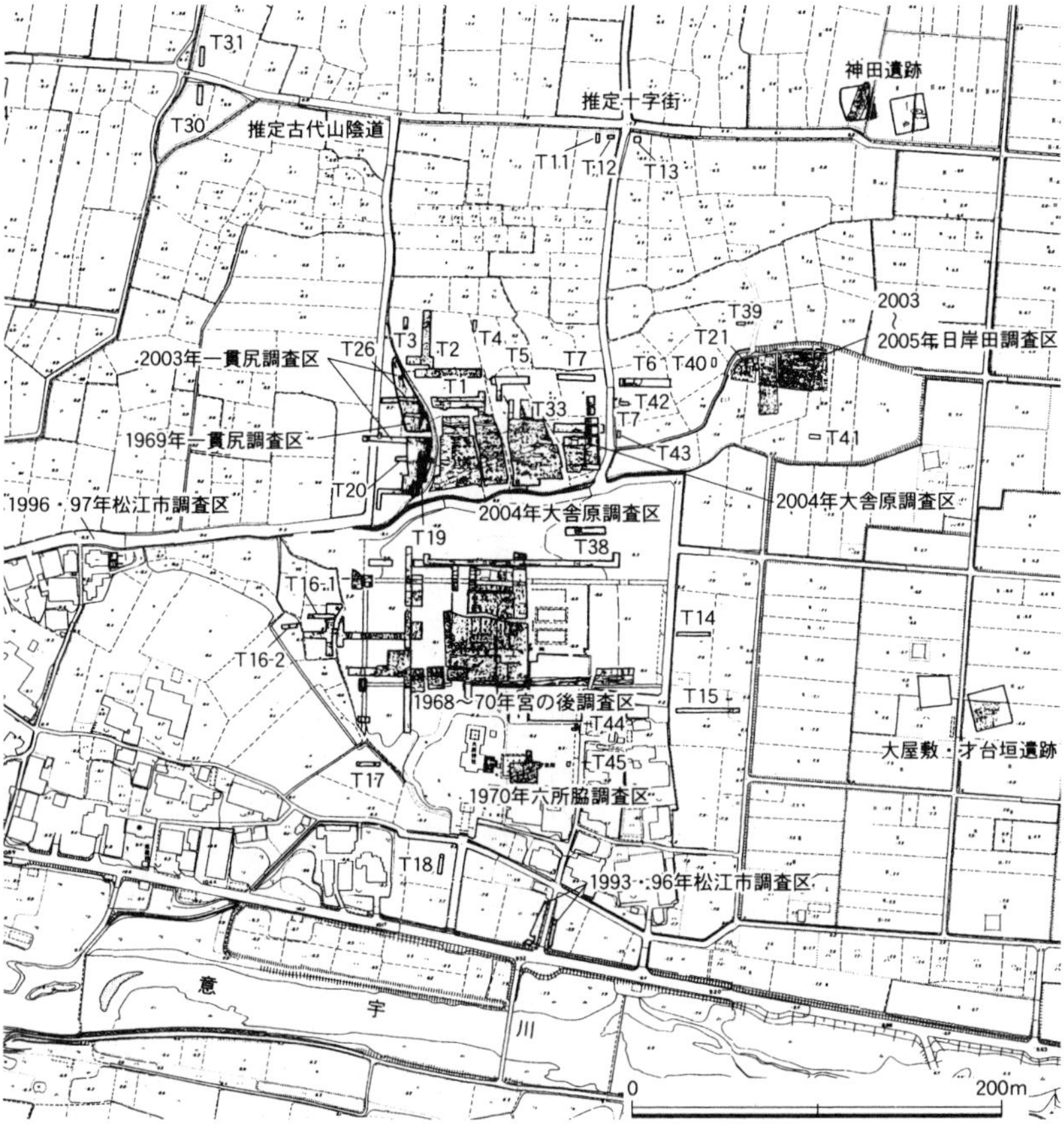

図3　出雲国府関連遺跡発掘調査地点(島根県調査委員会：2006年)

る建物群、日岸田《ひがんで》地区では工房の可能性のある掘立柱建物群が検出されている。国司館と推定されている施設群の東側には南北道が存在した可能性も推定が可能であり、全体的に高密度の遺構分布は、『風土記』の記述とも矛盾しない。ただし現在のところ、意宇郡家・黒田駅に特定できる遺構を確認できていない。

先に掲げた『風土記』の記述では、黒田駅を、「今郡家属㆑東」とし、意宇軍団を「即属㆓郡家㆒」としている。これに従えば、郡家に宇意軍団が併置され、その東に黒田駅があったこととなる。ただし、万葉緯本《まんよういほん》を底本とした上掲の記述とは異なり、日御碕本《ひのみさきぼん》と細川家本では、「今東属㆑郡」と、意宇郡家と黒田駅が同処との記述となっている。

国府所在郡の郡家のあり方は不明の点が多いが、出雲国意宇郡家の場合、黒田駅・宇意軍団の機能も並置れていた可能性があり、しかも国庁ときわめて近接していたとみられる。これらの施設が集中していたのが出雲国府であったことになる。先の類型では南北中軸型のパターンの一つとなろう。

『菅家文草』と讃岐国府

菅原道真の『菅家文草』には、仁和二年（八八六）から寛平二年（八九〇）に彼が守として在任した讃岐国府にかかわる詩数篇を載録している。その中に次のような表現がみられる。

i　客舎冬夜

客舎秋徂到此冬
空床夜々損顔容
押衙門下寒吹角

開法寺中暁鶯鐘

開法寺在二府衙之西一。

ii

行春詞

駅亭楼上三通鼓

公館窓中一点灯

iii

晩春遊二松山館一。

官舎交簷枕海脣

（中略）

客館何因種小松

予近会津頭客館、移二種小松一、以備二遊覧一。故云。

讃岐国府の政庁ないしその一帯を「府衙」と表現し、押衙門という門、公館、客舎の存在が知られる。駅亭がほど近くにあり、津のほとりにある松山館に官舎、客舎があったことも知られる。

さて、讃岐国府域の推定では、従来、木下良による推定が有力なものであった。[10] 図4右上に示したように、綾川の屈曲部左岸にやや傾いた方形方格の国府域を想定するものである。方形方格の東西方向の軸は、綾川対岸の綾坂から鼓岡社の位置する孤立丘の北側へと向かう東北東―西南西の道と想定されている。国庁想定地では、必ずしも明瞭な遺構が検出されてはいないものの、八世紀後半以来の出土遺物や九世紀後半〜一〇世紀前半を中心とする時期の築地基壇状遺構などが確認されている。[11]

木下の想定ではこの東西道が南海道となるが、この想定では二つの大きな矛盾が生じる。第一は、南海道

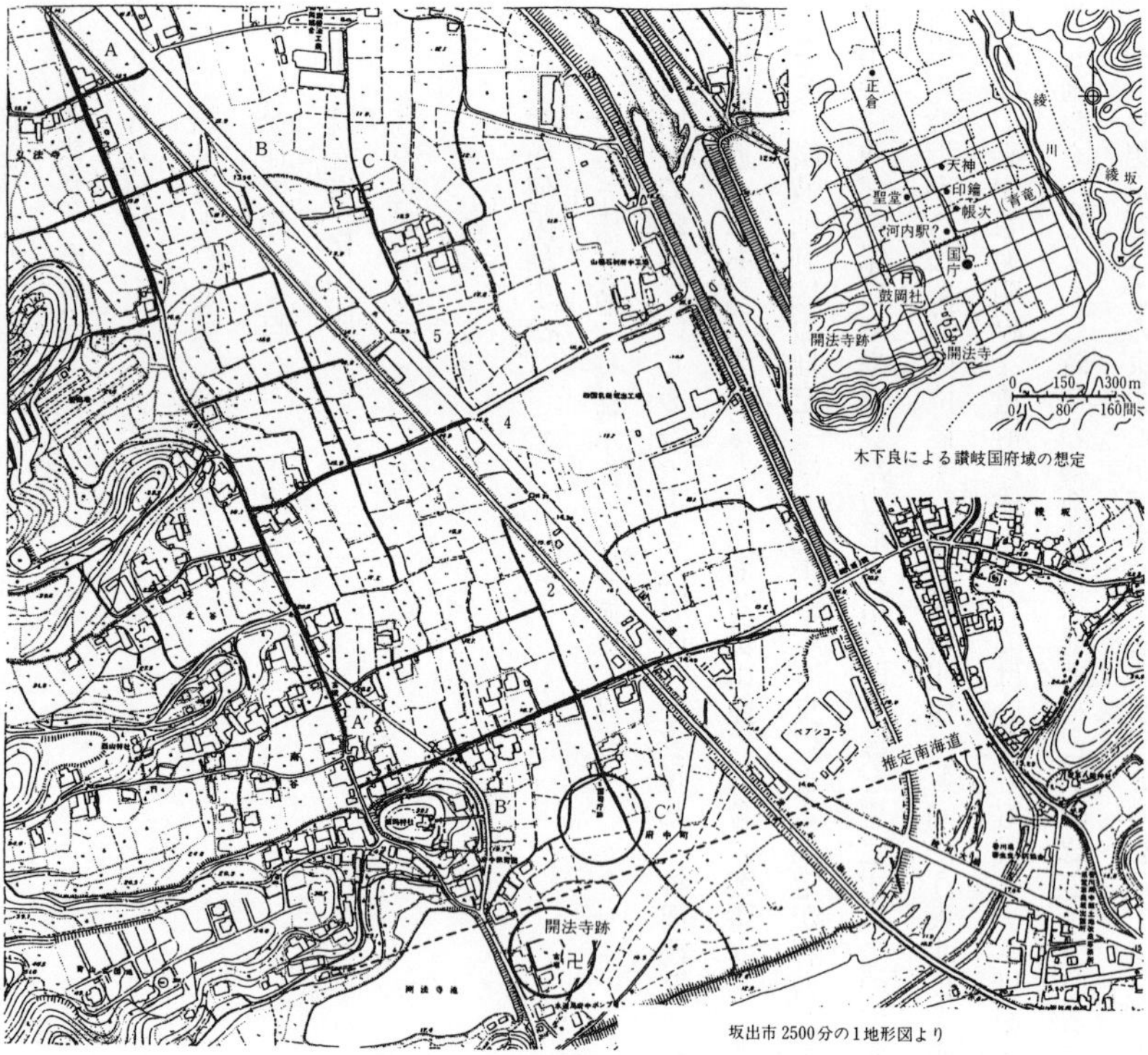

図4　讃岐国府と南海道(金田：1995年)[3]

の位置である。讃岐国では、綾郡以外の一〇郡のすべてが南海道を条里プランの里の界線としており、綾郡も同様であった可能性が高く[12]、そうであるとすれば、その位置は、図4に推定南海道とした位置であり、二〇〇メートル弱南側である。この位置は綾坂を下りて、突出した山の北側で綾川を渡河することになり、現在はその攻撃斜面に相当するが、綾川左岸に見られる旧河道が綾川の河道であった時期を想定すれば、むしろ最も条件のよい渡河地点である。

第二点は、道真の「客舎冬夜」に記された「開法寺在二府衙之西一」という記述との整合性である。政庁の位置が必ずしも確定していないが、現在の推定位置からすれば礎石の残る開法寺跡は、その南南西にあたり、府衙の西とはなり得ない。ところが、図4の推定南海道の位置を基準とすれば、南面する府衙の門を出て西へ向かい、開法寺の北側へ達することが可能となる。推定地が多少移動した場合を仮定しても、この条件は変らない。

つまり、讃岐国府は、この位置の南海道を軸として各種施設が展開した、前掲の東西中軸型の国府であったと考えられることになる。

なお、松原客館は瀬戸内海沿岸の山麓部である坂出市高屋町付近に推定されており、特に矛盾はない。

『万葉集』『菅家後集』と大宰府

大伴家持はのちに大宰府少弐に任じられたが、その父大伴旅人は大宰帥として大宰府に在職していた。菅原道真が右大臣から大宰権帥として大宰府に左遷されたこともまた周知のところである。『万葉集』と『菅家後集』には、やはり大宰府にかかわる記載・詩文がある。

(1)『万葉集』

i　神亀五年（七二八）　右、神亀五年戊辰、大宰帥大伴卿之妻大伴郎女遇レ病長逝焉。（中略）駅使及府諸卿大夫等共登二記夷城一而望遊之日、乃作二此謌一。（1472）

ii　天平二年（七三〇）　天平二年正月十三日、萃二于帥老之宅一、申二宴会一也。（815～846）

iii　天平二年　右、勅使大伴道足宿禰饗二于帥家一。此日会集衆諸、相二誘駅使葛井連広成一、言須レ作二謌詞一。（962）

iv　天平二年　右、大宰帥大伴卿兼二任大納言一、向レ京上道。此日・馬駐二水城一、顧二望府家一。

大伴坂上郎女思二筑紫大城山一謌一首

今毛可聞　大城乃山尓　（1474）

v　天平二年　　灼然　四具礼乃雨者　零勿国　大城山者　色付尓家里（謂大城山者、在筑国御笠郡之大野山頂号曰大城者也）（2197）

至二筑紫館一遥望二本郷一、悽愴作歌四首（3652〜3655）

(2)『菅家後集』等

ⓐ承和二年（八三五）一二月三日太政官符[13]

「続明院一処　在二大宰府南郭一」

ⓑ『三代実録』貞観一一年（八六九）一二月二八日条

「博多是隣国輻輳之津、警固武衛之要、而墎与二鴻臚一、相去二駅」

ⓒ『菅家後集』

i「叙意一百韻」（延喜元年＝九〇一）

「税レ駕南楼下、停レ車右郭辺、宛然開二小閣一、覩者満二遐阡一」

ii「二月十九日」（延喜二年＝九〇二）

「郭西路北買人声」

iii「官舎幽趣」

「郭中不レ得レ避二諠譁一」

iv「謫居春雪」

「盈レ城溢レ郭幾梅花」

ⓓ天延三年（九七五）一一月二四日大宰府兵馬所解(14)

「左郭」・「右郭」

ⓔ長徳二年（九九六）閏七月二五日観世音寺牒案(15)

「件地、相二交寺地与二郭地一之中」

ⓕ長暦二年（一〇三八）二月二六日大宰府政所下文案(16)

「政所下　左右両郭」

「仰二在地郭一」

「郭宜二承知一」

ⓖ康平二年（一〇五九）七月二七日大宰府政所下文案(17)

「政所下　左郭司」

『万葉集』には「帥老之宅、帥家、水城、府家、大城山（大城乃山）、記夷城、筑紫館」などを記している。これらの中の水城については、天智天皇三年（六六四）に「於二筑紫一、築二大堤一貯レ水、名曰二水城一」、さらに翌年に「遣二達率憶礼福留・達率四比福夫於筑紫国一、築二大野及椽二城一」と『日本書紀』に記されている。この頃が重要な画期であったこと、また遅くともこの時点にはのちの大宰府の場所に諸施設が設けられたことが知られている(18)。大宰府は、天平一二年（七四〇）から一三年にわたる藤原広嗣の乱の平定のあと(19)、同一四年（七四二）に一旦廃止されたが、同一七年には復置され(20)、一貫して西海道の政治中心として機能し続けて平安時代末にいたった。

前掲のように、道真の『菅家後集』等にも、大宰府についての数々の表現がある。大宰府の研究については、鏡山猛『大宰府都城の研究』[21]が大きな画期をもたらした。鏡山は、大宰府政庁・観世音寺・筑前国分寺などの主要建築遺構について分析を行い、さらに大宰府の条坊を推定した。また水城・大野城・基肄《きい》城についても考察をめぐらし、いくつかの朝鮮式山城との対比も行った。同書は、大宰府に関するいわば総合的な研究成果であった。

鏡山説の大きな特徴は、著書名にもあるように、大宰府が、七世紀中頃以来の都城であり、(2)ⓓの史料等にみえる左郭・右郭各一二坊二二条からなる方形方格の都市プランを有していたとするものであった。

昭和四三年から開始された発掘調査は、この鏡山説の検証作業的な意味を有しつつ進められたが[22]、新たに幾つかの画期的な事実を確認することとなった。何よりもまず、三時期の政庁跡の存在が知られたことが大きな意義を有する。しかも、七世紀後半頃建造の第Ⅰ期、八世紀の第一四半期頃建造の第Ⅱ期、天慶四年(九四一)の藤原純友の乱における焼亡のあとの再建と考えられる第Ⅲ期と、後になるほど整然かつ完備した構造となっていることが注目された[23]。これ以前から竹内理三によって、時代が下がるにつれて、史料に見える大宰府官人の数が増加していることが報告されていたが[24]、この両者が相互に不可分の関係にあると考えられるようになった[25]。官人数のピークは一〇世紀後半から一一世紀中葉にあり、政庁跡をめぐる考古学的事実と同一傾向であるとみなされているのである。発掘調査の進展によってさらに、鏡山が推定したような方四町の政庁域ではなく、東西が約九〇〇メートルほどであり、一部南に凸型に張り出した「政庁域」が推定されるにいたった[26]。

さらに、その後の研究によって、大宰府像は大きく転換した[27]。その概要は次の如くである。

最大のポイントは、一〇世紀中頃まで、大宰府は条坊プランを有していなかった点である。(2)ⓑのように一定の施設群が所在する部分を郭と呼んでいたから、(2)ⓐに記す「南郭」が政庁のはるか東南にあった可能性もある。そこでさらに、『続日本紀』天平宝字八年（七六四）七月一九日の条に「大宰博多津」とあり、『文徳天皇実録』仁寿二年（八五二）一二月二二日条に、承和五年（八三八）の記事として「大宰鴻臚館」と表現していることに注目したい。文言のままとすれば、博多津も鴻臚館も大宰府の一部であったことになる。大宰府が充てる仕丁の中に、客館・駅館・主船など、政庁から遠く離れていた可能性の高いものも含んでいたことも想起したい。すでに七世紀後半に建設された水城や大野城・基肄城もあった。政庁を中心とした官衙群と、その周辺やかなり離れた施設群までも含めた全体の総称として大宰府が存在していたとみるべきであろう。

数多くの発掘調査成果を含めて推定される政庁第Ⅱ期の大宰府は、図5のような状況であったとみられる。政庁から南へのびる南北路と、政庁および南北路付近における幾つもの郭すなわち施設群という大宰府の状況が政庁Ⅱ期ごろに相当する実態であった可能性は高いとみてよい。観世音寺南門から南へ南北路がのびていたことにも注目しておきたい。

『菅家後集』に収められている一編「叙意一百韻」(2)ⓒⅰの中に「税レ駕南楼下、停レ車右郭辺、宛然開二小閣一、観者満二遐阡一」とあるが、「南楼」と対置された「右郭」は、何かで区画された施設群と考えられる。さらに、「遐阡」すなわち「はるかに続く南北の道」とは、政庁から南へと続く中軸線上のそれである可能性が高く、例えば東西路としてそれに相当するほどの直線路が検出されていない状況とも矛盾しない。

同様に「二月十九日」(2)ⓒⅱ中の一節「郭西路北賈人声」とは、一定の施設群からなる一区画の郭の外側における情景とみられ、売人の声が聞こえるような小規模な郭の風景であるとみられる可能性が高い。

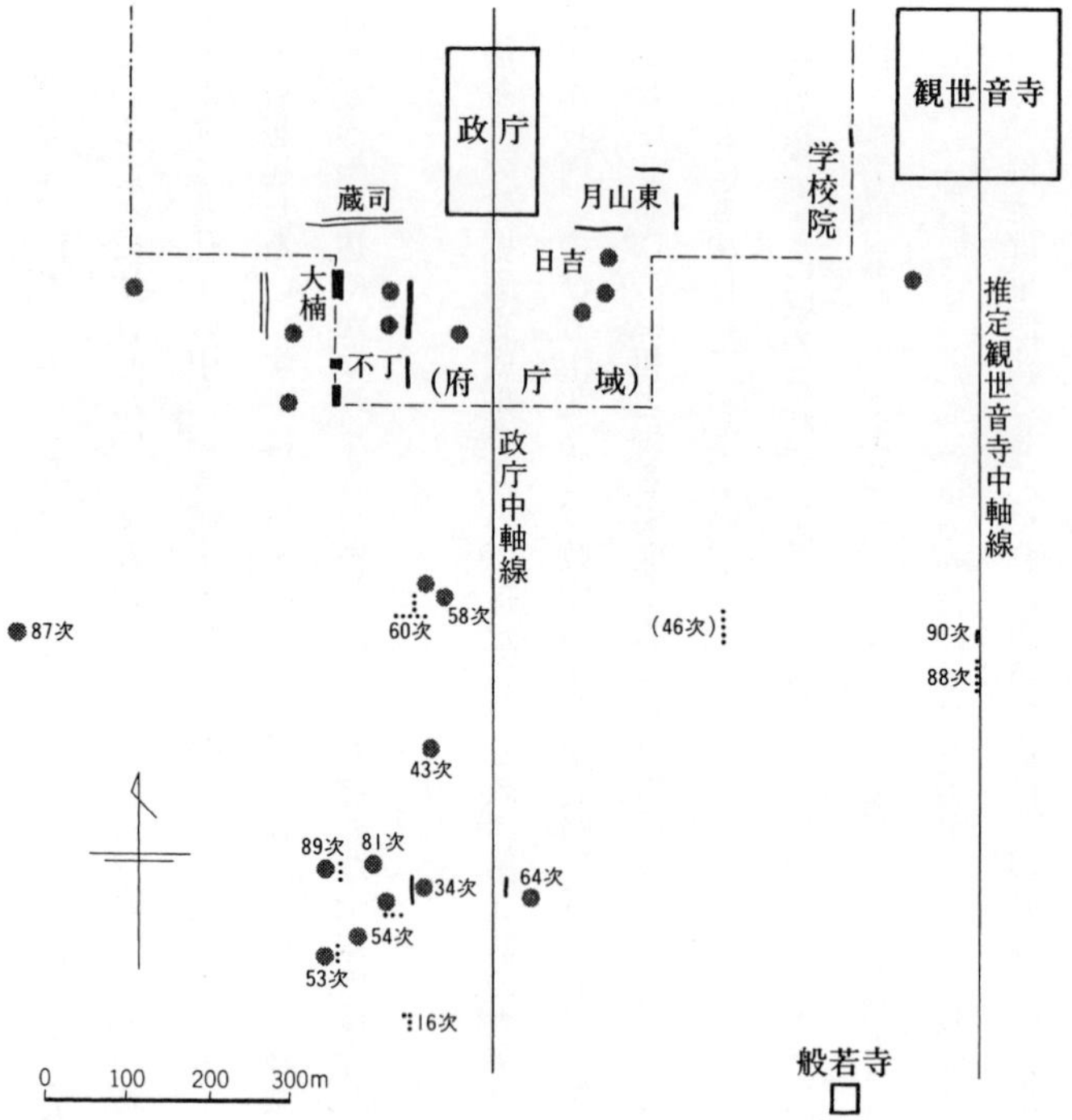

図5　政庁Ⅱ期大宰府の主要地下遺構の分布（実線は政庁Ⅱ期に所在した道・溝、点線は推定、黒丸は遺物・遺構検出地、金田：1993／注27）

「官舎幽趣」（(2)ⓒiii）の一節にある「郭中不レ得レ避二諠譁一」は、道真の官舎のある郭内における、道真の情感と異なった騒々しさを表現したものと理解し得る。「謫居春雪」（(2)ⓒiv）に詠まれた「盈レ城溢レ郭幾梅花」との一節には、いくつもの郭のいずれもが梅花にあふれている風景こそふさわしいように思われる。

前掲(2)ⓓ～ⓖ史料にみえる郭はこれらと異なり、都市プラン上の区域（ⓓ）、それらの管理・領有にかかわる組織体（ⓔⓕⓖ）へと転換していたことも知られる。藤原純友の乱後に再建された第Ⅲ期の大宰府は、図6のように推定される。多くの発掘調査データがこれ

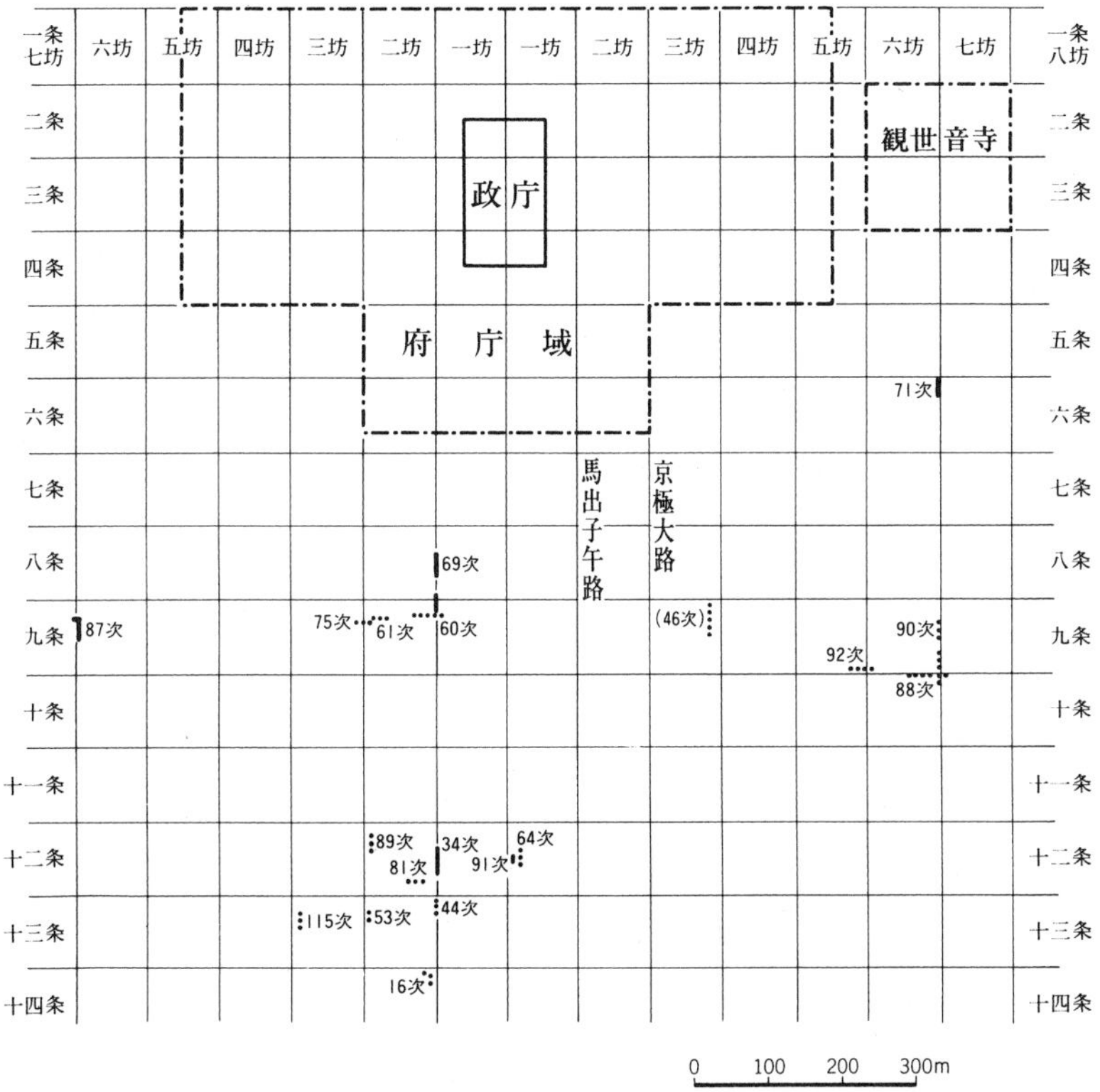

図6　政庁Ⅲ期大宰府条坊プランと関連地下遺構(府庁域は石松好雄による。遺構の実線は政庁第Ⅲ期に新設、点線は以前からの継続と推定される、金田：1993／注27)

に合致するほか、一坊のサイズも鏡山の推定のように面積一町ではなく、面積八段（一辺約一〇〇メートル）の正方形であった。

　以上のように、大伴旅人が帥《そち》として在任し、菅原道真が権帥《ごんのそち》として左遷されていた大宰府は、政庁第Ⅱ期の段階であった。特に『菅家後集』の理解にはかなり変更を要する部分があるのではないであろうか。「不㆑出㆑門」の有名な対句「都府楼纔看㆓瓦色㆒、観音寺只聴㆓鐘声㆒」も、政庁の郭（ないし城）から離れた、官舎のある小さな郭からの情景として理解すべきであろう。

　しかも周知のように、大宰府政庁から遠くない位置に筑前国衙《こくが》が所在したと考えられている。(28)『続日本紀』は、藤原広嗣の乱平定後の天平一四年（七四二）正月五日条に大宰府を一旦廃したことを記しているが、その際「以㆓廃府官物㆒付㆓筑前国司㆒」と、大宰府の官物を筑前国司が管理すべきことを指示している。天平一七年(29)（七四五）には大宰府が復置されたが、延暦一六年（七九七）には「廃㆑国隷㆑府」と、今度は筑前国を廃止して大宰府直属としたことが知られる。(30)このような大宰府と筑前国衙との関係もまた、後世のような大宰府の条坊プランの一画に「筑前国庁」が所在したと考えるよりも、当時の大宰府の施設群と同様に、「筑前国庁」のそれも大宰府政庁からあまり遠くない位置に、別の「郭」的なかたちで存在したとみる方がはるかになじみ易いとみられる。

　神亀五年（七二八）ごろから天平二年（七三〇）ごろに大宰帥すなわち大宰府の長官であった大伴旅人と、神亀三年（七二六）ごろから天平四年（七三二）前後まで筑前守すなわち筑前国府の長官であった山上憶良との交流もこの大宰府での情景の一つである。

(1) 国立歴史民俗博物館古代都市研究会編『国府遺跡等関係文献目録及び地図』(『国立歴史民俗博物館研究報告』一〇、一九八六年)に既往の研究成果が網羅され、図示されている。
(2) 弘仁一三年閏二月二〇日付(『類聚三代格』巻六)。
(3) 金田章裕「国府の形態と構造について」(『国立歴史民俗博物館研究報告』六三、一九九五年)、金田章裕「国府の形態と構造」(『古代景観史の探究――宮都・国府・地割――』、吉川弘文館、二〇〇二年)。
(4) 金田、前掲注(3)。
(5) 金田章裕「近江国府補論」(金田前掲注3:二〇〇二年所収)。
(6) 藤岡謙二郎「地方都市としての国府の歴史地理学的研究」(『都市と交通路の歴史地理学的研究』、大明堂、一九六〇年)。
(7) 山口辰一「越中国」(日本考古学協会三重実行委員会編『国府――畿内・七道の様相――』、一九九六年)。
(8) 秋本吉郎校注『風土記』(岩波書店、一九五八年)。
(9) 島根県教育委員会編『史跡出雲国府跡4』(二〇〇六年)。
(10) 木下良「国府の『十字街』について」(『歴史地理学会研究紀要』一九、一九七七年)。
(11) 片桐孝浩「讃岐国」(前掲注7所収)。
(12) 金田章裕「讃岐国における条里プランの展開」(『古代日本の景観』、吉川弘文館、一九九三年)。
(13) 『類聚三代格』巻一二。
(14) 竹内理三編『大宰府・太宰府天満宮史料』巻一~巻一三(太宰府天満宮、一九六四年~一九八六年)。四巻一五一頁など。
(15) 同右四巻二五二頁。
(16) 前掲注(14)五巻一一一頁。
(17) 前掲注(14)五巻一八九頁。
(18) 八木充「筑紫太宰とその官制」(九州歴史資料館編『九州歴史資料館開館十周年記念　大宰府古文化論叢』上巻、吉川弘文館、一九八三年)、藤井功・亀井明徳『西都大宰府』(日本放送出版協会、一九七七年、二七~二八頁)。

(19) 栄原永遠男「藤原広嗣の乱の展開過程」(九州歴史資料館編、前掲注18所収)。
(20)『続日本紀』天平一四年正月五日条および天平一七年六月五日条。
(21) 鏡山猛『大宰府都城の研究』(風間書房、一九六八年)。
(22) 田村圓澄編『古代を考える 大宰府』(吉川弘文館、一九八七年、一一一頁)など。
(23) 横田賢次郎「大宰府政庁の変遷について」(九州歴史資料館編、前掲注18所収)。
(24) 竹内理三「大宰府政所考」(『史淵』七一、一九五六年)。
(25) 藤井・亀井、前掲注(18)、三七~四〇頁。
(26) 石松好雄「大宰府庁域考」(九州歴史資料館編、前掲注18所収)。また、阿部義平「国庁の類型について」(前掲注1所収)は方八町の府庁域を想定している。
(27) 金田章裕「大宰府条坊プランについて」(『人文地理』四一—五、一九八五年)。
金田章裕「大宰府の形態と構造」(『近世以前の日本都市の形態・構造とその変容に関する歴史地理学的研究』、文部省研究報告書、代表者:金田章裕、一九九二年)。
(28) 金田章裕「大宰府条坊プラン」(『古代日本の景観——方格プランの生態と認識——』、吉川弘文館、一九九三年)。
大宰府と「筑前国庁」との関係については、竹内理三の詳細な整理がある(「大宰府と大陸」、福岡ユネスコ協会編『九州文化論集一 古代アジアと九州』、平凡社、一九七三年)。
(29)『続日本紀』天平一四年正月五日条および天平一七年六月五日条。
(30)『類聚三代格』巻五、大同三年五月一六日太政官奏。

コラム④

出雲国府復原模型

古代の出雲は『出雲国風土記』の記述に彩《いろど》られている。最もよく知られているのは、「国庁」と「意宇《おう》郡家」の北に「十字街（ちまた）」があったこと、そこで東からきて「西」に進む道と、「北」に「枉《まが》」れる道の二つの道に分かれていたことが記されている点である。それだけでなく、意宇郡家には「黒田駅（うまや）」も併置され（伝本によっては郡家の東側にあったとしている）、「意宇軍団」もまた郡家に設置されていたとする。

古代の国府は、かつて平城京や平安京のような都城の規模を小さくしたような形状であったと考えられていた。しかし調査研究が進むにつれて、国庁やその他の官衙《かんが》・館・倉院などが分散的に立地し、道路で結ばれているような景観であったと考えられるようになってきた。いうならば、「市街不連続」で「機能結節型」の都市であった。

調査研究の進んだ近江国府（滋賀県大津市）の場合、浸食された台地と谷からなる地形の谷底を東山道が走り、丘上に瓦葺《からわぶ》きの施設群が建設されていたことが判明している。いわば「丘上の甍《いらか》群」とでもいった景観であった。

出雲国府の場合、意宇川が大きく屈曲して東へ向きを変えたあたりの北岸に、八世紀の国庁跡が検出されたのは一九七〇年（昭和四五）のことであった。近年の調査ではそのすぐ北側に館（介の館か）や工房跡が検出された。南北の道路敷相当分が各種遺構の間に想定できることも知られた。すぐ北側を西へ向って低い台地上にいたれば、山代郷の正倉群に相当する倉庫群が検出されており、東北へ向えば、以前から知られていた出雲国分寺の伽藍《がらん》跡、国分尼寺の伽藍跡がその東の山麓にあり、山を越えた北側の谷の西側には山代郷北新造院に相当すると思われる来美廃寺《くるみはいじ》が検出された。

出雲国の八世紀の遺構は丘陵上、山麓に多い。しかし、平野でも遺物・遺構は検出されている。

これらの調査・研究の成果を礎として、「風土記の丘」の出雲国府復原模型がつくられた。開設以来三〇年以上の歴史をもつ、八雲立つ風土記の丘資料館の改修工事が行われ、展示学習館としてリニューアルオープンした展示の目玉として作製されたのである（口絵2参照）。

平野周辺の丘陵や、国府跡西北の「神名備《かんなび》」山には広葉樹が多かったようである。それが印象的にとらえられるよう、復原の時期としては秋が選ばれた。人びとの生活と結びついた、いわば古代の里山の情景が知られる。

意宇川は中海に直行せず、海岸（湖岸）の砂堆《さたい》を迂回《うかい》するようにして流入したものと考えられる。大橋川も含めて、これらは『風土記』では「入海《いりうみ》」と表現されている。

意宇平野の水田地帯は今や耕地整理が広く行われているが、かつては条里地割と呼ばれる古代起源の地割形態であった。しかし、八世紀にはその分布はまだまだ限られていた、とみられる。復原模型はその推定の下に表現されている。

国府復原模型は一〇〇〇分の一の縮尺で可能な限り正確な復原を心がけたものである。一部には推定にもとづく表現も加えざるを得なかった部分がある。しかし、縦四・八メートル×横三・五メートルにおよぶこの模型の展示を眺めると、極めて印象的な古代の景観が浮かびあがってくる。

出雲国府一帯には、多くの古代官衙《かんが》が集中していた。『風土記』に記されていた国庁・意宇郡家・黒田駅・意宇軍団はもとより、いくつもの館や工房があり、この部分に限っていえば「市街不連続」とはいうものの、その集積は極めて特徴的な古代都市であった。

古代の地方の国府域全域を復原した模型は全国で唯一のものであり、「古代都市」の様子を一眼のもとに見ることのできる好資料である。

[8]―南海道――直線道と海路・山道――

海と山岳に寸断された道

南海道は、地形的に寸断された国々の集合である。もとより七道のいずれにおいても、しばしば山地が境界をなしており、東海道のように海を介した部分が含まれている場合もある。しかし南海道の場合、本州南端の紀伊国、一島からなる淡路国、阿波・讃岐・伊予・土佐の四か国からなる四国がそれぞれ海で隔てられており、同じ四国内でも、土佐国はとりわけ高峻な四国山地によって隔絶されている。

このように寸断された国々を貫いていたのが南海道の駅路（官道）であり、地形条件に対応しつつ、多様なありようをしめし、またそれゆえに大きな変更も、ときに不可欠であった。『延喜式《えんぎしき》』によれば、南海道は小路と規定されているから、駅馬は各駅五匹が標準であった。しかし、現実には若干の差異があり、紀伊国二駅が各八疋、讃岐国六駅が各四疋とされていた。都城に近い紀伊国部分の八疋については、予想される総交通量からしても理解が容易であるが、中間に位置する讃岐国の駅のみが四疋という状況については若干の検討が必要であろう。

一つの理由は、南海道の四国諸国にとって、海路が重要な部分を占めていたことに求められる可能性がある。たとえば、天平勝宝八歳（七五六）一〇月七日には「山陽・南海諸国の舂米《しょうまい》は自今以後海路を取て遭送」するように定めており（『続日本紀』）、『延喜式』主税寮上では山陽・南海諸国について、北陸道諸国とともにその海上交通のルートと海路運賃を、同主計寮では運漕の法定日数を規定している。さらに民部下でも、「凡そ山陽・南海・西海道などの府国、新任の官人任に赴く者、皆海路を取れ」としており、陸上交通よりも、水上交通の方に重点があったとみられるからである。ただし、同様の扱いの山陽道の場合、大路の標準二〇疋という原則が貫徹していて、中間の駅で減じられている例はない。各種交通量が最も多かったであろう山陽道ではあるが、それとの対比の上では讃岐国諸駅の四疋という規定の説明は困難となる。

いま一つの理由は、前述のような地形条件に求められる可能性がある。四国山地の高峻な地形条件のなかで、讃岐国のみは、官道がきわめて平坦な平野を進んでいる。おそらくは、この二つの理由の重合の結果が、さきにのべたような駅馬の配置となった可能性が高い。すなわち、海路に多くをよっている四国各国の場合、小路の標準よりさらに減じて四疋に相当する陸上交通量とみなされていたが、地形的障害の多い部分のみが加増されて五疋と規定されていたと考える方が理解しやすい。このような地形条件をめぐる諸相については、のちに改めて検討を加えなければならない。

南海道の変遷

大宰府を介して宮都に結びついていた西海道を除けば、ほかの六道の官道はすべて宮都と各国を結合するものであった。したがって宮都の移動は、当然のことながら官道のルートにも大きな影響を与えた。官道体系が整備され、改変を経つつも維持された七世紀後半から一〇世紀初頭ごろまで、宮都は、飛鳥から藤原京・平城京・長岡京・平安京へと北上した。この間、長柄豊碕宮《ながらとよさき》（六五五年ごろ）、大津宮（六六七〜七二年）、難波京（六八三年前後と七四四年ごろ）、恭仁京《くに》（七四一〜四五年）などの各地にも一時的あるいは並行して宮都が営まれていた。これらの宮都から延びる官道・駅は、南海道ではまず紀伊国において大きな変化をもたらした。大宝二年（七〇二）正月一〇日に「始めて紀伊国賀陁駅家を置く」（『続日本紀』）と駅設置の記事がみえ、弘仁二年（八一一）八月一五日に「紀伊国萩原・名草・賀太三駅を廃す。要せざるを以て也」（『日本後紀』）、翌三年四月二〇日に「紀伊国名草駅を廃し、更に萩原駅を置く」（『日本後紀』）、として改変を指示し、その後の『延喜式』（兵部省諸国駅伝馬条）には「荻（萩）原・賀太各八疋」と規定されている。

このような官道・駅の変化と、宮都との関連について、最も体系的な説明をしているのは足利健亮（『日本古代地理研究』、大明堂、一九八五年）であり、ほぼ以下のような状況である。飛鳥諸宮ならびに藤原・平城京などの大和の宮都からは、奈良盆地南端の「巨勢路《こせ》」を経て現五条市にいたり、そこから紀ノ川北岸を縦走して臨海の賀太駅にいたった。弘仁二年に三駅が廃止されるまでは基本的にこのルートであり、図1のように伊都郡かつらぎ町萩原、和歌山市山口里、和歌山市加太に三駅を比定する通説（服部昌之「紀伊国」、藤岡謙二郎編『古代日本の交通路』Ⅲ、大明堂、一九七八年）に従ってよい。

ところが、まず長岡京、次いで平安京と、山城国へ遷都されると、生駒山西麓の東高野街道が南海道のルートとして新設されたと考えられ、延暦三年（七八四）七月四日に、淀川に山崎橋を架すための料材を阿波・讃岐・伊予の三国に進めさせた（『続日本紀』）ことがその史料上の徴証とされる。この東高野街道ルートから南へ進み、河内国を南下して紀見峠を越えるルートが、長岡・平安京初期の官道であったことになる。

しかし、前述のように弘仁二〜三年に再び大きな改変が加えられたことになる。それには和泉国を経由す

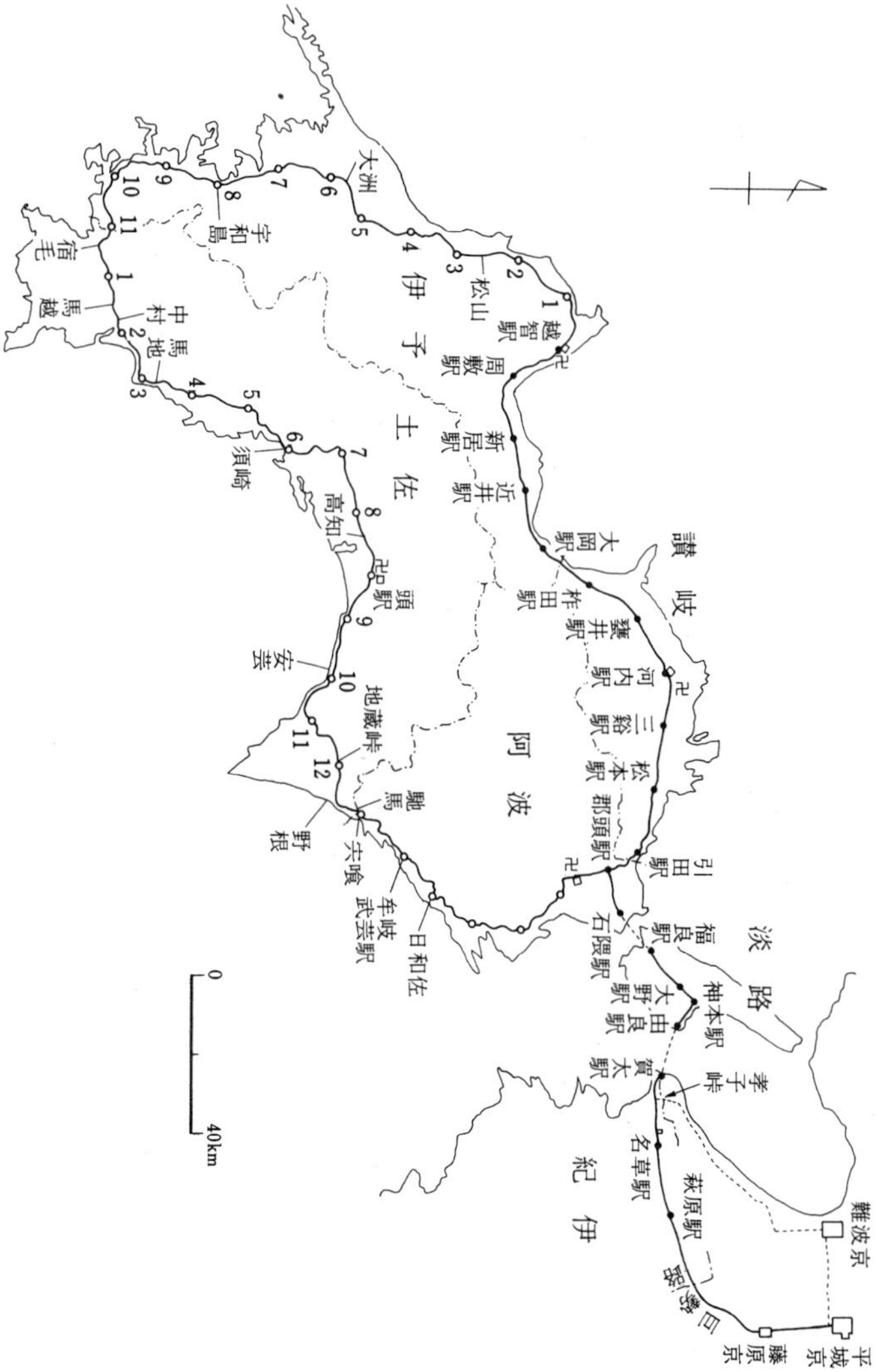

図1　奈良時代ごろの南海道（足利健亮の復原により作成）

る海岸よりのルートが採用されたことと関連するとみられる。もともと難波に宮都が所在した時期には、和泉の海岸ぞいのルートが機能したと考えられる。天平神護元年（七六五）一〇月二五・二六日、称徳天皇が玉津嶋《たまつしま》行幸の帰途に立ち寄った「海部郡岸村」「和泉国日根郡深日」（『続日本紀』）が、孝子峠の南北の貴志と深日に比定され、その一証となる。弘仁二年に三駅が廃止されたさいには、このルートを官道として再設定した可能性が高く、そのさい孝子峠・加太を経由せず、深日から直接淡路島へ渡り、紀伊国府へは支路を設定することになった可能性もある。

しかし、おそらくは何らかの不都合により、翌年にこの和泉国ルートの途中から、雄《お》ノ山峠を越えて紀伊国府に近い紀ノ川北岸へとたどるルートへと変更され、それが弘仁三年の『日本後紀』における名草駅廃止の再述と萩原駅設置の規定の意味するところと考えることになる。したがってこの萩原駅は、前年に廃止された同名の駅と異なり、いうならば、旧萩原・名草両駅を統合した新しい萩原駅ということになる。その位置は雄ノ山峠の南側に推定される。雄ノ山峠越えのルートもまた、延暦二三年（八〇四）一〇月一一日に桓武天皇が「雄山道より日根行宮に還」ったと記されている（『日本後紀』）ことから知られるように、弘仁三年の駅路の変更以前に開設されていたことになる。

以上のような変遷を経た結果が、『延喜式』に記された図2のような駅の配置であり、東高野街道・和泉国・雄ノ山峠経由で紀ノ川下流河谷北岸にいたり、萩原・賀太二駅を経て、淡路国由良駅へと向ったと考えてよい。

『延喜式』段階の南海道淡路・四国の駅と官道については、細部を除けば、従来の研究者の見解がほぼ一致しているといってよい。図2のように、淡路国では、洲本市由良町に比定される由良駅から、同市大野町を

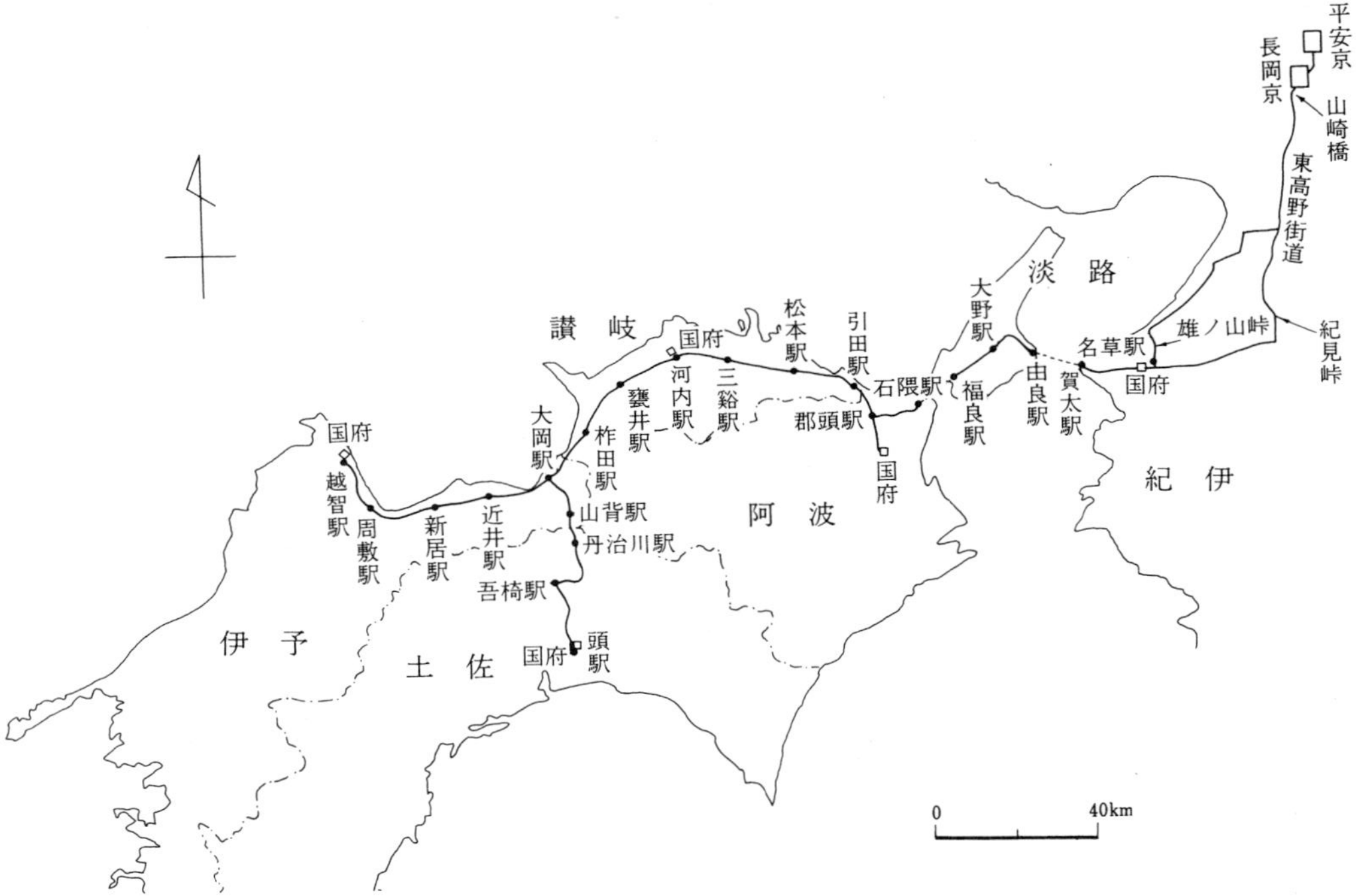

図２　平安時代ごろの南海道(足利健亮の復原により作成)

遺称地名とする大野駅を経て、南淡町福良の福良駅へと達する。四国の初駅である阿波国石隈《いわくま》駅は鳴戸市木津付近に、同郡頭駅は旧吉野川北岸の板野町小字郡頭付近に比定され、香川県引田町に比定される讃岐国引田駅へと続く（服部昌之「阿波国」、前掲『古代日本の交通路』Ⅲなど）。

この後、讃岐国を縦断して伊予国に入り、大岡・近井・新居・周敷・越智各駅をたどる。大岡駅は川之江市妻鳥町に、近井駅は土居町中村付近に推定され、新居駅は新居浜市、周敷駅は東予市周布をそれぞれ遺称地名とし、越智駅は今治市上徳付近と考えられている国府近くの小字御厩に推定されている（羽山久男「伊予国」、前掲『古代日本の交通路』Ⅲ）。土佐国へは途中の大岡駅から南へ分かれ、伊予国山背駅、土佐国丹治川駅（『日本後紀』延暦一六年正月二七日条舟川駅）、同吾椅駅を経て同頭駅にいたる。山背駅は新宮村馬立付近、丹治川駅は大豊町立川上名・立川下名付近のどこか、頭駅は南国市国府付近に所在した土佐国府付近と推定され、吾椅駅は、丹治川・頭の間の本山町本山付近に想定されている（羽山、前掲および「土佐国」、前掲『古代日本の交通路』Ⅲ）。

細部については問題が残ってはいるものの、以上のようなルートは、図2のように現実的な最短ルートとみられる状態である。つまり、各国府への直行ルートと表現し得る官道体系である。

ところがこのような『延喜式』段階の官道体系が成立する以前において、大規模なルートの変更があった。まず『続日本紀』養老二年（七一八）五月七日条には、「土左国言す。公私の使、直に土左を指せども、その道伊与国を経、行程迂遠にして、山谷険難なり。但し阿波国は、境土相接して、往還甚だ易し。請うらくは此の国に就いて、以って通路と為んと。之を許す」と記している。土佐国へは、讃岐・伊予両国を経由していたが、阿波国から直接土佐国へ向うルートを新設したことになる。ただしこの変更が、伊予国経由のルートを廃止したものか否かはこの文言からは不明である。つぎのような状況からすれば、伊予経由・阿波経由の両道が並存することとなったものとみられる。つまり、延暦一六年（七九七）に「阿波国駅家□、伊予国十一、土左国十二を廃し、新に土左国吾椅舟川二駅を置く」（『日本後紀』延暦一六年一月二七日条）とあり、この時点まで、阿波国経由のルートのみならず、伊予国経由のルートも存続していたとみられるからである。おそらく南海道各国を巡行する場合に伊予国経由を、土佐国へ直行する場合には阿波国経由というのが建前であったであろう。

このルートの変更は、『日本紀略』延暦一五年二月二五日条に記載する勅に、「南海道の駅路迥遠、使をして通じ難からしむ。因りて旧路を廃し新道を通ず」とある改変の結果と考えられる。土佐国への官道の通行の困難性は、これでもなお完全に解消されたわけではなく、延暦二四年（八〇五）には、「土左国の駅路を帯ぶ郡をして、伝馬五匹を加え置かしむ。新開之路、山谷峻深を以てなり」（『日本後紀』延暦二四年四月五日条）と、追加措置を講じている。

さて、この折りに廃止された伊予国経由のルートとしては、従来仁淀川ぞいを想定する考えが強かった（金田章裕「南海道」、藤岡謙二郎編『日本歴史地理総説』古代編、吉川弘文館、一九七五年／日野尚志「南海道の駅路」、『歴史地理学紀要』二〇、一九七八年／栄原永遠男『奈良時代流通経済史の研究』、塙書房、一九九二年など）。しかし、足利健亮は、駅数と駅間距離を勘案し、図1のような海岸ぞいのルートを想定した（「山陽・山陰・南海三道と土地計画」、稲田孝司・八木充編『新版古代の日本4　中国・四国』角川書店、一九九二年）。現在のところこれが最も矛盾の少ない考え方であろう。

阿波国経由のルートについても、同様に物部川ぞい、四ツ足堂峠、那賀川ぞいとたどるコースを想定する考えが有力であったが、これについても、やはり図1のような足利説の方が正しいと思われる。しかもこれについては、平城宮出土木簡に「阿波国那賀郡武芸駅・薩麻駅」の名称が記されており（『木簡研究』九、一九八七年）、武芸駅は図1の位置に比定し得ることが傍証として加わる。

このようにして四国では、平安時代初期に周行ルートから直行ルートへの転換が行われた。このような類例はほかにもあったとみられ、官道網の位置付け変更の一環であった可能性がある。たとえば北陸道の若狭国では、『延喜式』段階の弥美・濃飯二駅のほかに、平城宮出土木簡によって、奈良時代に「葦田駅」が存在したことが知られる（『福井県史資料編1　古代』一九八七年）。この場合にも、奈良時代に近江国から若狭国を経由して越前国へと向う官道がいったん成立し、その後に、近江国から直接越前へと直行するルートに変更され、若狭国へは支路が残された結果と考え得る可能性が高い。

このような直行ルートへの転換に先行して、淡路国では神本駅が廃止されている。『続日本紀』神護景雲二年（七六八）三月一日条に、その理由を「行程殊に近し」としており、根拠は明確である。これを駅数の削減という点からみれば、いったん完成した官道体系の整理・再編という一連の動向の先駆ともみなし得る。

官道と土地計画

南海道の官道体系のなかで、阿波国石隈駅から讃岐国を経て伊予国府にいたる部分については、変更の有無を知ることはできない。すでにのべたような変更理由のいずれもが該当しないとみられることからすれば、いったん完成した官道体系がそのまま固定された可能性が高い。

この部分の南海道は、阿波国から四国山地を越えて讃岐国に入り、寒川郡の平野部にいたってから、図3

上段のように直線状のルートをたどったと推定される。まずⒶ点付近でほぼ東西方向の直線路となり、Ⓐ・Ⓑ間の中間地点でわずかの屈曲を経たあと、白山神社が位置する標高二〇三メートルの白山の南麓Ⓑ点に達する。Ⓑ点からは大きく方向を転じて高松平野を横断し、標高三一七メートルの六ツ目山北側の山肩を目ざして直進する。

六ツ目山と伽藍山の間の峠を越えた官道は、国分寺盆地を横断して綾坂峠へと向う。国分寺町下新名・西原、ならびに三ノ池・中池間の東西路がそのルートであった可能性が高い。官道は、綾坂を下りて坂出市府中町の国府所在地を経たあと、西南方の額坂峠を越える。丸亀平野では、図3下段Ⓐ—Ⓑのように、やはり山と山を結ぶ直線状の道路であったと考えられる。大日峠を越えて高瀬川流域の平野では、同図ⒸⒹⒻなどいくつかの屈曲点を結ぶ直線であり、三豊平野では再び屈曲のない直線となる。

このような推定南海道のルートは、寒川郡・三木郡・山田郡東半部などでは近世南海道に踏襲されており、従来から指摘されていたところである（服部昌之「讃岐国」、前掲『古代日本の交通路』Ⅲ／日野尚志「讃岐国刈田郡における官道（南海道）と条里・郷との関連について」、『東北地理』二八—二、一九七六年／同「南海道の駅路」、『歴史地理学紀要』二〇、一九七八年など）。このルートにそって、駅名の遺称に関連すると推定される三谷町・柞田町といった地名が存在すること、図4のような低い台地を切断する切り通し状遺構が存在すること、道路敷を取り込んだためと推定される辺長の長い条里地割の分布がみられることなどが、かつて官道であったことの傍証となると考えられる（金田章裕『古代日本の景観』、吉川弘文館、一九九三年）。さらに、図3下段Ⓑ点付近の香色山南麓付近では、宝治三年（建長元＝一二四九）讃岐国司庁宣に「五嶽山南麓大道」（『鎌倉遺文』七〇六〇号）として認識されていた道に相当することも注目しておくべきであろう。ところが同じころ、建長八

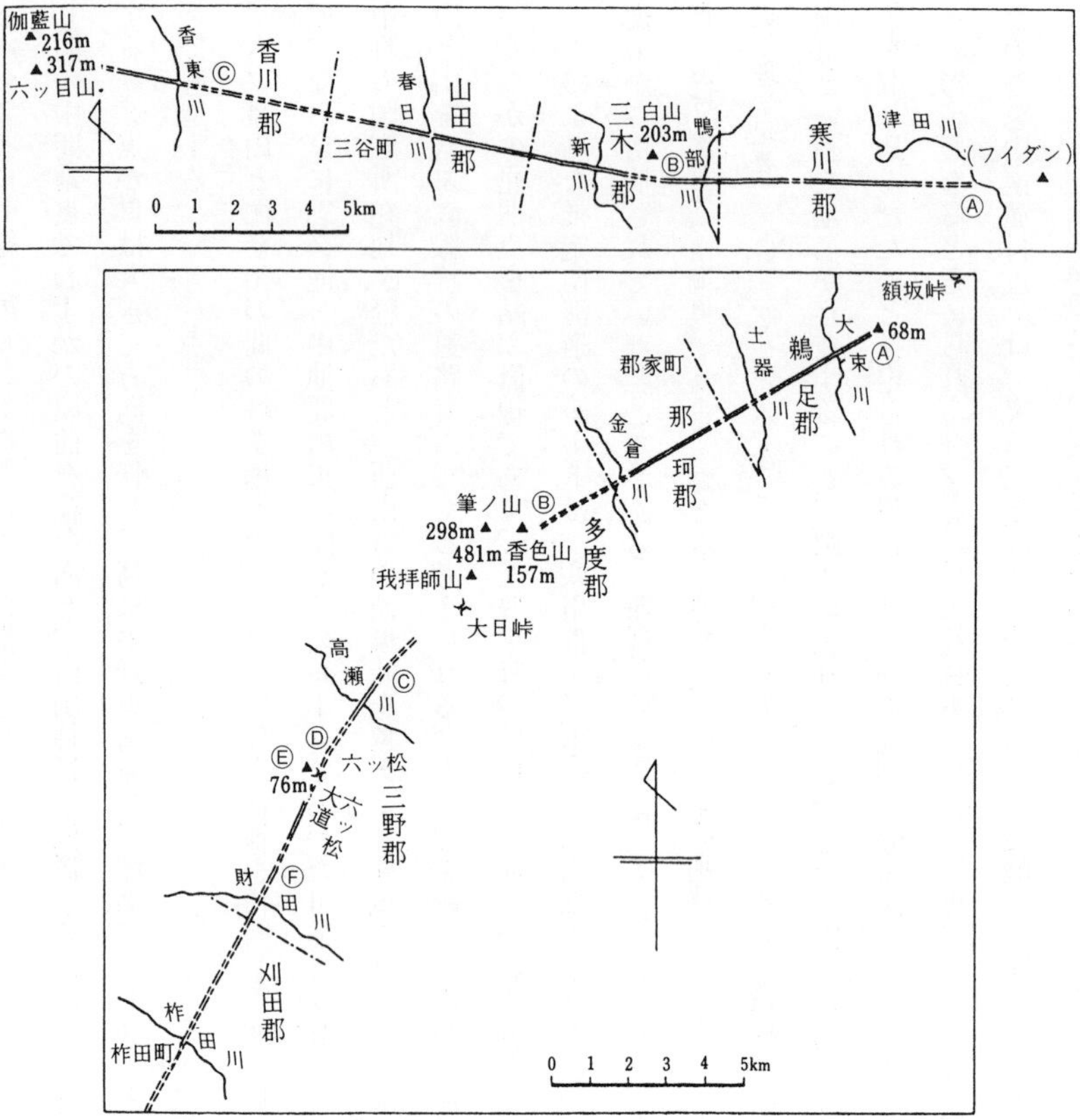

図3　讃岐国の南海道(上＝高松平野、下＝丸亀・三豊平野)

西半部の遺構

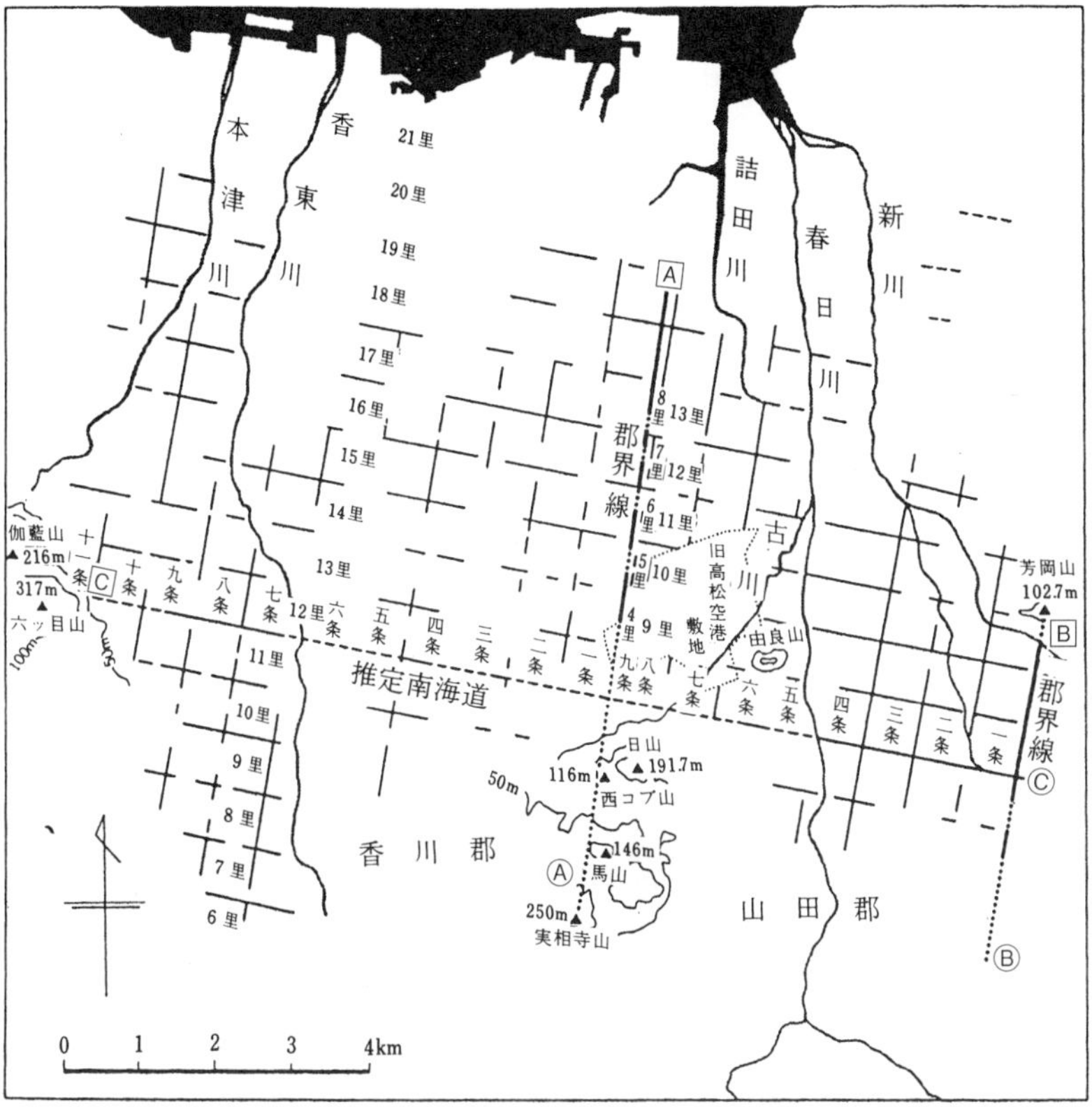

図5　高松平野の南海道と土地計画

切り通し状遺構

図4　南海道讃岐国山田郡

年（＝康元元一二五六）の讃岐国柞田荘四至牓示注文（『鎌倉遺文』八〇二五号）では、四至の東側がこの推定官道ルートに相当するにもかかわらず、「東を限る紀伊郷堺苅田河以北は紀伊郷堺以南は姫江庄堺」と道路についてはまったく記載されていない。おそらくはすでに主要道としての機能はほかに移っていたものとみられる。

このように讃岐国平野部における官道は、地形的目標を結ぶかたちの直線状に設定されていたとみられる。類似の状況は伊予国平野部においても連続する可能性がある（足利健亮「山陽・山陰・南海三道と土地計画」前掲）。

このような直線状の官道がいつ測設されたのかを史料から直接知ることはできない。現在のところ四国では、このルートを切断する発掘調査も行われてはいない。史料上は、大宝廐牧令《きゆうもくりよう》による諸道・駅の設置の規定前後から、前述のような養老二年（七一八）の土佐国への阿波ルートの新設記事までの間に推定してよいと思われる。

さて、讃岐国平野部では、図3にしめしたように、郡界線はすべて官道と直交する直線であったと考えられ、山田郡・香川郡の場合は図5のごとくである。山田・三木郡界線はⒷ—B、香川・山田郡界線はⒶ—Aのような直線であったと考えられる。Ⓐ—Aの直線郡界は、すでに天平七年（七三五）の弘福寺《ぐふくじ》領讃岐国山田郡田図に「山田香河二郡境」として直線で表現されており、それ以前に設定されていたと判断される。条里プランは、これらの直線状郡界線と官道を基準として編成されており、条は東側の郡界線から西へ、里は南の山麓から北の海岸へ向けてそれぞれ数詞で数え進み、官道を里界線としている。このような讃岐国の条里プランは、天平宝字六年（七六二）ごろに完成したと考えられる（金田章裕『古代日本の景観』前掲）から、明らかに直線郡界・官道が先行し、条里プランはそれらを基準としていることになる。つまり、史料上は八世紀の初めごろまでに推定される官道の測設時期の傍証が得られ、かつのちの土地計画の基準となっていたことが知られることになる。

直線郡界線と直線官道の測設時期の前後関係を直接知ることはできないが、図5のような状況からすれば、両者は同時に設定されたか、官道の測設が先行したかのいずれかである可能性が高い。たとえば、Ⓑ—[B]の郡界線は北の芳岡山と南の二子山を見通す直線であるが、Ⓐ—[A]のそれは南が西コブ山ないし実相寺山に推定し得るものの、北には平野内に地形的な目標地点を確認することができない。ほかの郡境の場合もほとんど地形的目標点が推定し得るが、那珂・多度郡界線のみは、Ⓐ—[A]と同様に北側の目標点を確認することができない。一方、前述のように直線上の官道は、明らかに地形的目標点を連ねるかたちで測設されている。したがって、Ⓐ—[A]のような直線はⒸ—[C]のような官道の直線と同時か、Ⓒ—[C]がすでに存在している状況でしか設定し得ないことになる。

官道は前述のように、八世紀の初めごろに測設され、讃岐国の各種土地計画の基準となったことが判明するが、類似の状況の一端は阿波国においても知ることができる。

図6は東大寺領阿波国名方郡大《ま》豆《め》処《どころ》図《ず》（正倉院宝物）であり、天平宝字二年（七五八）の年紀を有する同寺領阿波国名方郡国司図案（同前）と張り合わせたかたちで伝わるものである。前述の弘福寺領讃岐国山田郡田図と同様に条里プラン完成以前の状況をしめし、条里呼称法が記入されていない（金田章裕『条里と村落の歴史地理学研究』、大明堂、一九八五年）。この大豆処図では川の東岸と北端部を除き、面積一町の方格線にそって直線状の「道」が描かれている。しかもそのうちの北側の東西道には、「板野郡与名方郡堺」と記されており、天平宝字六年（七六二）に推定される条里プランの完成以前に、すでに直線道とそれにそった郡界線が存在

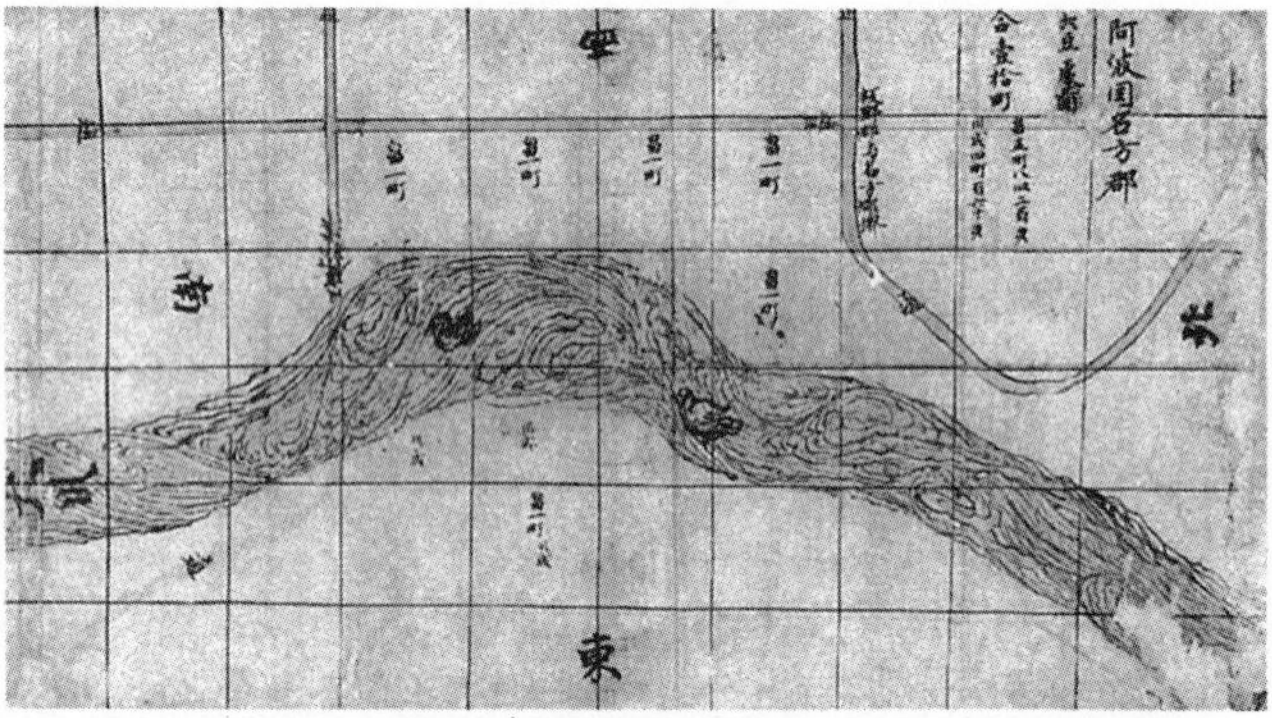

図6　阿波国名方郡大豆処図

図7　高松市松縄下所遺跡の道路状遺構

し、また条里地割に相当する一町方格も、少なくとも行政的取り扱いの上では、それと合致するかたちで存在したことになる。ただしこの場合、ここに描かれた道が官道であったか否かはまったく不明であるが、南海道郡頭駅と阿波国府を結ぶ支路（丸山幸彦「瀬戸内型の庄園」、前掲『新版古代の日本　4中国・四国』）、つまり前述の阿波経由土佐への官道に相当するとの推定もある。

この大豆処図に描かれたレベルの官道（駅路）以下の道路という観点からすれば、高松市松縄下所遺跡で検出された直線の溝・道跡が、これに類似するものである可能性がある。図7のように、幅約二メートルの間隔で平行する溝が、直線で約二一〇メートルにわたって確認された。方向は東に約八・五度傾いた南北方向であり、高松平野の条里プランの方向にほぼ合致するが、若干東への傾きが少ない。地表の条里地割の坪界線からみれば、八〜一〇メートル程度西側で検出されている。出土遺物からは七世紀半ばから八世紀後半までの時期に相当すると推定されている（高松市教育委員会『讃岐国弘福寺領の調査』、一九九二年）。ただし、大豆処図の場合は、直線部分の道がすべて坪に相当する区画線と合致していることと比べれば、松縄下所遺跡のそれは地表の条里地割の坪界線とは若干の差があり、今後の検討が必要である。ただし、この遺構の位置は、微地形条件からみると、わずかではあるが微高地部分を通過しており、用水溝としても、道路としても好条件の位地ではある。

国府と駅・港津

『続日本後紀』承和一一年（八四四）五月一九日条に、「淡路国言す。（中略）又官舎駅家、皆海辺に在りて、波間に接居す」と記している。淡路国由良・福良両駅はもとより、紀伊国賀太駅、阿波国石隈駅もまた海辺にあって、水陸路の接点となっていたとみられる。官道を接続する水上交通に関して、具体的にどのような設備を有していたのかは不明であるが、この翌年におけるつぎのような規定に準じて考えてよいと思われる。つまり、「淡路国石屋浜与播磨国明石浜、始めて船幷びに渡子を置く。以て往還に備う」(『続日本後紀』承和一二年八月七日条)とあるように、渡し船と渡子が設置されていた可能性が高い。

このことは大河川の渡河についても同様であったと思われ、たとえば図6の大豆処図に記入された「川度《ママ》船津」がその状況をしめしているとみられる。同図では川幅一〇〇メートル以上に描かれた川の西岸に津が記載され、東西両岸にのびる道を接続していた様子が知られる。

ところが、このような河岸の津は、単に道路間を連結するだけではなく、河川水運によって、直稲・租稲をはじめとする各種生産物を輸送するための機能をも有していたとみるべきであろう。南海道の四国諸国と宮都間の交通において、海路がきわめて重要であったことは前述のごとくである。その海運・海路網を支える内陸水運・水路網の存在は、当然のこととみるべきであろう。

国府は官道によって宮都と結びついているのみならず、前述の規定のように水路によっても連結されていた。土佐守の任を終えて、承平四年(九三四)末に帰京した紀貫之のたどったルートが、この実態をよくしめしている。貫之は『土佐日記』に、「大津より浦戸をさして漕出」と記しており、この大津が国府の外港であったとみられることになる。その位置は、国府域西南約五キロ付近の高知市大津であったと考えられる。

ほかの南海道諸国の場合、このようなかたちでは外港の名称を知ることはできないが、それぞれの国府域からそれほど離れてはいない位置に港津の存在を想定することのできる立地条件にある。相対的に内陸側に位置する阿波・讃岐の国府域の場合においても、前者は吉野川ないしその支流の鮎喰《あくい》川を、後者は綾川を通じて瀬戸内海へと結びついている。とくに讃岐国府の場合、坂出市府中町にその位置が比定され、国府域を南海道が貫通している可能性が高いが、国府の機構の一つであったと推定される「松原館・客館・官舎」が「海脣《かいしん》・津頭《つのほとり》」に存在した（『菅家文草』）ことが知られる。その所在地が、惣社とともに綾川下流域の瀬戸内海に近接した位置に存在したと考えられることも、瀬戸内海の海上交通の存在を抜きにしては考えられない。

さて、土佐国府の大津を漕ぎ出た『土佐日記』の行程は、浦戸（高知市浦戸）、大湊（物部川河口付近）、奈半泊（高知県安芸郡奈半利町）、室津（室戸市室津）と停泊を重ね、室戸岬を経て、某泊（東洋町甲浦もしくは徳島県海部郡宍喰町か）、某泊（日和佐町日和佐か）、某泊（河南市橘町ないし那賀郡川河口か）と北上し、小鳴戸の入口土佐泊にいたり、そこから河波水門（大鳴戸）を横切り、淡路島南岸を東行して大阪湾へと向っている（栄原永遠男『奈良時代流通経済史の研究』前掲）。つまり、基本的に沿岸ぞいに停泊を重ねながら航行しているのであり、同時に多くの泊＝港津の存在をもしめしていることになる。

このことは、瀬戸内海の航行においても同様であった。ただし、瀬戸内海では、東西交通は鳴戸海峡と来《くる》島《しま》海峡の二つの難所を避け、四国北岸ではなく、山陽道側沿岸を航行するのが一般的であったと考えられ、『万葉集』によって知られる天平八年（七三六）の遣新羅使阿倍朝臣継麻呂の一行のルートも同様であったと考えられている（栄原前掲書）。とはいっても、四国北岸のルートも、当然のことながら部分的には使用され、また山陽沿岸ルートとの間の連絡ルートをも含め、やはり一定の機能を果たしていたとみられる。史料にみえる時期は多様であるが、少なくとも讃岐国では「鵜多津（宇多津）・多度津・中津」などが、伊予国では「今張浦（今治）・熱田津」などの存在が知られる（松原弘宣「海上交通の展開」、前掲『新版古代の日本4　中国・四国』）。南海道は、字義の通り南の海の道であった。

9―琵琶湖岸の変遷と土地利用――近江国高島郡木津荘域の条里プラン――

はじめに

琵琶湖岸は極めて複雑な変動を繰り返しており、一律に陸化が進行したわけでも、また一律に沈水が進行したわけでもなかった。例えば湖東の姉川河口に近い滋賀県東浅井郡びわ町下八木付近では、過去三〇〇余年の間に湖岸が二〇〇メートル前後も前進し、同野洲《やす》郡中主《ちゅうず》町の野洲川南北流間でも、一一世紀ごろの中津神崎荘の湖岸に比べれば、場所によって一～二キロもの陸化すなわち湖岸の前進が推定される。(1) 逆に沈水・水没が推定される部分もあり、例えば野洲郡・蒲生郡界の水茎内湖《みずくきないこ》の部分や、前述の下八木のすぐ北側に相当する湖北町延勝寺付近、湖西の高島郡木津《こつ》荘比定地付近などがその例である。(2)

このうちの木津荘については、福田徹による復原研究を軸とした一連の成果があり、その遺著『近世新田とその源流』に集成されている。(3) 木津荘に関連する主要史料は、饗庭家文書中の応永二九年（一四二二）の年紀を有する「木津荘検注帳」（以下、単に「検注帳」という場合は同帳をさす）と年紀のない「木津荘引田帳」（以下、単に「引田帳」と表現する場合は同帳をさす）、宝徳三年（一四五一）「比叡之本庄二宮神田帳」などである。これらの史料では、各種の土地の所在を条里呼称法によって表示しており、条里プランの復原が、これらの史料を用いた研究の前提となる。

福田の復原結果の概要は次のような状況であった。条里プランの方向は南北線が13～14度程度の東傾を示しており、条は安曇《あど》川流域の平野の南端から始まって北へ、里は山麓から始まって湖岸へとそれぞれ数詞で数え進んでいる。里内の坪並は西南隅に始まって北へ第一列を数え進む平行式である。一条～一三条までは基本的に条・里界線は連続しており、一四条では一坪分、一五・一六条ではさらに二坪分西に里界線がずれていたと考えられている。さらに、一五条山麓部以北では条里プランの方位も異なった状況が推定されている。

このほか安曇川下流域では、北岸の新旭町太田付近と、南岸の安曇川町川島付近では里界線が一坪分ほど食い違いを示しているが、これは、西方の上流側では整合しているにもかかわらず、東方の下流側になるに従って次第にずれが大きくなった結果とみられ、条里呼称法による土地表示システム自体としては本来連続的であったものと判断される。このような山地・台地・河川などによって地形的に隔てられた場合、条里地割のずれが次第に大きくなるのはよく見られる状況であり、一三条以南における条里プランの連続性・画一性という点では問題がないと考えられる。

さて以上のような条里プランは、条・里を数え進む方向や坪並について、いずれも近江国の他郡の一般的状況と合致する。すなわち、湖東の各郡では条を北から南へ、里を東の山側から西の琵琶湖側へと数え進み、坪並も北東隅から始まって南下し、南西隅に終わる平行式であり、湖西では条を南から北へ、里を西の山側から東の琵琶湖側へと数え進み、坪並は南西隅から始まって北行し、北東隅に終わる平行式である。従って、条・里の配列、坪の配列のいずれもが、湖を中心として、湖から陸上を見た場合の左上を起点とする右まわりであるという統一性を指摘し得ることが判明している。(4) さらに、各郡内では、前述の高島郡一四～一六条を除けば、山麓部から里を数え進むために里の数詞が条によって異なるものの、里界線は食い違うことなく整合していたものと考えられている(5)。もとより、条里地割の方位が異なっていたり、条里地割の分布が断片的であるような場合には、この状況を的確に確認することが困難な場合がある。しかし、安曇川北岸のような条里地割の分布が連続的かつ典型的であって、しかも同一郡内に属する条里プランにおける、福田説のような一三条～一四条間、一四条～一五条間のような一坪分と二坪分の里界線の齟齬は、近江国ではほとんど唯一の例外であることになる。

いずれにしても、復原された条里プランによって、各種の史料に記載された状況の現地への比定を行い、自然環境や土地利用、集落の位置や形態などの分析を進めるのが基本的な研究方法であることからすれば、条里プランの復原は極めて重要な作業前提となる。福田の研究の時点では、近江国全体の条里プランの性格ないし、統一性に関する認識は十分ではなかったが、現状からすれば、改めて検討を加えて確認作業をしておく必要があることになろう。

小稿の目的は、木津荘域の条里プランについて再検討を行い、近江国の条里プランの特性について考察するとともに、湖岸付近の景観の変遷に関する研究の前提となる条里プランの再確認を行うことにある。

既往の条里プラン復原とその問題点

既往の復原の根拠

近江国高島郡の条里プランの復原は、一九二七年にまず『高島郡誌』によって行われ、主要な史料の概括的検討とともに、条・里・坪並の推定が行われた(6)。その後のほとんど唯一の本格的研究が、すでに述べた福田徹による一連の労作であるが、主要なものは三篇の論文として発表されたものであり、一九七四〜七八年のことであった。[7] 福田論文では、まず条里地割と条里プランの坪並の遺称地名を検出し、[8] さらに「木津荘検注帳」に記入された小字地名と同名の小字地名を検出する作業が行われ、[9] その上で検注帳および「木津荘引田荘」の記載地目の図化とその検討へと進んでいる。[10]

このようにして復原された条里プランは、一条〜一三条の部分において、『高島郡誌』に図示された復原案より、二カ坪分東へ里界線を移した状態となっている。坪並遺称の分布状況から知られるように、明らかにこの方が正しい。ただし、この北側の一四条で一カ坪分、一五・一六条でさらに二カ坪分西へ里界線を移した根拠は、坪並遺称と考えられる小字地名のうち、新旭町針江の一ノ坪、四ノ坪、六ノ坪、深溝の一ノ坪、九ノ坪、十七、三ノ坪、四ノ坪、五ノ坪、十三、十九などの位置であり、加えて検注帳に記された小字のうち、田井川、ヲイ川、中フカ、石田、エンリャク寺、ヲアラ田、トヒノ木などの位置であると報告されている。

そこでこれらの根拠をめぐって、問題を含んでいる一四条以北について検討を試みたい。

坪並遺称地名の検討

まず、坪並遺称の可能性が高い数詞の小字地名から検討を始めたい。針江地区では、前述のように一ノ坪、四ノ坪、六ノ坪の三つの小字地名がかかわるが、これらはいずれも現行の小字地名ではない。針江地区では、これらの小字地名を記した何点かの村絵図類が伝わっている。[11] ①年不詳（近世後期か）の村絵図には図1のような小字地名が記され、②慶応二年（一八六六）には同地区東部の図2のような小字地名が、③明治五年には

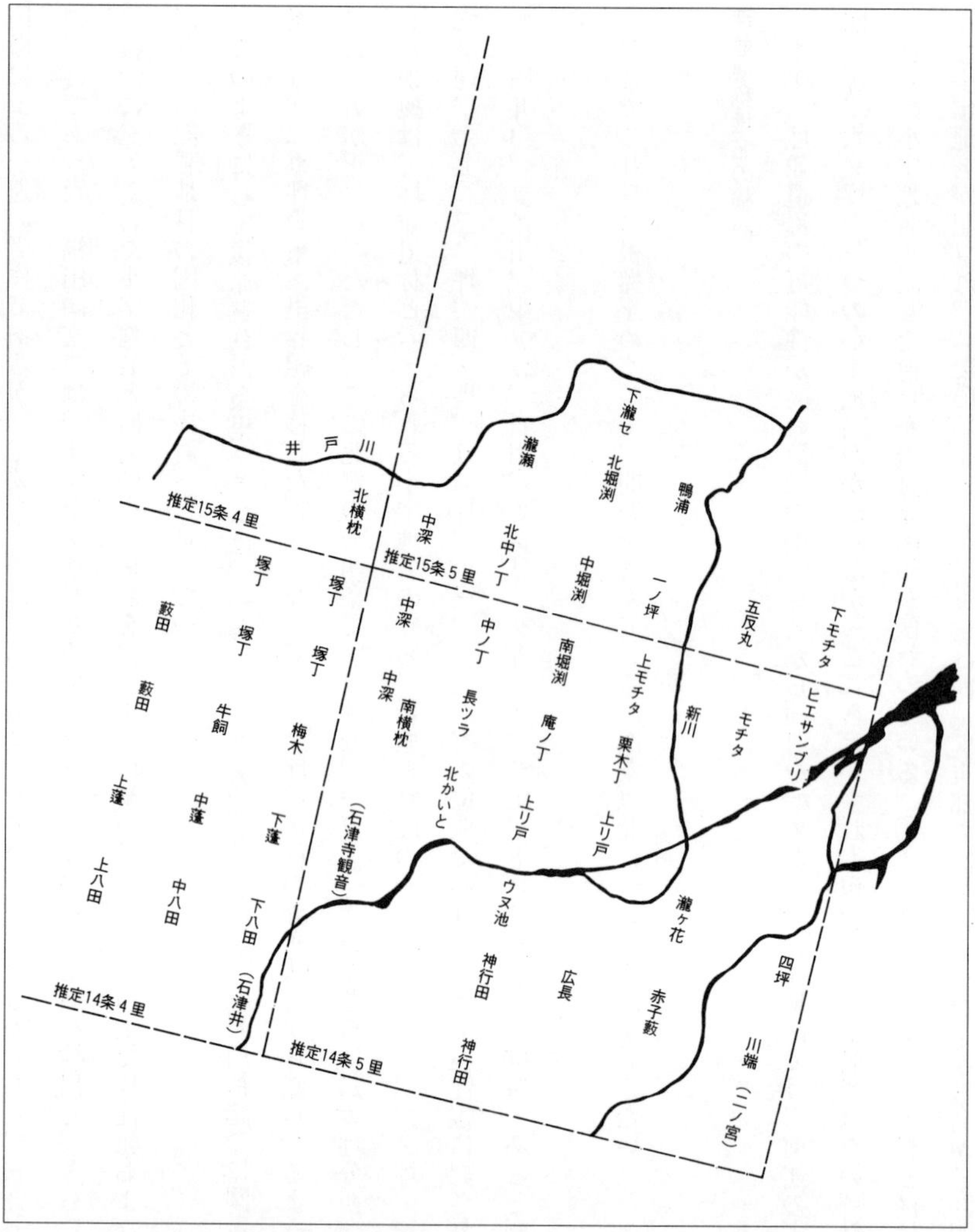

図1　近世後期針江村絵図に記された小字地名(写真1参照)

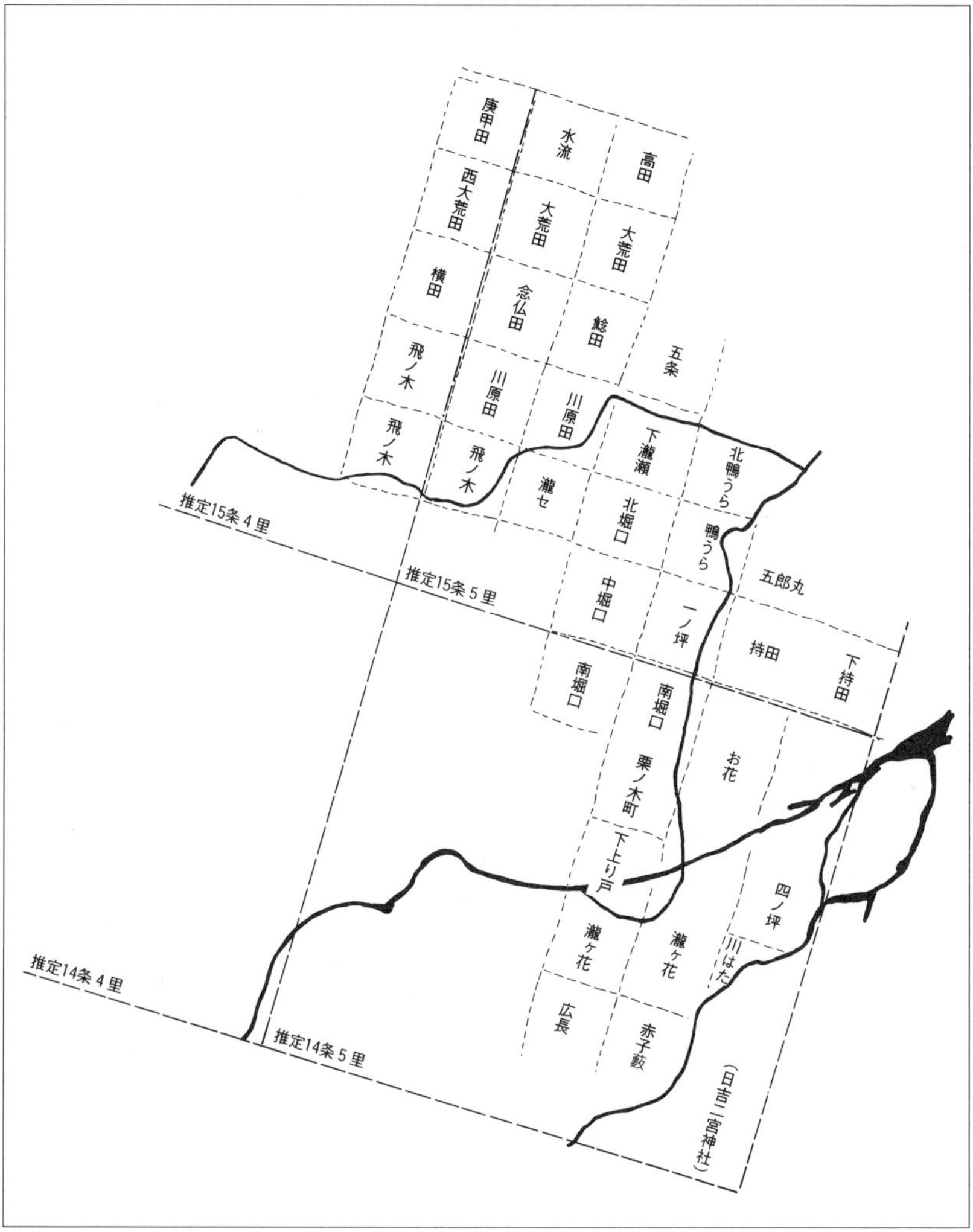

図２　慶応２年針江村絵図に記された小字地名(写真２参照)

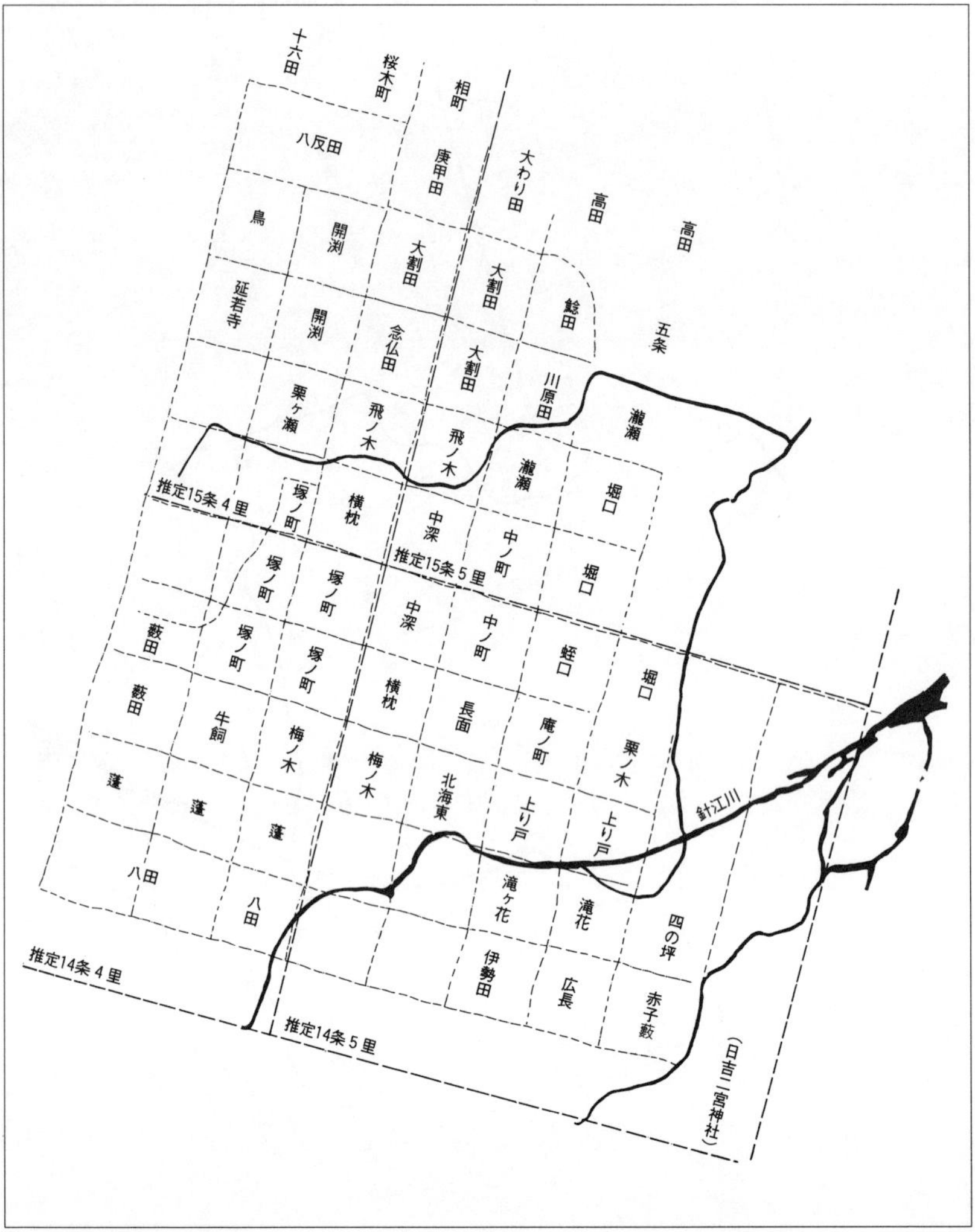

図3　明治5年針江村小字図に記された小字地名(写真3・4参照)

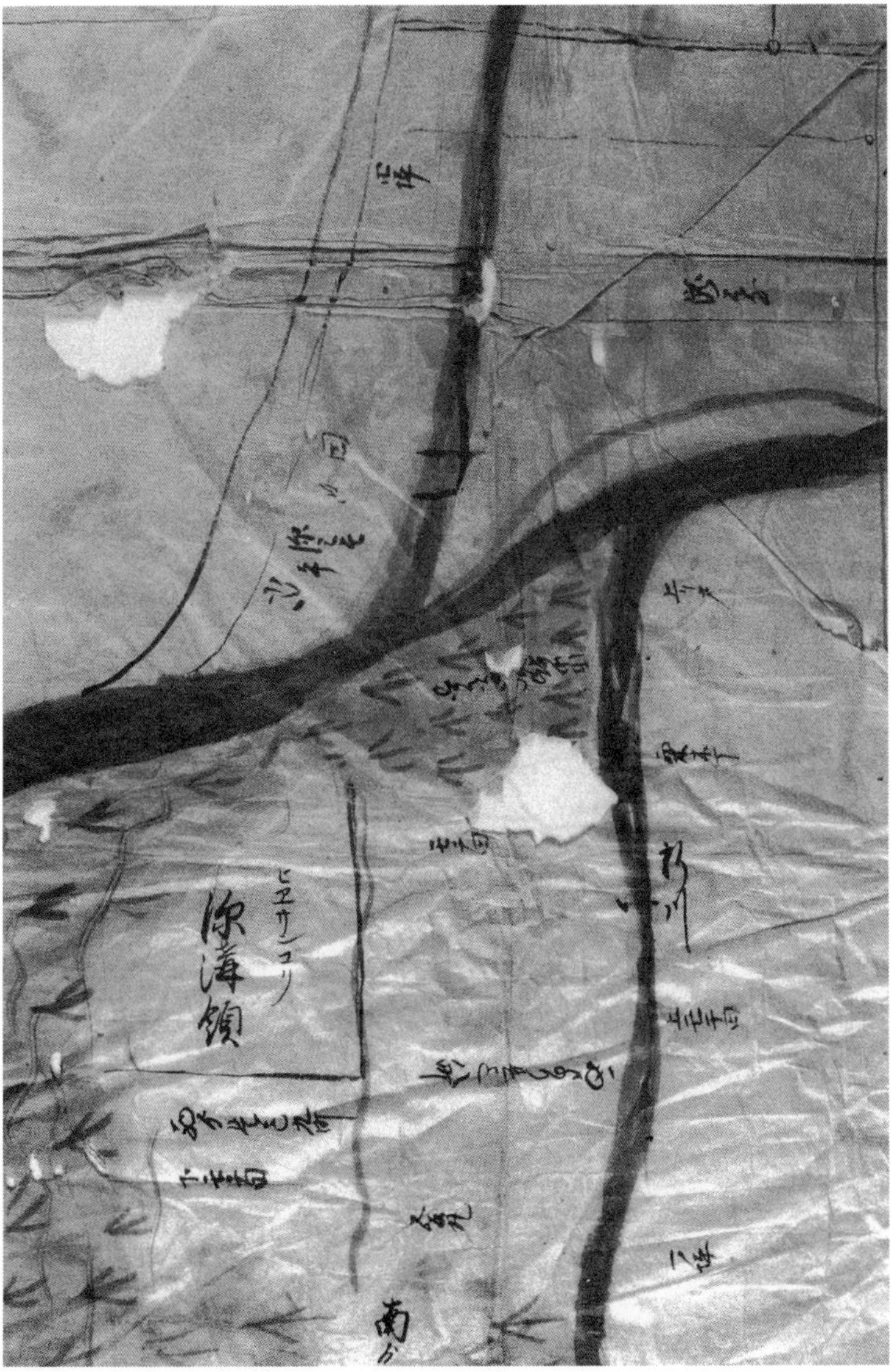

写真1　針江村絵図(年不祥／図1の部分／上が南)

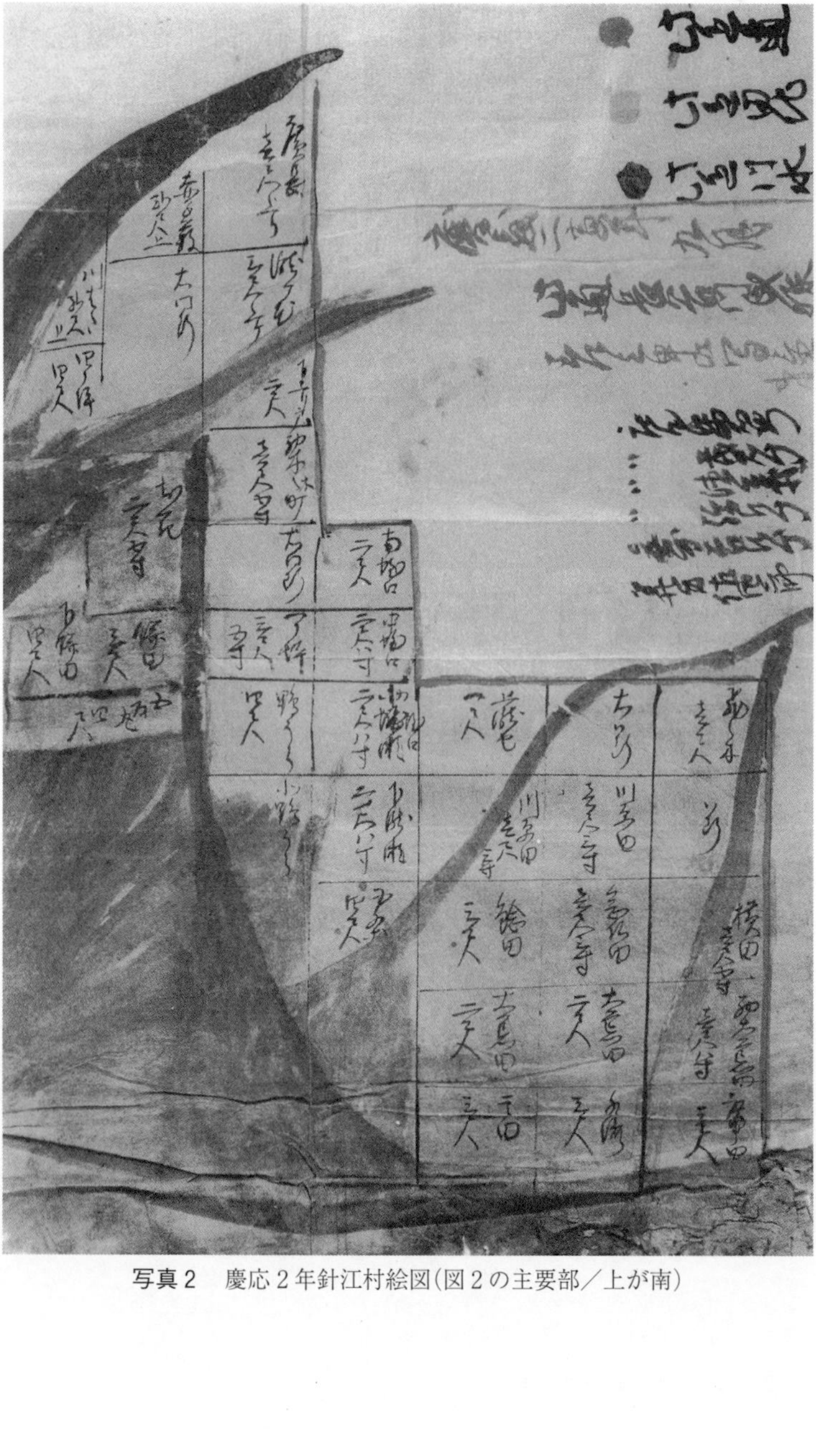

写真２　慶応２年針江村絵図(図２の主要部／上が南)

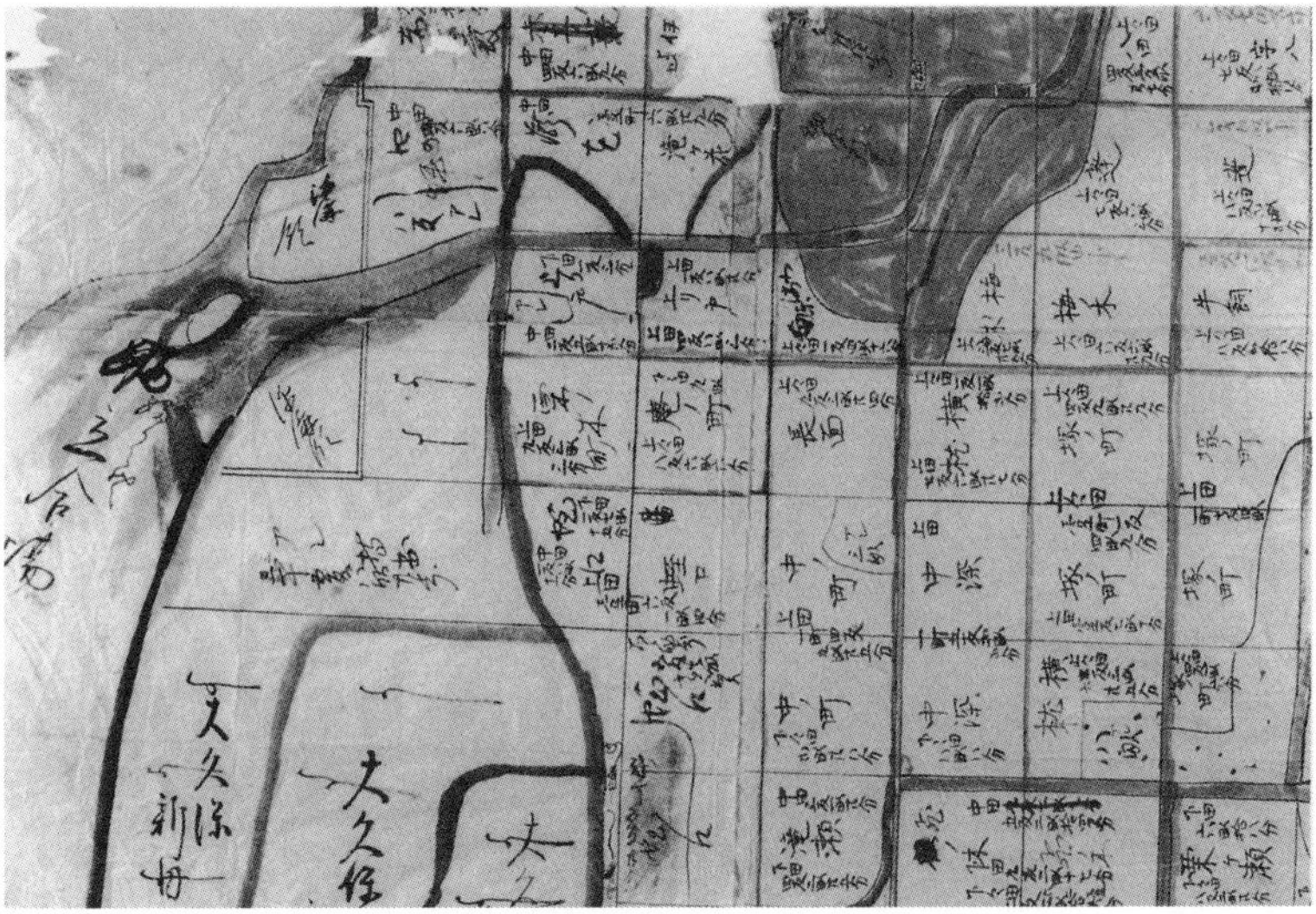

写真3　明治5年針江村絵図（図3の南東部／上が南）

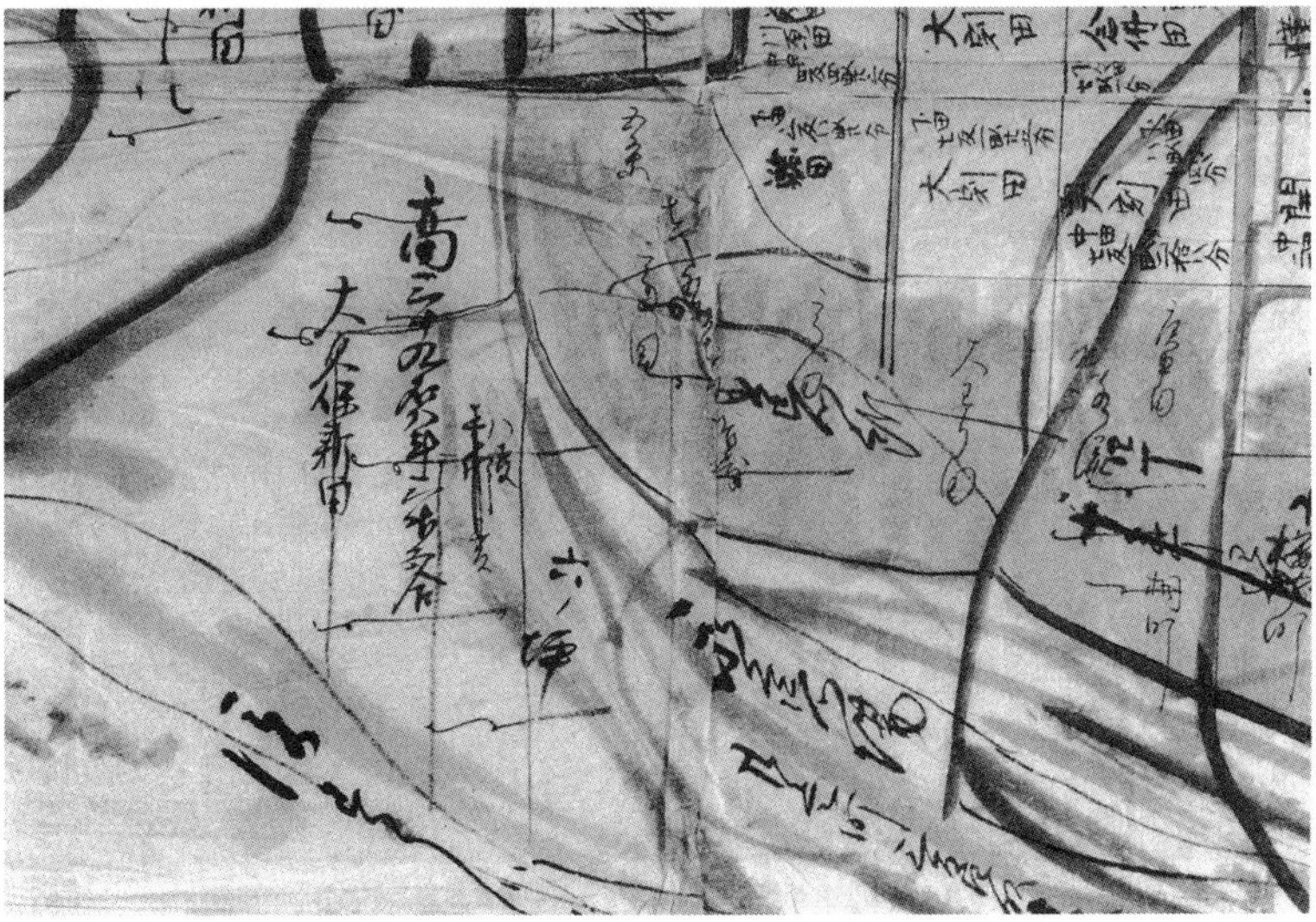

写真4　明治5年針江村絵図（図3の北端部付近／上が南）

図3のような小字地名が使用されていたが、④明治六年の「近江国高島郡第七区針江村地引全図」[12]では、小字が八田・東浦・餅出・西出・大久保新田・川北・西浦の七つに再編され、⑤現在はさらに西出・東出・持出・川北・大久保の五つになっている。前述の小字地名のうち一ノ坪は①・②に、四ノ坪は①・②・③に、六ノ坪は③にのみ記載されている。

一ノ坪の位置は写真1（右下部）・2（中央部）のように①・②ともに同一であり、③では蛭口右上の空白部である。四ノ坪は写真1（上部）、写真2（左上部）に示すように①・②・③のすべてにおいて場所が異なっており、①では現在の深溝地区に含まれる二宮神社北方に記入されており、②ではさらにその北側に相当する部分、③ではこれらの西側部分となっている。針江村東南隅の小字赤子藪の位置は、①・②・③に共通するが、その位置からすれば、図1～3のように四ノ坪は①では東北、②では北北東、③では北側に相当することになる。

六ノ坪は③にのみ、しかも写真4（中央部）のように、湖岸の「永荒場」や「新田」地帯の一部に記入されたもので、写真3右側大部分や写真4右上隅のような条里的な方形区画が見られない場所である。また、条里関係という点からすれば③には、図3右上と写真4中央上部のように五条という小字地名がある。

以上の三つの小字地名と条里プランとの関係は、一ノ坪が福田説の一五条六里一ノ坪に相当し、②の四ノ坪が一四条六里四ノ坪に相当することになる。仮りに一三条以南の条・里界線をそのまま延長してみると、前者は一九ノ坪に当ることになって説明が不可能であるが、後者は三四ノ坪に相当することになり、矛盾はない。六ノ坪は復原の資料として使用することができず、五条は一五条に相当することになって問題はない。

さらに深溝地区の検討を進めたい。深溝地区では、小字地名を記入した絵図類として、①元文二年（一七三七）深溝村古絵図[13]と②明治六年「近江国高島郡深溝村地券取調惣絵図[14]」がある。①では図4のように三ノ坪と四ノ坪を含む計二五の小字地名が記され、[15]②では再編されて丸沢・日吉・本庄川原の三つの小字となり、③現在は図5のように三四の小字となっている。現行の小字地名のうち、坪並に関連する可能性のあるのは、前掲のように八カ所に達するが、一八世紀にはそのうちの六つの小字地名は明治二〇年ごろの地籍編纂のさいに確定されたと考えられる。そのさいに一ノ坪、九ノ坪、十七、五ノ坪、十三、十九が何らかの理由で設定されたことになる。

図4と図5を対照すると、このうち一ノ坪は、写真5-aのような深溝村全体をとり囲む大堤の堤外の葭・沼の部分に相当する。同様に九ノ坪は鬼子母神ノ町と永荒の部分であり、この永荒部分は前掲の針江村の②の四ノ坪（図2）の部分に相当する。十七は里ノ北の一部である。三ノ坪は写真5-bのように元文二年からほぼ同一の場所に存在したが、四ノ坪は元文二年の四ノ坪の南側部分、五ノ坪はその中央部付近と西側の仁和寺の一部の設定されたものである。写真5-cは現行小字地名の十三・十九付近であるが、元文二年には中川原・清水・柿ノ木・二王嶋という小字地名の部分であり、同写真のように屈曲した川と道からなる旧河道と旧河道に囲まれた中洲の部分に相当する。

元文二年から存在した三ノ坪、四ノ坪は、福田説では一四条六里三ノ坪、四ノ坪に相当し、一三条以南の界線をそのまま延長してきた条里プランを想定した場合には三三・三四ノ坪に相当することになる。これ以外の坪並風の小字地名は明治中期以後に確定されたものであるが、福田説ではこれらをも使用している。ただし、この場合も一ノ坪は合致しない。

以上のように、福田によって復原された条里プランは、確かに坪並の遺称と一般に考えられている小字地

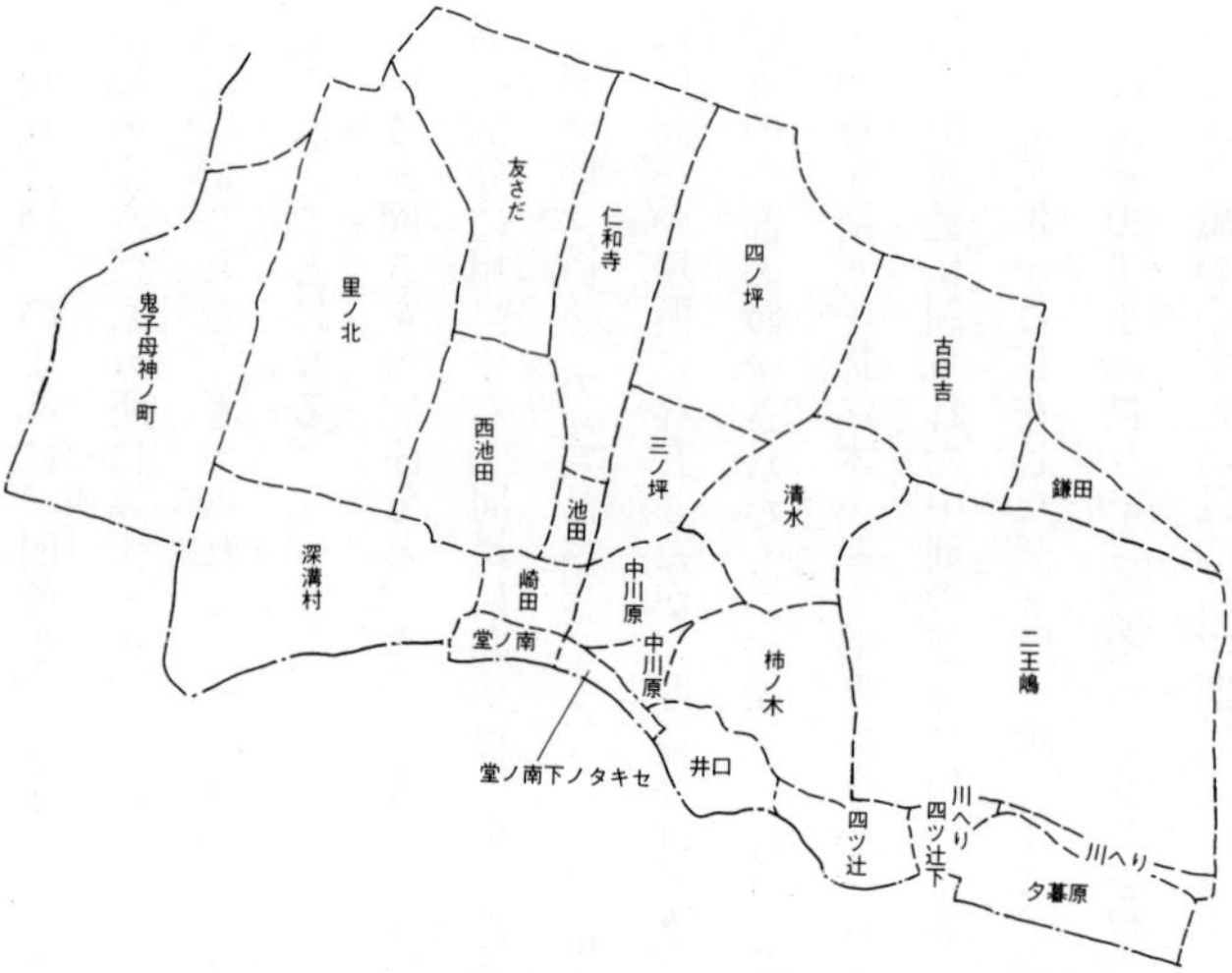

図4　元文2年深溝村古絵図に記載された小字地名

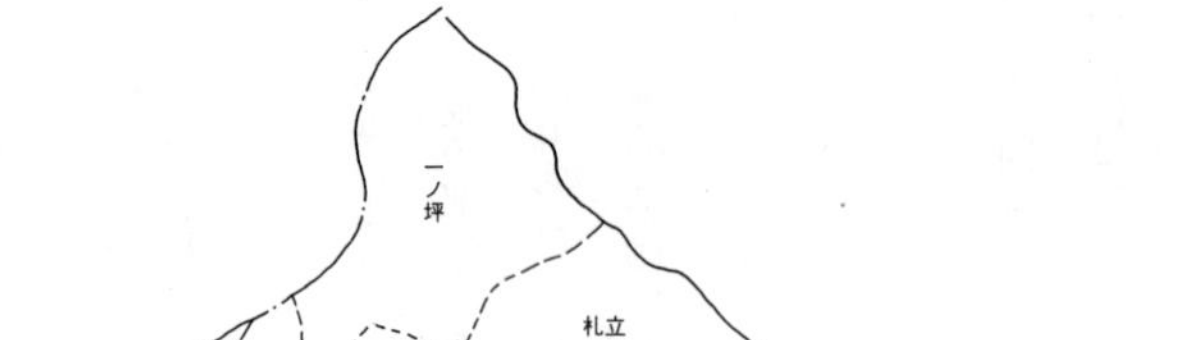

図5　深溝地区の現行小字地名

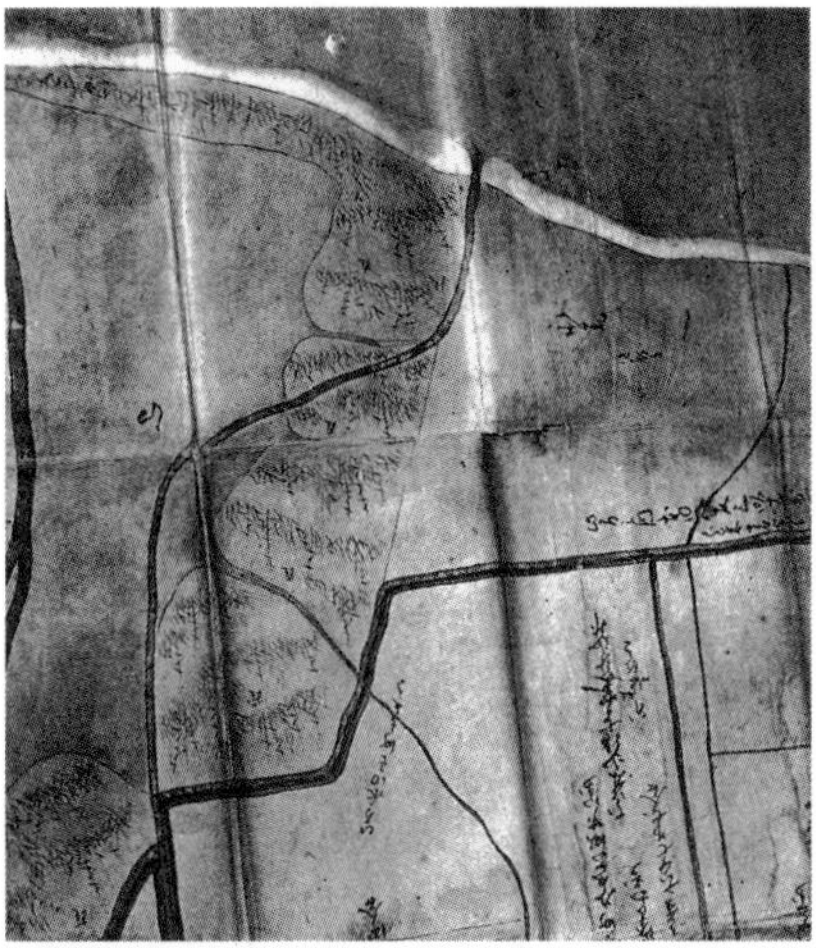

写真5-a　元文２年深溝村古絵図における現行小字一ノ坪相当部分（上がほぼ北）

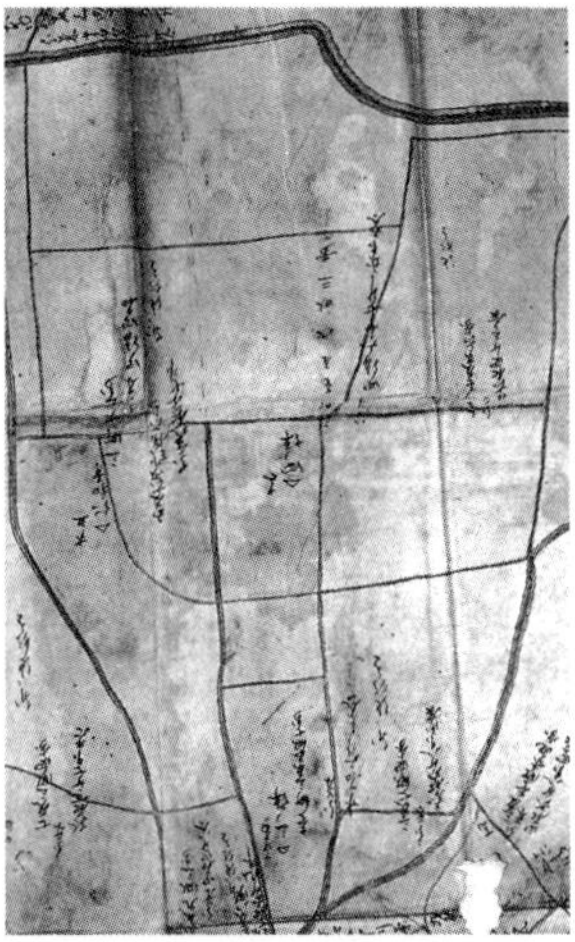

写真5-b　元文２年深溝村古絵図における現行小字三ノ坪・四ノ坪・五ノ坪相当部分（上がほぼ北）

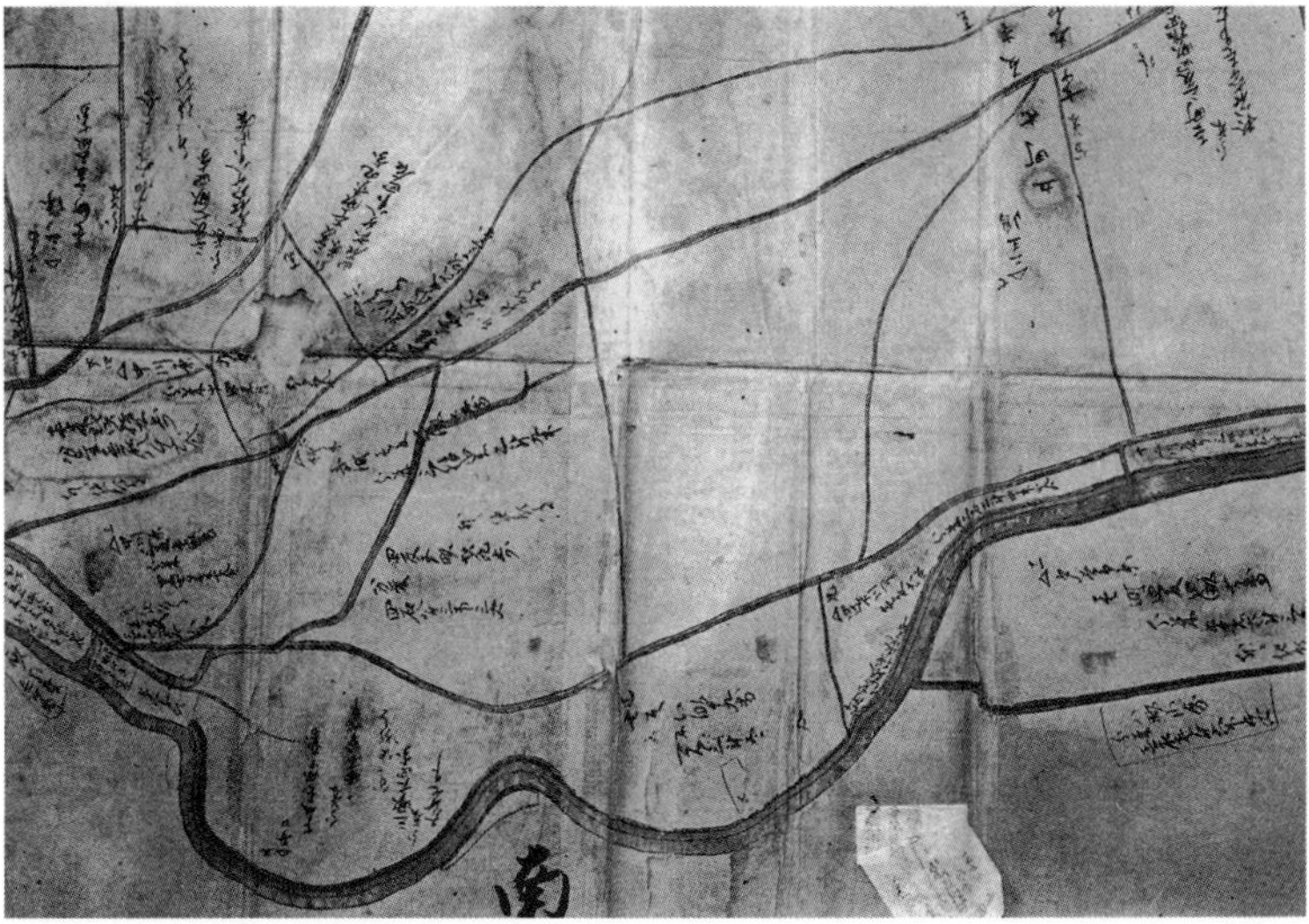

写真5-c　元文２年深溝村古絵図における現行小字十三・十九相当部分（上がほぼ北）

名に立脚したものである。しかし、これらの小字地名の場所や範囲はもとより、小字地名そのものにいたるまで、変化が著しいことも事実である。針江地区の四ノ坪の位置が場所の移動の著しい例であり、図1と図2を対比してみると、わずかな年次差であるが、庚申田、念仏田、高田など幾つもの移動の類例が知られる。小字地名そのものの変化が著しいのは深溝村の例であり、図4と図5を対比してみると多数の例が知られる。図5の段階では、坪並の遺称とみられる小字地名が六カ所も増加しているが、湖岸の旧沼地部分であった一ノ坪を除くとその位置は、三ノ坪、四ノ坪を定位置と考えたさいに整合する位置である。このような小字地名が設定されるさいには、次のような状況が推定される。つまり、この付近の村人の多くは、かつて条里プランによる土地表示が行なわれていたことを知っていた場合が多く、三ノ坪、四ノ坪を条里プランの三ノ坪、四ノ坪とみなし、その北に五ノ坪を、さらに、十三・十九・九・十七各坪の位置を含む場所に、行政的に使用された小字地名とは別に伝えられてきた通称を用いて新たな小字地名を確定したと考えることが可能である。この場合、坪並の遺称地名は、小字地名として確定したさいに推定された位置に設定されたものであり、本来の位置からすれば若干移動した可能性を想定することができる。

このような推定が成立するとすれば、一四～一六条について、一三条以南の条里プランの里界線と一～三カ坪分のくい違いを推定することについては、さらに別の角度から検討を加えておく必要があることになろう。すでに指摘したように近世ないし明治初頭に図示された小字地名の位置からすれば、一三条以南と同様の里界線を延長した条里プランを推定し得る可能性があるからである。この場合に針江地区と深溝地区のいずれも一ノ坪が例外となるが、一ノ坪という小字地名は時に条里プランと合致しない例があることが知られるから、この可能性を即座に否定する根拠とはなり得ないであろう。(16)

「木津荘検注帳」に記された小字地名

福田徹によって、「木津荘検注帳」にみられ、かつ地籍図類に残存する地名として指摘されたのは、一七例であるが、前述のように一五・一六条の里界線のずれの推定に直接かかわるのはこのうちの六例である。[17] そこで、これらの検討に移りたい。

一五条四里一・八坪に記された「中フカ」の場所は、明治七年「五十川《いかがわ》村上野村合村地引取調総絵図」、明治六年「田井村地券取調総絵図」および現行の小字地名による限り、[18] 福田案の里界線では五十川村「馬上免」および田井村「竹ノ華」の部分に相当する。また、一三条以南の条里プランを延長した里界線を想定した場合に、三カ坪分東寄りとなって森村と田井村の範囲に相当することになるが、明治六年「森村地券取調総絵図」[19] には、「中フカ」という小字地名は見当らない。森村については元文二年（一七三九）の古地図が伝わっているが、[20] 同図にも相当する小字地名はみられない。[21]

一五条四里八坪に記された「石田」についても同様であり、明治六年の五十川村・田井村・森村のいずれの地籍図にも、また元文二年の森村の古地図にも同名の小字地名は存在しない。

一五条四里三四坪に記された「ヲイ川」の場合、福田案では現行の森地区の小字「追川野」の南辺に相当することになるが、前掲の明治六年の森村地籍図では小字「墓ノ町」であり、追川野という小字地名はない。ただし、明治七年の森領旧下吉武村の古地図には「追川野《オイコノ》」という小字地名が記されている。[22] 一三条以南の里界線を延長した場合には、図3に示す旧針江村小字大割田の部分に相当することになる。

一五条五里では三坪に「エンリヤク寺」、一七・一八坪に「ヲアラ田」、二〇坪に「トヒノ木」と記され、福田案の里界線では図3の「延若寺」「庚申田・相町」「飛ノ木」の部分にそれぞれが相当することになる。[23]

一三条以南の里界線を延長した場合には、それぞれ図3では「大割田」「高田」「鴨浦」に、図2では「川原田」「大荒田・高田」「鴨うら」に相当することになる。福田案では二例が、一三条以南の里界線を延長する案では慶応二年に一例が合致し、明治五年にはいずれも合致しないことになる。

以上のように検討してくると、確かに福田案は相対的に「検注帳」に記された小字地名といずれかの時点の小字地名との整合性が高い。しかし、それはあくまで相対的であり、一五条五里の「ヲアラ田」のように逆の場合もあり得る。しかもすでに前項で述べたように、各古地図・地籍図間における小字地名の変動が著しく、例えば一五条五里相当部分の「延若寺・大割田・飛ノ木」の三小字にしても、すべてが明治六年の小字地名として使用されていなかったことは前述の如くである。さらに、明治五年の小字地名しか知り得ない「延若寺」は別とし、「飛ノ木」は慶応二年と明治五年でその範囲が異なり「大割田」は範囲・名称ともに異なっている。このような例はほかにも存在し、例えば検注帳の一五条五里一九・二五坪には「中ノ丁」という小字が記され、旧針江村にも図1・3のように同様の小字地名が存在する。しかしこの二つの坪の場合、福田案では両図の位置の西側、一三条以南の里界線の延長案では東側部分に相当することになりいずれとも合致しない。小字地名についても、さらに基礎的な検討が必要となる。

さて、この応永二九年「木津荘検注帳」には、いままで検討を加えた例のほかにも数多くの小字地名が記載されており、全体では表1の如くになる。木津荘は一三条二・三里、一四条二～五里、一五条二～五里、一六条二～五里、一七条一・二里、一八条二・三里からなるが、同表のように、一五条三～五里の各坪に付された小字地名が最も多く、一七条がこれに次ぐ。一三条には全く記載がなく、一四条もわずか二例でしかない。一四条の各里の記載坪数は、一五条とほとんど変わらないから、この極端な差異には注目しておくべ

表1　「木津荘検注帳」(14〜18条)に注記された小字地名および位置表示

14条5里		20	う殿同北ヨリ
35坪	針江川末	21	まかセこし
36	川末	22	はかの丁南
15条2里		25	小ミソ
16坪	西林房東	26	小ミソ北ヨリ
17	栄承房東	27	はかの丁南ヨリ
21	新堀南	28	はかの丁
24	報恩寺川ヨリ南	30	ミソシリ
29	報恩寺川ヨリ	31	小ミソ東
36	報恩寺川ヨリ一丁東	32	はかの丁
15条3里		34	ヲイ川
5坪	岡勝承坊南	15条5里	
6	岡中山道ヨリ	1坪	イトカシラ
17	岡南	3	エンリヤク寺
18	岡東	5	鳥井ミソ
23	?	6	〃
25	白雲東	7	イトカシラ
26	□宮前	11	カハフテ
28	宝光坊西	12	〃
30	五反田	14	鳥カハフテ
31	白雲東	17	ヲアラ田
32	寺井前	18	〃
36	寺アラ井	19	中ノ丁
15条4里		20	トヒノ木
1坪	中フカ	25	中ノ丁
4	宝光坊東	28	五てう
6	寺アラ井東	30	ヒエ新庄サカエ
7	石田	16条2里	
8	中フカ	35坪	坂ノシリ
9	江かしら	16条3里	
10	〃	4坪	小ハヤシ
14	まかセニし	5	坂ノシリ道ヨリ東
15	〃	10	大丁井口
19	う殿のマ南ヨリ	31	シヲ神西三丁目川ヨリ南

32	町田
16条4里	
1坪	町田
6	たかうセ
10	日爪新井
34	大ヤフ
35	丁一
16条5里	
1坪	寺アライノ北
2	中島
3	ショウツノ丁
4	大ヤフ
15	大森
17条1里	
3坪	大ツカ
7	坂ノシリ南
15	五反田
16	杉サハ
19	新名
20	〃
25	川クホ
26	竹丁
28	杉サハ
33	新名
34	〃
35	中ハタケ
17条2里	
3坪	カケノ前
4	〃
5	中ハタケ
10	カケノ前
11	中ハタケ
12	栗毛南
17	栗毛辰巳
18	栗毛東
20	山サキ
18条2里	
36坪	庄サカエ
18条3里	
9坪	道場立
10	道場イヌイ
15	道場東
19	大里ヒツシ申

きであろう。

福田徹が指摘した一五条の分については すでに検討したが、一六・一七条についても同様の指摘がある[24]。しかしこの場合もまた、一五条の分と類似し、「検注帳」に記載された小字地名と明治初期の地籍図[25]ないし現行の小字地名とは、その位置について不整合が目立つ。一七条一里三坪に記された「大ツカ」、同里一六・二八坪に記された「杉サハ」、同里一九・二〇・三三・三四坪に記された「新名」、同里二五坪に記された「川クホ」、一七条二里三・四・一〇坪に記された「カケノ前」の五例については、図6のような位置に、四例は明治初期の、一例は現行の小字地名の中に同様のものを発見することができる。しかしそれらの位置は、

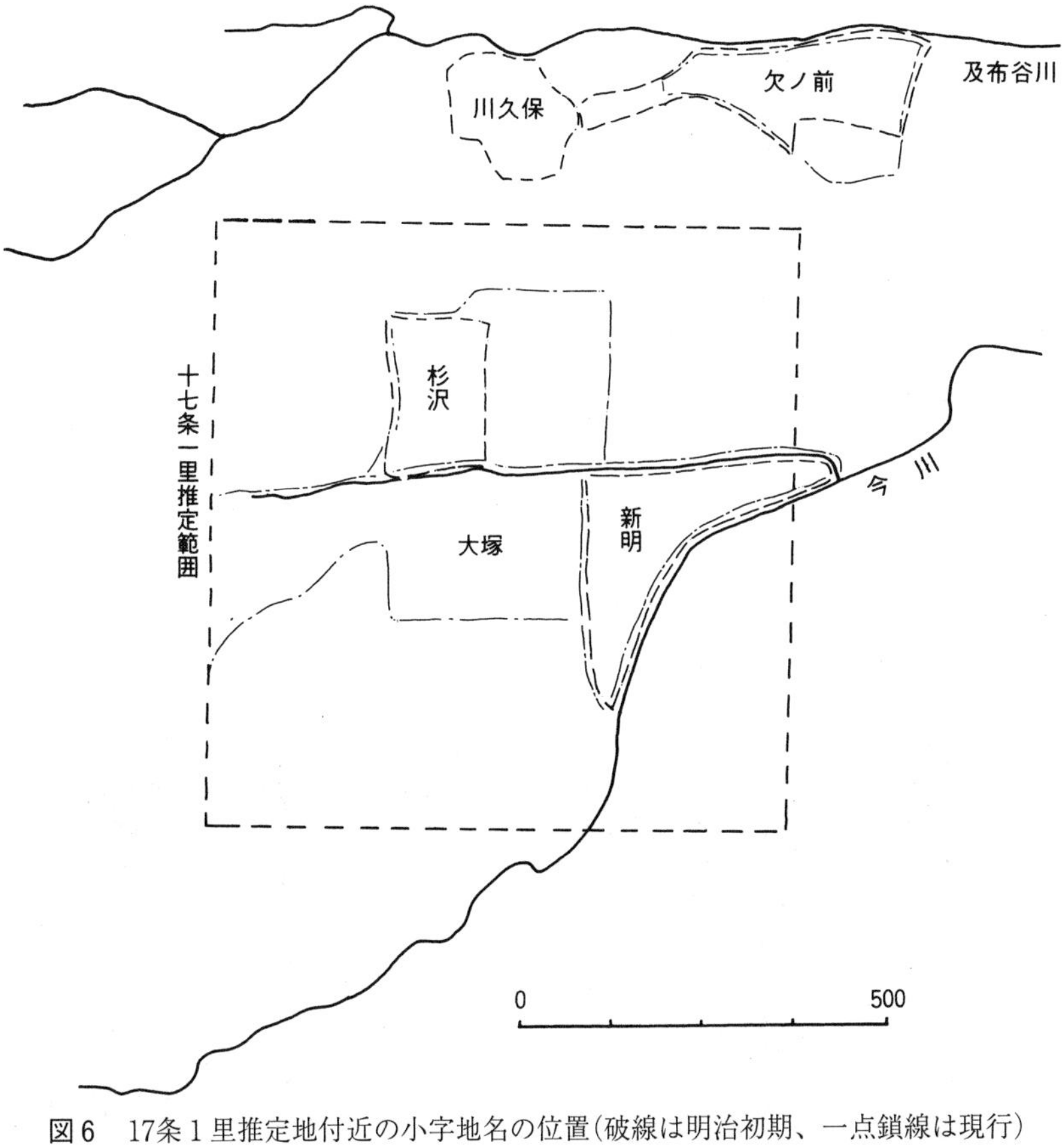

図6　17条1里推定地付近の小字地名の位置(破線は明治初期、一点鎖線は現行)

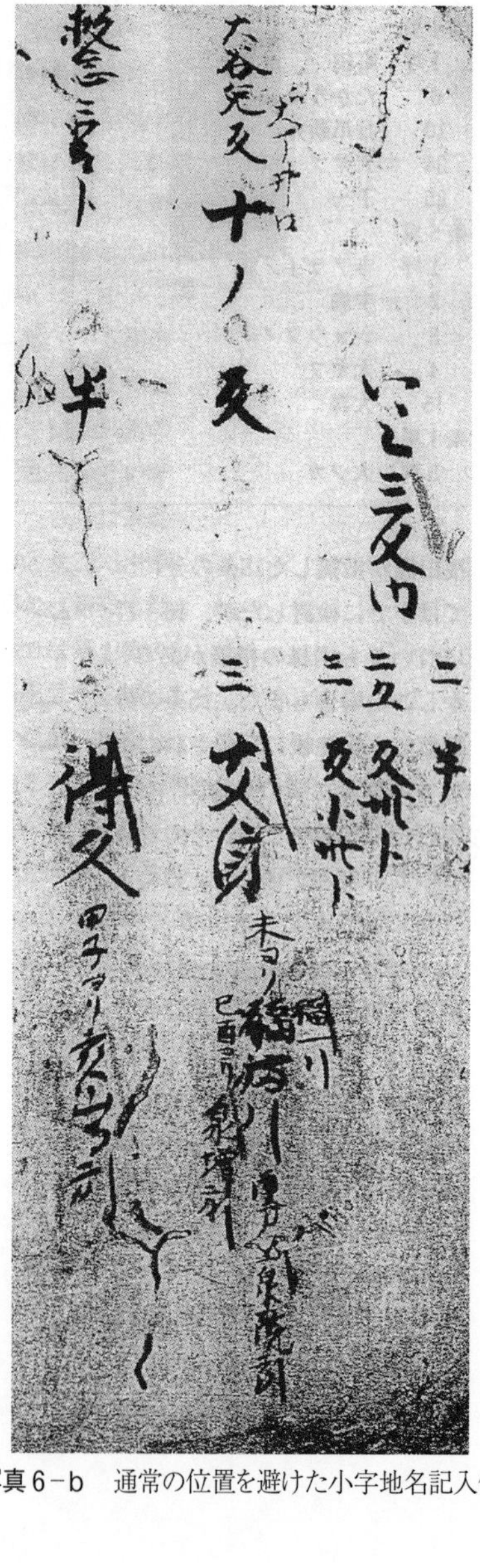

写真６－ｂ　通常の位置を避けた小字地名記入例

写真６－ａ　通常位置の小字地名注記

「検注帳」に記された状況とは異なる場合が多い。例えば、「検注帳」に記された条里プランの坪からすれば「杉サハ」からみた場合、「新名」は一町ないし三町東か、二〜三町南南東ないし南南西、「川クホ」は南方、「カケノ前」は東方となるが、明治初期のそれらは図6のように、全く異なっている。「川久保」「欠ノ前」は「杉沢」の北北東ないし北東方であり、「新明」も東南東二町程度であって、いずれも相互の位置関係は大きく異なっている。ただし、明治六年の旧木津村の「杉沢」と、現行の日爪地区の「大塚」との相対的位置関係は、「大塚」が著しく広域であるので検注帳の記載と矛盾しない[26]。

以上のように検討を進めてくると、小字地名については、応永二九年の「検注帳」に記載されたものと同一とみなし得るものが一〇例存在し、そのうちの六例について、条里プランの復原方法によっては、合致の可能性があることになる。しかしその数は、広大な荘域と数多くの小字地名に比べて、あまりに少ないと考えるべきではないであろうか。

応永二九年の「木津荘検注帳」そのものにもどってみたい。この「検注帳」そのものの検討は、現在までのところ全く行われてはおらず、一五世紀における「検注帳」という基本的性格も含め、不明の点が多い。この「検注帳」の記載内容は多岐にわたるが、代表的な部分を例示すれば写真6-a・bのような状況であり、①条里プランの坪と斗代、②坪ごとの名田の面積と名主名、および名田の集計、③畠・屋敷・免などの頭注、④各名に関する注記、⑤朱と黒の合点および朱注、⑥小字地名の頭注といった各種の記載がある。このうちの少なくとも①・②は同筆であり、さらに③も同筆の可能性がある。④には多様な内容があり、しかも少なくとも③と同筆のものも含まれている場合がある。しかし、⑥の小字地名の頭注は、明らかにこれらとは異筆である。④・⑤のような多様な注記は、この「検注帳」の基本がどのような経緯で作成されたかという点とは別に、それが現実に使用されていたことを示すと考えてよいであろう。⑥のような異筆の小字地名の頭注はいずれかの段階でのちに記入されたものである可能性が高く、例えば写真6-aのように坪の左上に記入している場合が多い。ところが、時に写真6-bのように、左上にすでに他の頭注があった場合に右上に記入する、といった追筆の特徴を示している。

つまり、表1のような小字地名は、この「検注帳」と現地との何らかの照合作業ないし確認作業の中で、のちに記入されたものである可能性が高い。それが針江村の近世中・後期ごろの小字地名や、旧森村・深溝村の元文二年の古絵図の記載とも異なっている可能性が高いことからすれば、少なくとも一八世紀前半以前の記入であるとの推定は可能であるが、それ以上は不明であり、今後の検討が必要である。いずれにしても、小字地名を唯一の根拠として条里プランを復原するという方法は、高島郡一四～一八条付近の場合、かなり不確実であると判断せざるを得ない。

「木津荘検注帳」の記載とその現地比定

田の分布と地形条件による推定

木津荘域に相当する一帯には、図7のように、広範に条里地割の分布がみられる。平野西端部の旧木津・日爪・岡村を除けば、約一四度東へ傾いた条里地割が展開している。西北端付近はほぼ東西―南北方向の方格となっているが、その東側や南側一体の部分では、N14°Eの方向の地割と、これと入り組んで菱形となる部分など、やや複雑な形状を呈している。福田徹による条里プランの復原案も、これに対応して一五～一七条に両者の接合によるゆがんだ形状の里を推定している。

さて、すでに述べたように一三条以南の条里プランの復原は問題がないから、一四条以北についても連続する六町間隔の条の界線を推定し得る。従って、各条の里界線をどこに設定し得るかが問題であり、さらに明確にいえば、一三条以南の里界線をそのまま延長し得るのか（A案）、あるいは福田案（B案）のように、各里で少しずつ里界線を移して推定せざるを得ないのか、といった点が問題である。

そこで再び応永二九年「木津荘検注帳」に立ち戻り、小字地名ではなく、そこに記載された田の分布状況に注目してみたい。いうまでもなく、田は相対的に平坦な部分にしか立地し得ないから、基本的に山の部分とは重複しないはずである。しかも山は、河道《かどう》や汀線《ていせん》と異なり、基本的には変化が著しく少ないとみてよい。また検注帳の記載は、名田部分（前述の②）と畠・屋敷・寺院等の注記（前述の③）が別になっているので、名田部分の面積は原則として田を示すとみられる。従って、この名田が地形条件からみて、立地し得るか否かの検討が必要となる。

まず一四条の場合、条里プランの坪並に従って模式的に名田面積を図示すると図8のようになる。一四条二里東辺に田が集中し、南辺においてはずっと西側まで田が分布している。同三里では西北隅のみに田の分布がみられない。二里南辺の田は、旧辻沢村西部の北谷川の谷の部分に立地し、三里西北隅の空白部は米井集落西北の旧上野村の山地部分に相当することになる。一三条以南の里界線をそのまま延長したA案の方が地形条件とよく合致するが、B案すなわち福田案の場合、一四条二里三四坪付近の田が稲荷山の山麓部に所在したことになり、やや無理がともなう。

一五条では、五十川集落付近を三里と考えれば、同里南西部の空白部は集落南西側一体の山地部に相当することになる。A案では、三里～五里に関する限り地形的には問題がなく、五里の田はまさしく現在の湖岸

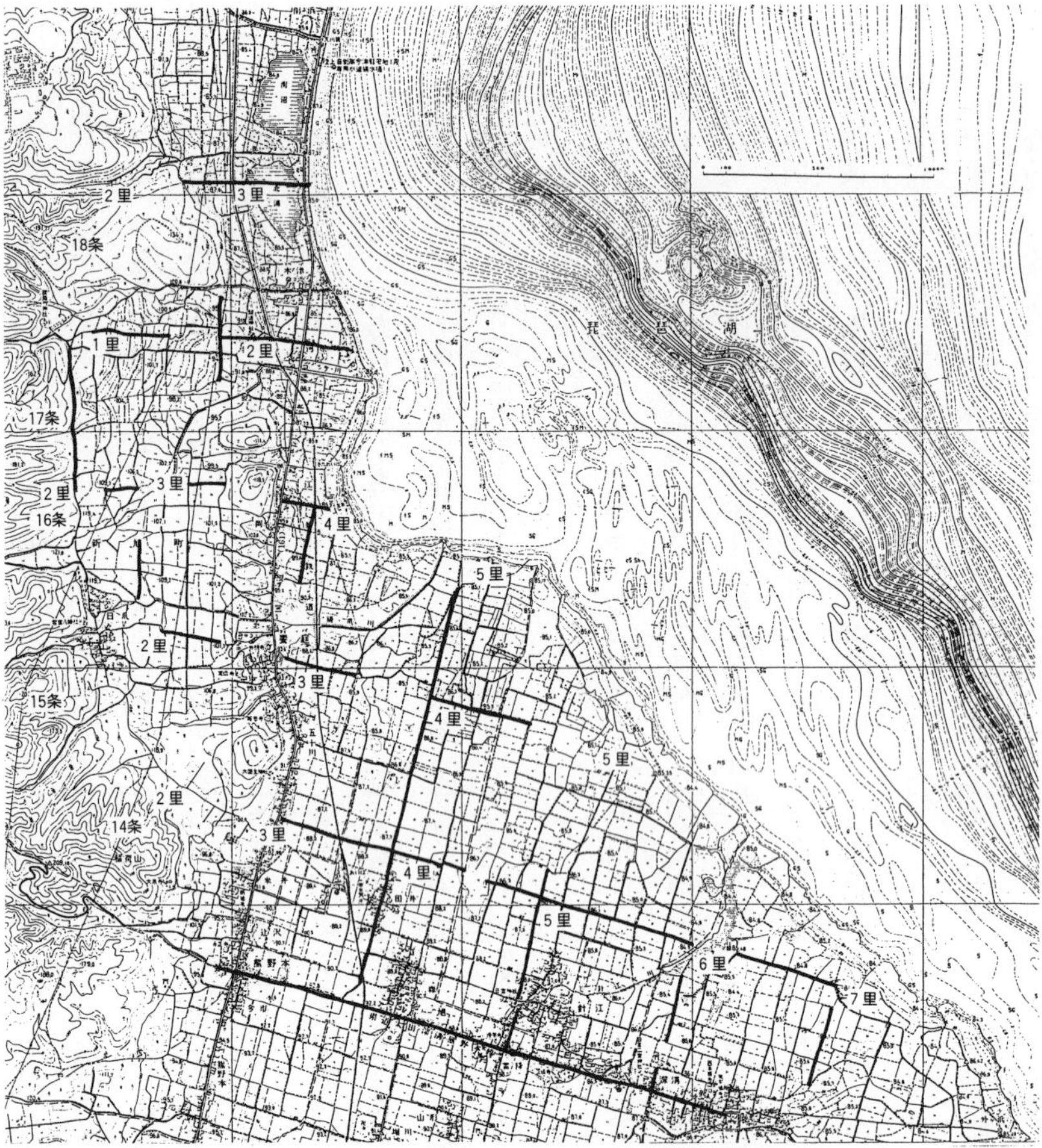

図7　木津荘域14～18条付近の条里プラン

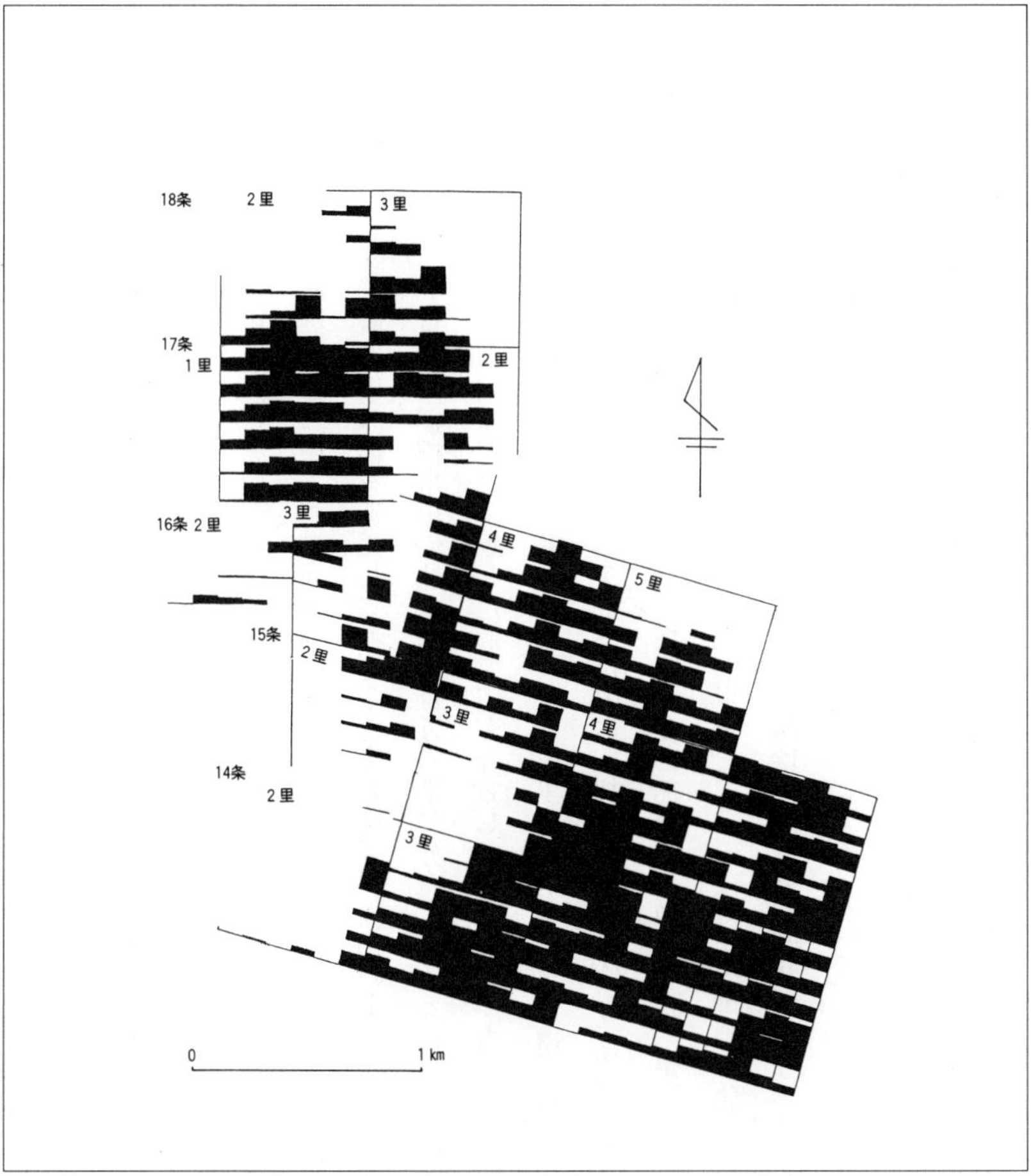

図8　応永29年「木津荘検注帳」記載名田の模式的配置
（各坪内の名田面積を坪南辺から棒グラフ状に表現したもの。15条2里、16条3里、17条2里などの変則的部分については図10参照）

付近にまで分布したことになる。B案では三里一七・一八坪の田が山麓傾斜地に立地した五十川集落部分から岡集落の部分にかけて分布したことになり、若干の問題が残る。ただしこの点は、後述のように橋爪川の堆積による地形変化を想定する必要があることから、決定的矛盾とはいえない。一五条二里についてはのちに検討を加えたい。

一六条では、岡集落付近から東側がN14°Eの方向、西側がほぼ南北方向の地割であるが、後者では東西方向の径溝のみが、東側の条里地割と同方向を示す部分があり、この付近での複雑な接合を考えねばならないことになる。一三条以南の里界線を延長して考えるA案の場合、図10のような里界線となるから、一六条三里の東半部と同四・五里の田が橋爪川流域の湖岸付近一帯に分布したことになる。図7・8を対比すれば判明するように、ほぼ現在の湖岸線に合致した形で田が分布していたが、一六条四里二四坪付近では、陸地の若干の水没を想定した方が両者はよく整合する。また三里東南隅と四里西南隅付近には田の集中的分布がみられる(図9・10参照)が、この部分は図7では松田川と林照寺川が合流して橋爪川となる付近の川沿いに西から張り出した微高地上に当り、林・竹林・畑等の多い部分であった。A案が正しいとすれば、この付近は一五世紀前半ごろには両川の灌漑を受ける水田が卓越し、その後に川の堆積が急速に進行して、川沿いに微高地が形成されたことになる。また、前述の四里二四坪付近へも、図9のようにP点付近へ微高地がのびており、橋爪川の旧河道であったことを示している。その時点において、湖岸には小規模なデルタが一〇〇メートル程度沖合にまで延びていた可能性を推定し得ることになろう。(27)

一方、B案の一六条では、N14°Eの方向の条里地割分布に比定されるのは四里の中央部以東と五里であり、湖岸線との関係からは全く問題がない。四・五里については山・丘陵との関係においても問題がないが、二・三里については、先に留保してきた一五条二里とともに改めて検討を必要とする。

さて前述のように旧岡村西南部から旧日爪村東南部にかけては菱形の方格地割が分布する。A案の場合には、このような地割形態をも考慮すれば、一五条二里、一六条三里南半部付近について、図10上のような模式的配置を推定し得る。一五条二里北東隅の三〇・三六坪等の田は岡集落やその付近の林照寺川沿いの微高地に相当することになるが、前述のような一五世紀以後の堆積を想定することができれば、一応の説明が可能となる。しかし、三二・三三坪の田が五十川集落西側の山地部に相当することになり、このままでは説明が不可能である。しかし図10下のように、この山地のすぐ北側の浅谷部に立地した可能性を考慮すれば、これも一応の説明が可能である。[28]同里北端の一八・二四・三〇・三六坪は、地形的にはこれと類似した林照寺川沿いの浅谷部に立地したことになる。一六条三里の場合も、図10上・下を対比すれば判明するように、すでに述べた林照寺川・松田川合流点付近を除けば、地形的には問題がない。一六条二里では、図10上のように中央部付近で東西方向に田が連なっていた可能性が高いが、この部分はちょうど今川上流の谷の部分に相当することになり、完全に地形条件と合致する。

B案の場合、一五条二里・一六条三里は菱形の方格地割が分布する平坦部に位置するので地形的には問題がない。しかし一五条二里はほぼ完全に山中に位置することになり、三五坪や九・一五坪などが山地に相当することになって説明が困難となる。

一七条・一八条では、A案・B案とも、主要部は同じように推定される。一八条の北側がちょうど新旭町・今津町の境界線と合致し、一部を除いてほぼ東西・南北方向の方格地割の分布がみられる。一七条二里東南隅付近を除いて地形条件からみても矛盾がなく、また前述のように検注帳の「杉サハ」「大ツカ」が明治

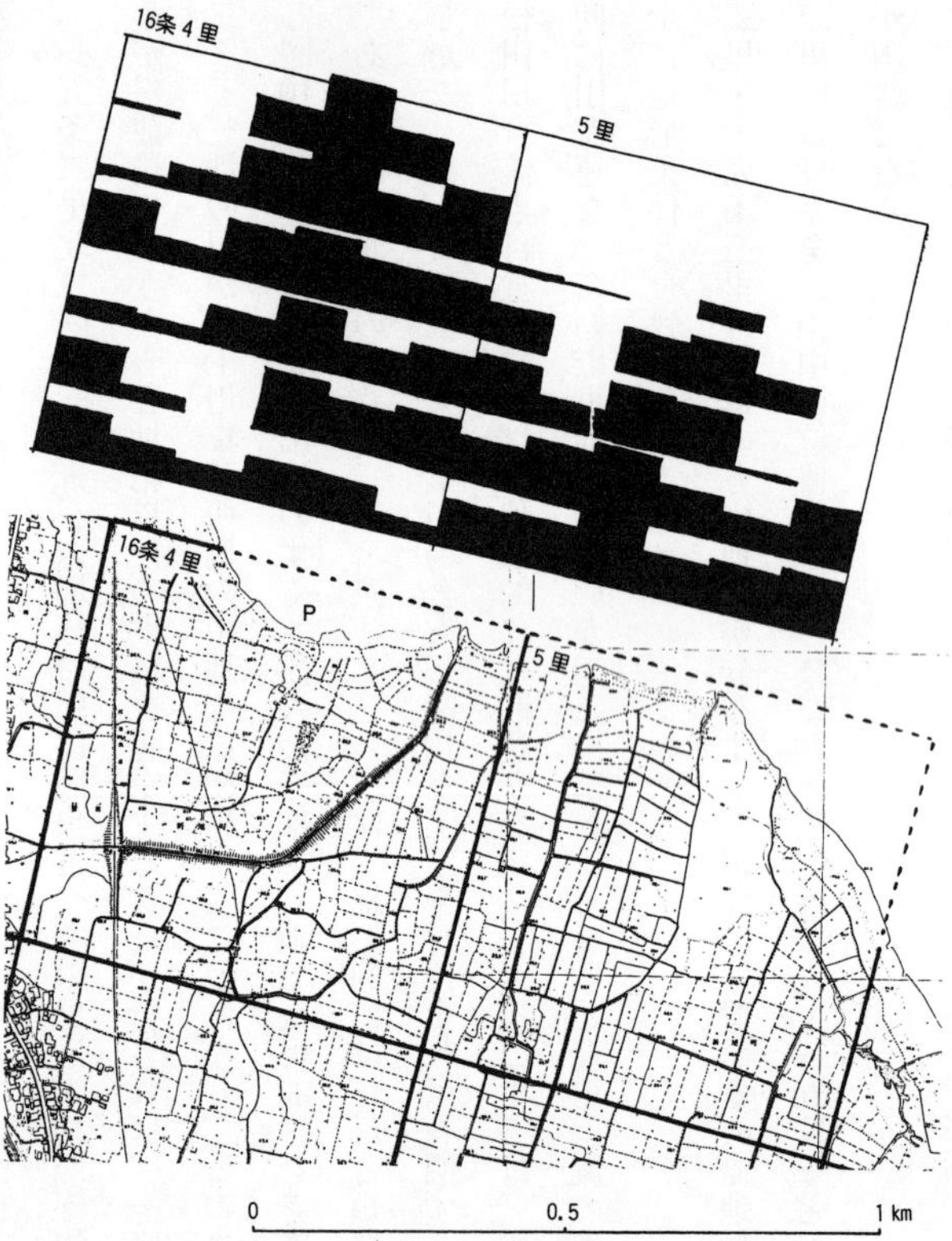

図９　16条４・５里付近の地形と名田分布
（上図は応永29年「木津荘検注帳」の名田面積を各坪に棒グラフ状に模式的に配置したもの、下図は昭和40年測量図の上図相当部分）

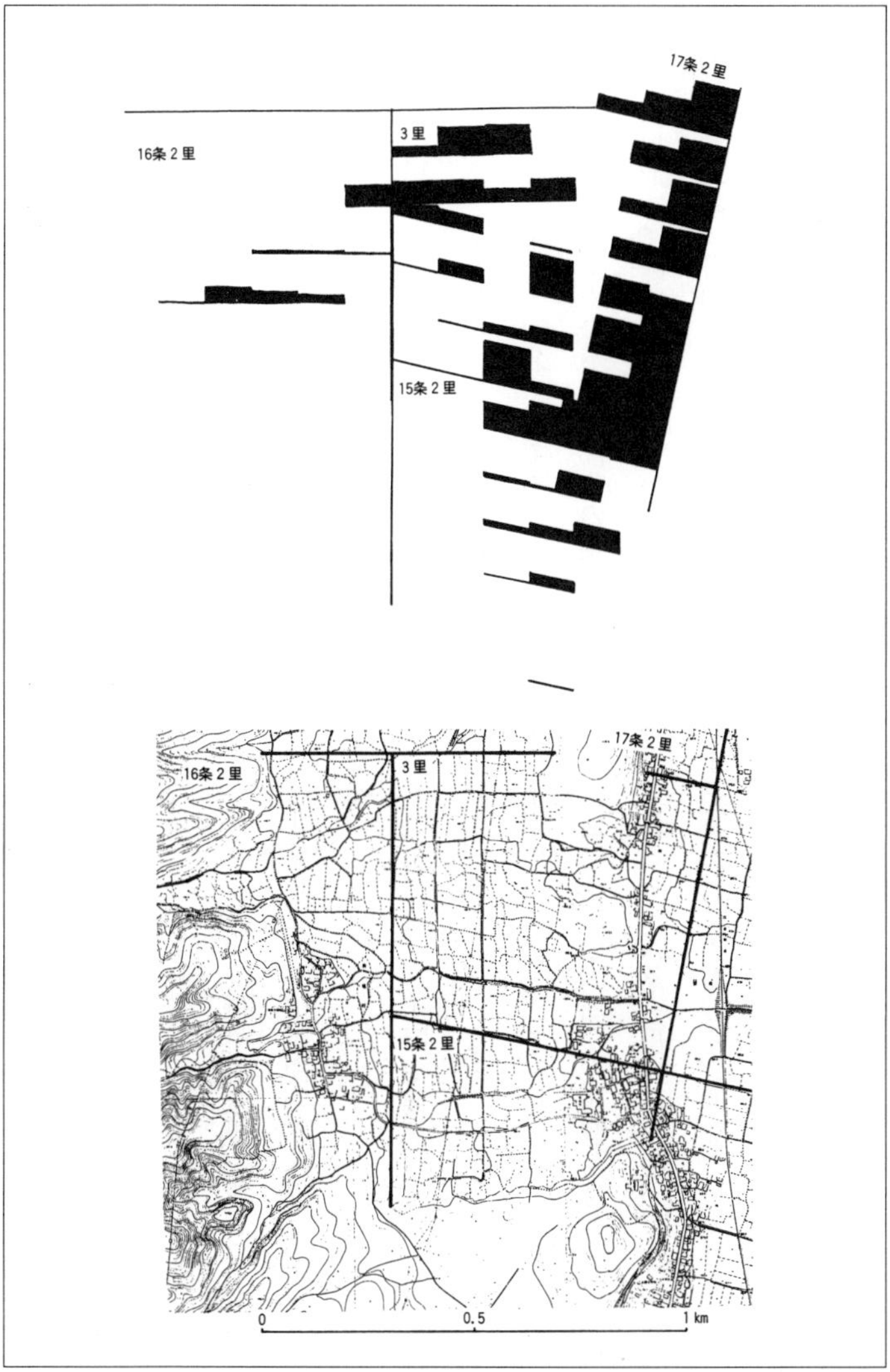

図10　15条２里と16条２・３里付近の地形・地割形態と名田分布
（上図は応永29年「木津荘検注帳」の名田面積を各坪に棒グラフ状に模式的に配置したもの、下図は昭和40年測量図の上図相当部分）

初期ないし現在の小字地名の位置と合致する場所でもある。一七条二里東南隅付近には、図10下のように、一六条から続くN14°Eの方向の地割がみられるから、図10上はこれに合わせて推定した模式的配置である。これによれば、田の分布は地形条件と完全に合致する。

以上のように検討を進めてくると、A案で田の分布と地形条件との間に基本的に矛盾がなく、B案では一四条二里と一六条二里の部分で相当の無理が残ることになる。しかもすでに冒頭で述べたように、B案は一四条で一坪分、一五・一六条でさらに二坪分西へ里界線がずれるという例外的条里プランを想定しているのである。A案のように、一三条以南の条里プランをそのまま延長して一応の説明が可能であるとすれば、地形条件からみてB案を採用する意味が失われることになる。

いずれの場合でも一七・一八条付近の東西・南北方向の条里プランと平野主要部のN14°Eの方向のそれとの接合を考えざるを得ないが、A案の場合、次のような状況であることになる。一七・一八条は、さらにその北側と同様に東西・南北方向であるが、一七条二里東南隅のみは、一六条三里からの連続でN14°Eの方向である。一六条三里中の不整合部分の存在理由は北側とは琵琶湖岸の内湖が、西側とは岡集落西側の丘陵が、それぞれ地形的に両側を隔絶していたことによると考えられる。一六条三里は西北隅のみが東西・南北方向であり、東北隅はN14°Eの方向、南部は両者の混在による菱形となっている。北側ではやはり丘陵が介在しているが、南側では、林照寺川・松田川の合流点を越えて西側にまで、N14°Eの地割部分からの径溝がのびており、この部分が本来地形的に隔絶していなかったことを示している可能性がある。このことは一方では、この付近の一五世紀以後における、前述のような微高地の形成の傍証ともなり得る。

いずれにしても、一六条と一七条との間で里界線のずれを生じることになるが、地割方向の異なる接合部付近におけるずれは、連続する条里地割分布地におけるずれとは異なり、はるかに蓋然性の高い現象である。しかもこの場合、一六条二・三里の里界線と、一七条一・二里のそれとは三坪分のずれを生じているが、一六条三・四里と一七条二里東辺とでは一坪分以下であり、一六条三・四里の里界線からすれば、同条二・三里のそれが西に半町程度ずれており、もともと机上では連続したものとして把握されていた可能性が高い。

このような検討結果からすれば、A案が正しいとみられることになる。従ってさらに角度を変えて検討を続けることにしたい。

寺社の位置をめぐって

「検注帳」には、いくつかの寺院・神社の所在が頭注のかたちで記されている。一四条以北の分については表2の如くである。

一四条二里三一坪に「極楽寺」、同三三坪に「観音院大師寺」、同三四坪に「大蔵院米井寺」の所在が記されている。その位置はA案では、極楽寺が新旭北小学校南南西、大師寺が新旭北小学校のすぐ西側、米井寺が同小学校の北西側となる（図12参照）。後二者は旧米井村内であるから、米井寺という地名の関連からすれば問題がない。同村には元禄三年（一六九〇）の「米井村古絵図」と称されている古地図が伝わっており、それには写真7のように「米井寺屋敷・大増寺屋敷」という表現がある。(29) その位置は、同図のように米井村の集落と推定される部分の南端付近から西へ向い、一度南へ屈曲するものの大泉寺の北側へと進む道の北側に相当する。この道は、明治六年の「米井村地券取調総絵図」では、図11のP—Q—Rに相当するとみられる。このQ—Rの道の北側には、西と北を溜池の帯状の堤と山林に囲まれた田があり、この同図㋐の部分が写真

表2　木津荘検注帳・引田帳(14～18条)に記された寺社

	検注帳	引田帳
14条2里		
31坪	極楽寺	なし(屋敷あり)
33	観音院大師寺	坪の記載なし
34	大蔵院米井寺	〃
14条3里		
4坪	なし(屋敷あり)	広修寺
7	霊山寺	霊山寺
8	〃	なし(屋敷あり)
11	西方寺	なし(屋敷あり)
16	なし	弥勒寺
14条4里		
1坪	常見寺	帝尺寺
11	念仏堂	なし(屋敷あり)
13	貞隆寺・道祖神	貞隆寺
15	地蔵堂	なし(屋敷あり)
19	なし(屋敷あり)	釈迦堂・花堂
20	(慈尊寺前屋敷)	(屋敷あり)
21	なし(屋敷あり)	三尊寺
25	小森阿弥陀寺	なし(屋敷あり)
14条5里		
9坪	石津寺	堂敷地
15条2里		
11坪	西福寺	坪の記載なし
14	普済寺	〃
19	〃	なし
23	報恩寺	なし(屋敷あり)
15条3里		
21坪	今宮	なし
28坪	薬師堂	なし
18条3里		
3坪	屋敷中寺	なし

7の絵図に描かれた米井寺屋敷にあたる。この古地図に林に囲まれて田として表現されている状況は、まさしく明治六年の㋐の地筆・土地利用の状況と合致する。とすれば、図11㋐の東側に位置する㋒の部分が、大増寺屋敷に相当することになろう。この㋐の位置は図12の[ア]の位置であり、昭和四〇年の二五〇〇分の一地形図の作製時点においても、西・北と東の一部を林地に囲まれた遺構を残していた。この㋐・㋒の位置はまさしく前述のA案一四条二里三四坪に相当することになる。また、図11をみると判明するように、㋐の区画

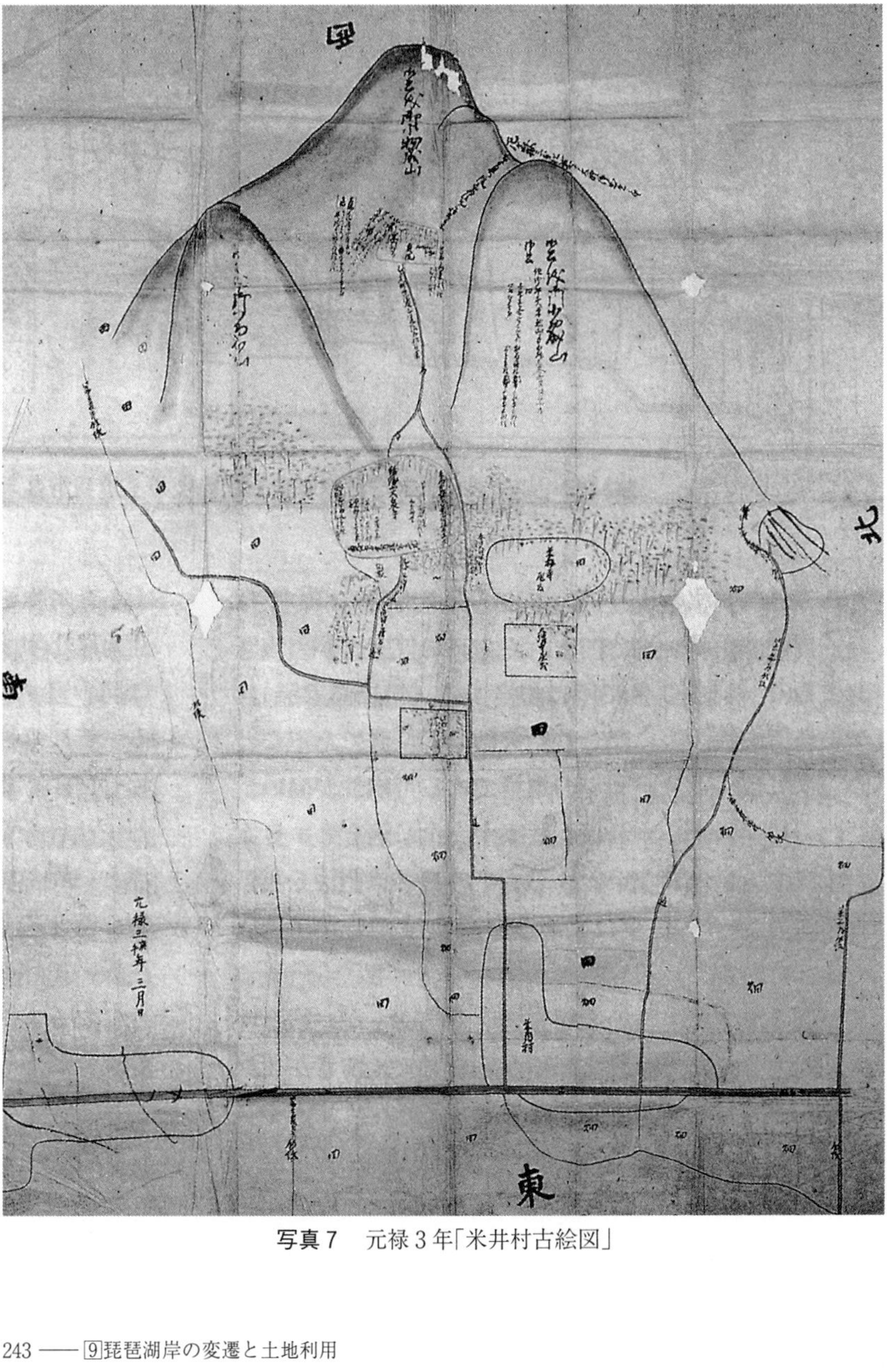

写真7　元禄3年「米井村古絵図」

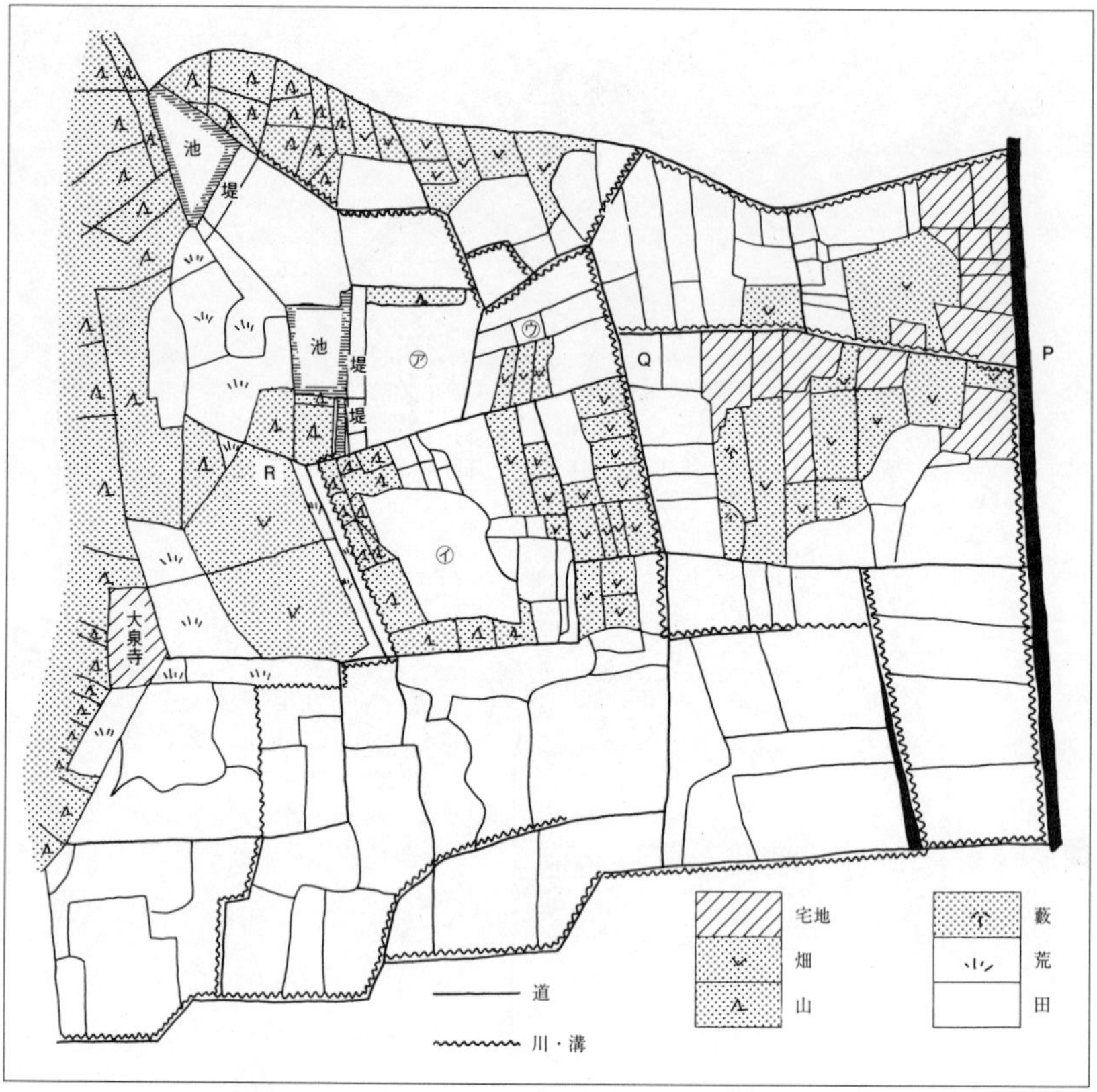

図11　明治６年米井村地券取調総絵図の土地利用と米井寺・大師寺の推定地

図12　2500分の１図における米井寺・大師寺の推定地（地形図は昭和40年作製）

の南側には、やはり、周囲を山林・畑で囲まれた方形の区画イが表現されており、一四条二里三三坪に相当する（図12参照）。この場所が検注帳に記された大師寺の位置であることからすれば、これが同寺の遺構である可能性が高い。これらの遺構からすれば、A案が完全に適合し、B案が成立する余地はない。なお、アの地区は明治六年に「寺海道」、イの位置は「胡珍海道」、という小字地名であった[30]。

一四条三里では、七・八坪には「霊山寺」が、同一一坪に「西方寺」が記されているが、A案では前者が辻沢地区小字「村・角田」に、後者が米井地区「東・平良田」に当ることになるが、それ以上は不明である。

一四条四里では、一坪に「常見寺」、一一坪に「念仏堂」、一三坪に「貞隆寺・道祖神」、一五坪に「地蔵堂」、二五坪に「小森阿弥陀寺」が記されている。A案では一坪は田井地区小字「庭川」、一一坪は森地区「丸橋」、一三・一五坪は同「宮ノ腰」、二五坪は霜降地区「竹ノ町」に相当する。特に森地区の森神社が明治元年まで「道祖神」と称し、すぐ北側に貞隆親王を祀ると伝える墓があることに注目を要する[31]。この森神社はA案の一四条四里七坪と一三坪の坪界上に位置し、境内は東の一三坪部分および、西北の八坪部分に一部およんでいた[32]。つまり、「検注帳」の一三坪の「貞隆寺・道祖神」の所在と合致することになる。ただし、貞隆親王の所在地と伝えるのは八坪部分であり、一三坪からは西北にずれる。B案の場合にはこれより一町分西に寄るが、A案同様に大きなずれはないことになる。

一四条五里では九坪に「石津寺」が記され、A案では旧針江村の針江川右岸における集落部分に相当することになる。ところが、前掲図1に概要を示した旧針江村の古絵図には、その西側に「石津寺観音」が描かれている。その位置はA案の九坪のすぐ西側であり、B案ではちょうど九坪に相当する。従って、A案の場合には石津寺の若干の移動を想定せざるを得ず、この場合はB案の方が適合性が高い。しかし、同「古絵図」

に同時に記されているように、針江川に「石津井」と記入しており、当時、石津が現在の針江に相当することの地一帯の名称であったことが知られる。一四条二里ではA案が完全に合致することからすれば、一五世紀の石津寺の近世後期の石津寺との間に若干の移動を推定せざるをえない。このような寺堂の移動ないし消滅は数多く、後述のものも含め、検注帳に注記された一六の寺堂のうち、同名の寺院が現存しているのは一例のみであり、しかも全く異なった位置である。近世に存在ないし位置を伝えているのが前述の米井寺と貞隆寺・石津寺の三例となり、貞隆寺・石津寺は最大一町の移動をした可能性がある。ただし、建造物が新改築のさいに少し場所を移すことが多いことや、条里プランによる土地表示がわずかな移動であっても坪並単位に表現せざるを得ないことを考慮すれば、ほとんど同位置を踏襲しているとみなし得る可能性もある。A案はこの場合も根本的な矛盾を含まないとみられる。(33)

一五条では、二里一一坪に「西福寺」、同一四・一九坪に「普済寺」、二三坪に「報恩寺」等の記載がある。一五条二里は、図9に示したように菱形の地割形態の部分であり、また地形条件の制約もあって、変則的な条里プランを推定さざるを得ない。A案では、西福寺は岡集落・日爪集落中間付近の林照寺川辺、報恩寺は現在の岡地区覚伝寺西側の林照寺川南岸、普済寺は五十川集落西側山中に位置したことになる。現在、五十川集落西側山腹に報恩寺があるが、この位置とは大きく異なる。しかし、同里二四坪に「報恩寺川ヨリ南」、二九坪に「報恩寺川ヨリ」との注記のある報恩寺川を林照寺川の旧称と仮定すれば、その位置は矛盾なく説明ができる。(34)

一五条三里では、A案によれば二一坪に「今宮」、二〇坪に「今宮馬場」、二八坪に「薬師堂」が記されている。今宮は五十川地区小字「馬上免」、薬師堂は田井地区「竹ノ花」に相当する。明治時代にはすでに一面の水田となっていたが、現在の五十川地区に所在する大国主神社はかつてこの竹ノ花に所在したとの伝承がある。[35] これに従うとすれば、A案の条里プランはまさしく正しいことになる。[36]

以上の状況からすれば、一五条の場合もまたA案が正しい可能性が高い。一六～一八条については、わずかに一八条三里三坪に「屋敷中寺」一反の頭注がみられるのみであるが、その位置は旧木津村小字石浦に相当し、矛盾はないが詳細は不明である。

「木津荘引田帳」「二宮神田帳」による検証

「木津荘引田帳」の記載とその現地比定

「木津荘検注帳」と同様に饗庭家文書に含まれる「木津荘引田帳」は、記載形式もまた「検注帳」とほぼ同様である。条里プランによって坪ごとに名田名と面積・斗代・名請人およびその継承者ないし二次的な名請人を記し、各種の頭注と、墨および朱の合点がほどこされている。一三条三里～四里、一四条二里～五里、一五条二里～五里、一六条二里～五里、一七条一里～四里、一八条二里～三里が記載されており、基本的に「検注帳」と類似するが、一七条三・四里は「検注帳」に記載されていない里である。また、一六条五里一五～二二坪が重出するといった点[37]や小字地名の注記がみられないといった点[38]も、現存「引田帳」の成立過程や特性にかかわるものであろう。前述のように年紀はないが、福田は「応永二九年よりさほど年月を経過していない」時期のものと判断している。[39]

この引田帳にもまた、山や寺社（表2参照）の位置に関する注記がある。これらの注記とA案による現地との対応状況について検討しておきたい。

一四条二里では、一四～一八坪が「山」、二五・三一・三二・三五坪に「残山」、三六坪に「山畠」の注記がある。地形的には全く矛盾がないが、「検注帳」に大師寺・米井寺を注記していた三三・三四坪の記載はない。

一四条三里では、一～五坪に「残山」、三・四坪に「広修寺」、七坪に「霊山寺」、一六坪に「弥勒寺」の敷地を注記している。一～五坪の山は地形条件と矛盾せず、七坪の霊山寺は「検注帳」と同様である。四坪の広修寺は「検注帳」では名田のほかに屋敷が注記されていた部分であり、前掲図11の地籍図では小字アミダ寺と北海道の部分である。一六坪の弥勒寺の所在が注記された坪は「検注帳」では八段一七六歩の名田が所在した部分であり、旧田井村小字荒毛の部分に相当する。

一四条四里では、一三坪に「貞隆寺」の堂・屋敷等、一九坪では「釈迦堂・花堂」等、二一坪では「三尊寺」の存在が記されている。貞隆寺は「検注帳」にも同一カ所に記されており、すでに検討した森地区の森神社付近である。「検注帳」では、一九～二一坪に屋敷を記し、二〇坪には「慈尊寺前屋敷」の所在が注記されている。「引田帳」の三尊寺はこの一帯のものであることになるが、その場所は現在の森集落と針江集落の中間に位置することになり、明治五年には図3の八田・蓬・藪田といった小字地名であった部分に相当する。

一四条五里では九坪に「堂敷地」が記されており、すでに検討した「検注帳」の「石津寺」に相当する。

一五条二里では、一七～二二坪に「山畠」、二二坪に「道溝山」、二七坪に「荒山溝」、三四坪に「荒溝山」などの所在が記されている。一七～二二坪を含む一帯は、前述のように「検注帳」に普済寺・報恩寺・屋敷・畠等が多数注記されていた部分であり、すでに検討ずみである。「検注帳」に二七坪は全く記載されず、三四坪にも名田と畠が存在した。

一五条三里では、一〜三坪、七〜九坪に「山」、四・五・一七坪に「残山道川」と注記しているが、検注帳では、一〜三、七〜九坪は全く記されておらず、四・五・一七坪には名田・畠等若干の注記がある。一〜五、七〜九坪付近は五十川集落とその西側の山地に相当するから全く問題がない。一七坪は平坦地であるが「残山道川」という注記は必ずしも山のみの存在を示したものではないであろうから、これも地形的には不都合を生じないとみられる。

一六条二里では、九・二一・二二・二八・三四・三五坪などに「残山川道・残山川・残山」などの注記がある。いずれも「検注帳」に若干の名田が記された坪であり、同里が図7のように山中・山麓部であることからして問題はない。

一六条三里では、三坪に「西山大道」、四坪に「北山」、六坪に「西皆山」といった注記がある。現在の日爪地区東辺であり、明治初期には全面が開拓されて水田化していたが、「検注帳」や「引田帳」の段階では、図8のように開田率が低い部分であった。西に接する同条二里と同様に、山と認識される部分が広がっていたものとみられる。

一六条四里では、三坪に「山畠・残山」、四坪に「残畠山」、五・六坪に「残岡畠」、八坪に「残山大道川」、九坪に「残北山谷川」、一〇坪に「残山荒」、一一・一二坪に「岡畠」、一四坪に「残岡」などと注記されている。このうち、四〜六、九〜一二坪は「検注帳」にも「畠」の所在が注記されている部分であり、両者は類似の地形条件を示しているものである可能性が高い。

「引田帳」に寺や山などを注記している場所は以上の如くである。A案すなわち図7のような条里プランの復原によって、地形的には矛盾は生じない。従って、「引田帳」の記載によってもこの復原は正しいと見られることになる。ただし、とりわけ寺の記載については、表2に示したように「検注帳」と「引田帳」の両者での相違がみられる場合が多く、両者の史料の年代差ないし、性格の差異を検討する必要があることになろう。同時にそれは、当時の寺の性格や施設の状況にもかかわることになるが、これらの点については、稿を改めて検討すべきことであろう。

ところでこの「引田帳」には、すでに述べたように、「検田帳」には記載されていない、一七条三・四里にも名田を記している。三里では一九・二〇、二五～二七、三一～三三坪、四里では一～三、七坪であり、三里の東南隅から四里の西南隅にかけての部分である。この部分はすべて、現在の湖底に相当することになり、汀線付近の地形変化を想定しなければならない。

日吉二宮神社の位置と小字地名

宝徳三年（一四五一）の「比叡之本庄二宮神田帳」には主として一四条六・七里の神田と寄進主を書きあげている。[40] その分布は図13に示すような状況であり、図7に示すA案の延長上での推定位置は、地形条件からみて無理のない状況である。ただし、一五条七里三坪一町、一六条五里一八坪三段、同六里一八坪二段、同七里一〇坪二段については、「引田帳」の一七条三・四里の名田と同様に現在の湖中に所在したことになる。

一方、日吉二宮神社は現在、深溝集落の西端部付近に位置し、この条里プランの復原案では、一四条五里三一坪に相当する。ところが、饗庭家文書には、年不詳ながら「就段銭二宮社領敷地坪付指出之事」として、「十四六り一ノ(坪)八段内　宮之敷地　馬場　同二ノ　一反内沢小下地大　以上九段　九月十九日　定林代判」と記した文書があった。日吉二宮神社の所在地は、この文書では一四条六里一・二坪とされていたことになる。

14条6里						14条7里					
		2,000			1,180	1,000		2,000			
				2,000		180	2,000			5,000	
			1,000	1,000		1,000	2,000	2,000			
3,240			2,000	2,000	3,000	2,000 10,000		2,000	2,000		
2,000	5,000 4,120		2,000	5,120		2,000 2,000		3,000		2,090	
10,000	3,000	5,000			3,000	3,000			2,000	3,000	

図13　日吉二宮社神田分布
（「比叡之本庄二宮神田帳」による／14条６・７里分、数値は段、歩）

従って、現在の所在地とこの史料のみからすれば、条里プランの復原（A案）が間違っており、現社地が一四条六里一坪であったか、逆に正しいとすれば、前述の石津寺の場合のように社地がすぐ東側の一四条六里一坪から一四条五里三一坪へと若干移動したかの、いずれかの可能性が想定し得る。

しかし、この場合の状況はそれほど単純ではない。前述の「神田帳」では、図13に示したように、一四条六里一坪一町全域が神田であった。「神田帳」による限り、この位置に日吉二宮神社そのものが所在したとはみられない。とすれば、単純な社地の移動でも、あるいは条里プランの復原の正誤でもない理由があるはずである。

木津荘域が、「検注帳」でも「引田帳」でも、いずれも一四条五里の東側の里界線付近を東限としていたことを想起したい。図8に示すように、名田の分布もほぼこの線以西に限定される。饗庭家文書の享保九年（一七二四）の写しによれば[41]、永正二年（一五〇五）の文書中に建保四年（一二一六）に定めた四至牓示として「東者限比叡新庄打改事」と記しており、[42] 一四条五里東辺が「比叡新庄」との境界であったと判断してよいであろう。前述の神田帳によれば、「比叡之本庄二宮神田」がそのすぐ東側の一四条六里西辺の一～三坪を含んでいたことが知られるから、両者は同一のものであった可能性が高い。これを仮りに比叡荘と呼ぶとすれば、同荘は前述のように一四条六里と七里の部分を中心としており、その領域はのちに深溝村へと継承されたものとみられる。

深溝地区とその西側の針江地区との境界線は、現在は日吉二宮神社の西側であり、前掲の元文二年の「深溝村古絵図」でもほぼ同様である。ただし、境界付近には「永荒・葭」などの部分が多い。ところが、写真1の針江村絵図では、「二ノ宮」には「深溝村領内」と注記しているが、その北側まで小字地名を記入しており（図1参照）、写真2の慶応二年針江村絵図でも同様である（図2参照）。写真3の明治五年針江村絵図では現在の境界線が示されているが（図3参照）、近世にはこの付近の境界線は必ずしも確定していなかった可能性がある。つまり針江村の側からすれば、日吉二宮神社の現位置の東側付近に境界があるとの認識があり、深溝側からすれば、社地の西側に境界があると考えられていた可能性が高い。

類似のパターンないし、このような認識の齟齬を形成した過程を想定することができるとすれば、前述のような問題にも説明の可能性が生じる。一五世紀ごろにおいて、次のようなプロセスを推定してみたい。

①木津荘と比叡荘の境界はほぼ一四条五里と六里の里界線に設定されていた。

②ただし、比叡荘にかかわる日吉二宮神社のみはすぐ東に接する一四条五里三一坪に入り込んで存在していた。この付近は木津荘からみれば、針江川の支流の対岸であり、「検注帳」では三段二四〇歩、「引田帳」では名田等の他に五段三〇歩が「残川沢道」と注記されていた。一四条五里の東辺の一部ではあったが木津荘の荘園内には含まれていなかった。[43]

③ところが、一般に一四条五・六里の里界線が境界とされていることからすれば、日吉二宮神社の位置は西側に入り込んでいることになり、いずれかの段階で社地の所在を明示する必要にせまられることとなった。おそらくそのさいに作成されたのが、前述の一四条六里一・二坪を社地とした年不詳の文書である。とすればこれは、一四条五里三一・三二坪を東側の一四条六里一・二坪にとり込むかたちで表示することによって、境界線と社地との整合性を保とうとした表現であることになる。この文書が作成されたのは一六世紀に入って以後のことである可能性が高く、条里プランによる土地表示は間もなく行われなくなる時期でもあり、各所でこのような流動的な扱いや間違いが多発していた(44)。

以上のような推定が成立すれば、先に指摘したような問題についても説明が可能であり、本来の条里プランは、やはり図7のような状況であったことになる。さらにこの推定によって、次のような後世の現象をも説明し得る可能性がでてくる。

④このように木津荘側からは一四条五里東辺が、比叡荘からは日吉二宮神社を含むその西側がその境界の位置と認識されていたとすれば、針江村からは二宮神社の東までが絵図に描かれ、深溝村からは、その西側までが絵図に含まれたのはむしろ当然である。しかも、この境界付近には「永荒・葭・アレ」などが各種絵図に記入されるような部分であり、境界線が不明確になりやすいところであった。

⑤旧深溝村の側において、日吉二宮神社が一四条六里一坪であるという認識が一般化したとすれば、それ以後においては逆に条里プランの遺称の位置を、同社を基準として比定する状況が発生しやすい。すでに小字地名の検討のさいに、一四条六里三三・三四坪の遺称地名としての「三ノ坪」と「四ノ坪」という小字地名を三坪と四坪とみなして「五ノ坪」の小字地名を加え、さらにそれと適合する位置に「九ノ坪、十七、十

三、十九」といった小字地名が復活されるかたちで設定されたプロセスの説明を試みた。実はこれらはすべて、日吉二宮神社を一坪とした場合の位置に相当する。つまり深溝村の人々は、一四条六里一坪を西に拡張して日吉二宮神社の位置を比叡荘に取り込んだ状況を基礎とし、その二宮神社の位置を一坪として、村域全体の条里呼称の遺称地名の位置を判断したことになる。

以上のような小字地名の移動のプロセスは、必ずしも深溝村のみにおける特例ではない。類似のプロセスは各所で発生したものと考えられ、復原される条里プランの坪の位置とは異なった位置におけるその遺称の小字地名化の一つの典型的な例である。

おわりに

近江国高島郡の条里プランは、一四条・一五条・一六条の部分においても、一三条以南と合致する里界線を有していたとの結論に達した。一四条五・六里付近では、かつて福田徹が根拠としたような西へ一坪分ずれた位置の推定に結びつきやすい小字地名・寺社が確かに存在する。しかし、地形条件や一五条二里における寺敷地の遺構の存在からみて、むしろ、図7のような結論を導かざるを得ない。一方、ずれが生じたプロセスを推定し得たことによって、この復原の妥当性が確認されるのみならず、中世末から明治時代にかけての小字地名をめぐる具体的な状況にも接近し得たことになる。

しかし高島郡の条里プランは、一七条付近以北の方位が異なる部分との接合点付近において、やはり複雑な様相を呈している。一六条・一七条の接合部一帯では、両者の方向が入り組んだ菱形の地割形態が出現したり、里の面積が全体として増減したりしていることになる。この付近では、安曇川流域の平野が連続する旧岡村の湖岸部までが、連続したN14°Eの方向の条里プランとして、この部分とは旧内湖や丘陵で地形的に区切られた同村北端部と同村の丘陵部以西が、北側から延びるほぼ正南北方向の条里プランとして復原されることになる。

この旧岡村の明治初期の「地券取調総絵図(45)」は、極めて興味深い地割形態の認識状況を表現している。東南の旧五十川村との境界線は異なった方位であることを表現しながら、一方では村域を貫通する西近江路を基準としたほぼ方格の道路パターンが村内全体におよぶかの如く表現している。詳細な分析には稿を改める必要があるが、同絵図の表現は、まさしく異なった方位の条里プランの接合部における、地割形態の認識の一つのパターンである。

さて、このような条里プランは、近江国における一般的状況と合致するものであり、高島郡もまた、同一原則の下で設定された条里プランであったことになる。小稿の目的は、冒頭に述べたようにこの事実の確認にあった。しかし、問題がすべて解決したわけではない。むしろようやく、分析の出発点に立ったとみるべきであろう。小稿で言及した多くの史料群をはじめ、現地に伝えられている多数の資料とともに、村落景観の多様でダイナミックな状況を解明する作業を開始しなければならない。

〔付記〕小稿の作製にさいしては、琵琶湖歴史環境研究会のメンバーの方々、特に水野章二・横田洋三両氏の御協力を得た。また、新旭町（現高島市）郷土資料室の石田弘子・永井秀之両氏をはじめ同町の各位には資料の閲覧・撮影について御高配をいただいた。記して謝意を表したい。

末筆ながら、木津荘研究に、まさしく先鞭をつけられた故福田徹氏に対し、その労を賛えたい。小稿は一連の労作に導かれ、それにいわば注を付したにすぎない。

(1) 金田章裕『微地形と中世村落』(吉川弘文館、一九九三年)一一〜三二頁。
(2) 金田章裕「湖畔の荘園(1) 湖岸の変遷と耕地」(藤岡謙二郎編『びわ湖周遊』、ナカニシヤ出版、一九八〇年)。
(3) 福田徹『近世新田とその源流』(古今書院、一九八六年)二一二〜二九一頁。
(4) 足利健亮「近江の条里」(前掲『びわ湖周遊』)。
(5) 服部昌之『律令国家の歴史地理学的研究』(大明堂、一九八三年)、同「近江国条里分布図」(『角川日本地名辞典・滋賀県』一九七九年)。
(6) 高島郡教育会編『高島郡誌』(一九二七年)四七三〜四八〇頁。
(7) 福田徹「安曇川下流域における条里制の復原」(『人文地理』二六―三、一九七四年)。同「中世後期における村落景観――山門領木津庄を中心として――」(藤岡謙二郎先生退官記念事業会編『歴史地理研究と都市研究(上)』、大明堂、一九七八年)。同「中世後期における村落景観の復原――近江国『注進木津庄引田帳』を中心として」(『龍谷史壇』七三・七四合併号、一九七八年)。以下、引用は前掲注(3)による。
(8) 福田、前掲注(3)、二五九〜二七一頁。
(9) 同右、二七一〜二八四頁。
(10) 同右、二二二〜二五五頁。
(11) 針江区有文書。
(12) 新旭町教育委員会郷土資料室編『明治の村絵図――滋賀県新旭町』(新旭町、一九八八年)六三頁。
(13) 深溝区有文書(前掲注12『明治の村絵図』、八二頁)。
(14) 前掲注(12)『明治の村絵図』、六六頁。
(15) 前掲注(12)『明治の村絵図』、六五頁では脱落があり、二〇とされている。
(16) 一ノ坪については、必ずしも古代における律令の条里プラン、国図の条里プランのような郡を単位とした統一的条里プランではなく、荘園の小字地名の一部などにおいて、本来の一ノ坪の位置とは無関係に成立する場合がある(金田章裕『古代日本の景観』、吉川弘文館 一九九三年、二五〇〜二八六頁)。例えば徳治二年(一三〇七)讃岐国善通寺伽藍并寺領絵図では、条里プランの一ノ坪とは関係のない荘域南東隅に「いちのつほ」と記入している。
(17) 前述のように、この範囲で列挙されているのは七例であるが、一五条四里一八坪に「田井川」という小字が記されているとされるのは史料の文字の誤認であり、これは小字地名として記したものではない。従って有効な事例は六例となる。
(18) 前掲注(12)『明治の村絵図』、四〇~四一・五一~五三頁。
(19) 同右、五四~五五頁。
(20) 森区有文書(前掲注12『明治の村絵図』、八一頁)。
(21) なお通称等の調査はしていないが、福田は「明治初期および現存の小字名」としている。
(22) 前掲注(12)『明治の村絵図』、五五頁。
(23) 福田論文では、「大割田」に相当するとされるが、図3のように「大わり田」は一カ坪分東である。
(24) 福田論文では、一六条部分で「坂ノシリ」「北ハヤシ」、一七条部分で「カケノ前」「新名」「杉サハ」「大ツカ」「坂ノリシ」一八条部分で「庄サカエ」「小佃・完佃」が、「検注帳」にみられ、かつ明治初期および現在の小字地名として存在するとされている。ただし、このうちの一六条の「坂ノシリ」「北ハヤシ」については明治六年「日爪村地券取調総絵図」(前掲注12『明治の村絵図』、三八~三九頁)および現行の小字地名の両者には存在せず、一八条の「小佃、完佃」という小字地名は「検注帳」にみられない。また、一七条部分の「坂ノシリ」、一八条部分の「庄サカエ」も、明治六年「木津村地券取調総絵図」(同前三一頁)および現行の小字地名にはみられない。さらに、「カケノ前」「新名」「杉サハ」「大塚」の位置についても、明治六年と現行の小字地名による限り位置が合致しない。
(25) 一六・一七条に相当する部分は旧日爪村・岡村・木津村の範囲内に相当する可能性が高いが、この範囲については『明治の村絵図』(前掲注12)所載の明治六年地籍図および現行小字地名による。前述の旧針江村のようにこのほかにも小字地名を記載した古地図類が伝わっている可能性があるが、『明治の村絵図』刊行段階では確認されていない。
(26) 相互の位置関係のみであり、条里プランの復原とは一応別の検討である。ただし、最終的には条里プランの復原結果との照合・検証が必要であり、その資料とはなり得る。

(27) 林照寺川・松田川の合流点付近は、南北を標高一〇〇メートル以上の丘陵端にはさまれた谷状の地形の部分であり、さらに北側の今川とその支流などの場合と同じように、かつては水田の多い浅谷であった可能性が高い。地すべりないし山崩れ等を契機として、ある時期に急速に堆積が進んだ可能性が高い。また、図9の橋爪川河口部にはわずかに突出した湖岸の形状がみられるが、四里二四坪付近（P）に橋爪川が流入していた時期にも、類似の形状の湖岸線を想定することができよう。

(28) 本来、三六坪の南へ三五・三四・三三坪が連続すべきであるが、これが谷沿いに南西方へと続く浅谷部の田に対応するとみなされていた可能性を考慮することになる。

(29) 前掲注(12)『明治の村絵図』、八〇頁。

(30) 前掲注(12)『明治の村絵図』(四二頁)では、「寺海道」を「米井寺」跡と想定し、「胡珍海道」の西の「大乗寺」に「大蔵寺」の寺跡との関連を想定している。しかし、本文で述べたように、「検注帳」では「大蔵院米井寺」と記されているのであり、両者を別個に想定するのは無理がある。

(31) 饗庭家文書「定高郷由来」および『明治の村絵図』(前掲注12)五四～五五頁、福田（前掲注3）一七五頁。

(32) 前掲注(12)『明治の村絵図』、五四～五五頁。

(33) 検注帳には三五坪に「針江川末」、三六坪に「川末」と記されているが、A案によればその位置はまさしく一四条五里北東隅の針江川両岸に相当することになる。B案では河川が現位置であったとすれば、川末からは少しはずれることになる。

寺堂の変化が著しい一方で、前述の一四条四里一三坪の「道祖神」、後述の一五条三里二一坪の「今宮」、さらに後述の日吉二宮祖社などが、その位置を各々たどることができる点には留意しておくべきであろう。

(34) 検注帳には三六坪に「報恩寺ヨリ一丁東」との注記がある。報恩寺は二三坪にあるから、やや疑問の残る注記であるが、図9のような菱形部分と、N14°Eの方格との接合を想定すれば、理解しやすい注記である。現在の報恩寺とその位置は新しいものであろう。なお、B案の場合も報恩寺は現状と全く異なった位置となる。

(35) 前掲注(12)『明治の村絵図』(五一頁)によれば、天授年間（一三七五―八一）に現在地へと移動したと伝える。「検注帳」は応永二九年（一四二二）であるから、これより後のこととなって矛盾をきたす。しかし、伝承の年次が必ずしも正しくないことは多くの事例から知られるところであり、むしろ旧社地があったとの伝承の方を重要視し得る可能性がある。

(36) B案では、現在の大国主神社の社地の位置が検注帳の今宮の位置の一町ほど南となる。しかし、この案では「今宮立八段」余が急峻な山腹となり、問題が残る。

(37) 重出する一六条五里および一七条一里~四里、一八条二~三里の部分には、一三~一六条の部分と異なって全く頭注がない。重出する部分を対比すると、基本部分は同じであるが、注記・合点の部分が一方に付加されていることが知られる。つまり、現存の「引田帳」は、重出の部分の一六条五里から一八条三里にかけての頭注が全くなく、また名田名と名請人の間の注記も著しく少ない部分が原型を示しているのであり、のちに注記・合点が加えられたものであることが判明する。応永二九年の検注帳もまた、記載内容等からみて、おそらく類似の成立過程をたどったものと思われる。

(38) 前述のように、応永二九年「検注帳」では、少なくとも小字地名は後筆であると考えられるが、この「引田帳」の頭注自体がそうであり、しかも小字地名の記載がないことは、この判断の一つの状況証拠となろう。

(39) 福田前掲注(3)、二三四頁。ただし、「検注帳」「引田帳」ともに、さらに検討を必要とする。

(40) 一四条六・七里以外では、一三条三里一三坪、同条六里二四坪、一四条三里二五坪、一五条七里二・三坪、一六条五里一八坪、同六里一八坪、同七里一〇坪の神田の記載がある。

(41) 同一文面が江州高島郡饗庭庄霜降村饗庭氏「書状之写享保□年二月吉日」にも収録されている。写されている文書の年紀は建保~永正であり、年紀のないものも含まれている。

(42) 享保九年饗庭荘証文。

(43) 前掲の建保四年確定とされる四至に、北と南が条里プランで示されているのに対し、東が例えば一四条五里東堺などと表現されずに、「比叡新庄」としている点もこのことにかかわる可能性がある。

(44) 金田章裕『古代日本の景観』(前掲注16)二九一~二九七頁。

(45) 前掲注(12)『明治の村絵図』、三四~三五頁。

10―禍福おりなす大地

地　震

阪神淡路大震災、中越地震、能登半島地震等、うち続く大地震の大きな恐怖が多くの人びとの体内に残り、建物・施設と生活の復旧作業が続いている一方、家族を失い、家を失った人たちの失意を思うとき、地震災害の状況についてそれ以上なにも語ることはない。

『大日本地震史料』に先がけて、史書にみえる地震の記事を集成した小鹿島果編の『日本災異志』は、明治一七年八月二〇日の「関東強地震」まで、計一三六八件もの地震を収載している。古くは天武天皇の一三年(六八四)一〇月一四日の地震を、『日本書紀』は次のように記している。

大きに地震る。国こぞりて男女叫び唱ひて、まどひぬ。則ち山崩れ河涌く。諸国の郡舎及び百姓の倉屋、寺塔神社、破壊れし類、あげて救うべからず。

何時の時代の地震でも、同じような悲惨な状況が出現したことは、多くの記録にもあり、また簡略な記録の背後にも間違いなくあったはずである。

『日本災異志』では、五〇年ごとの地震記録を集計し、延暦一〇年(七九一)と承和七年(八四〇)、承和八年（八四一）と寛平二年（八九〇）、天正一九年（一五九一）と寛永一七年（一六四〇）との間に、それぞれ一〇六回、三八六回、一〇七回が集中しているとしている。承和～寛平に三八六回もの記録があるのは、天安二年（八五八）から仁和三年（八八七）を詳細に扱った『日本三代実録』の存在とも関連することであり、『日本災異史』による記録の集成の問題もあるが、地震の発生が均一でないことは、明治中ごろにすでに知られていたことになる。

同書ではさらに、月別の頻度の集計をも試みている。発生月不明のものを除いた一三三四回の地震は、各月九四～一四四回とされ、最小が四月（七・〇五％）、最大が八月（一〇・七九％）であるが、著しい差はないとみるべきであろう。

しかし、大地の上で生活をしている人間にとって、その基盤である大地が揺れるほど、ゆゆしいことはない。可能であれば、いかなる方法でも、それを避けたいと思うのが必然である。寛文二年（一六六二）五月一日に発生した大地震は、京都・近江に甚大な被害をもたらした。この地震について各様の詳細な記事を載せた『艱難目異誌』や吉田神社の『御広間雑記』によれば、豊国大明神の石垣や石灯籠などが被害を受けなかったということで、六日ごろから大群集が豊国神社参詣に押し寄せたという。

ところで、一枚刷りの地図として刊行された日本地図では、現存最古のものが、寛永元年（一六二四）五月吉日という刊行年を記している。『日本災異志』は採録していないが、『大日本地震史料』は、この年の前年（元和九年）に越前国・京都などの地震を記し、この年二月二日には江戸、五月四日には下野国に地震があったとの記録を収載している。従って、地震直後に刊行されたと思われるこの地図は、不思議なことに「大日本国地震之図」（原田正彰氏蔵）という題額を有している。この地図は、口絵5のように日本が龍にとり囲まれた構図となっている。日本地図自体は、行基図と通称される古い時期の様式のものであるが、主題は必ずしも地図にはない。龍の背鰭《せびれ》に各月の守護神・吉凶が記されているのである。

正月、火神当（原文とう、以下同じ）、大風天下の患い、下十五日雨繁し。

二月、龍神当、上十五日雨、下十五日大風、合戦あり。

三月、帝釈当、田畠吉、病はやる、人死す。

四月、金神当、大兵乱、男悩む。

五月、火神当、上十五日雨風はんみ□患い、世の中吉、水出る。

六月、金神当、病事、日照り、馬手死す、喜び有、世の中半吉。

七月、龍神当、病多し、世の中売り買い高し、上十五日弓矢、下十五日日照り。

八月、火神当、喧嘩、人多く死す、同子供死するなり。

九月、龍神当、天下物言い事、大雨、瘧《おこり》はやる。

一〇月、火神当、世の中十分風繁し、人悩む。

一一月、火神当、天下安穏、上十五日火事、下十五日雨風、世の中又難。

一二月、火神当、向吉、世の中三分風の患い。国動くなり。

一二月に「国動くなり」と、地震の予測を記している。ほかの月には地震が記されていないが、上部右寄りに、「動くとも　よもや　抜けじの　要石　鹿島の神の　あらん限りは」とあり、表題も又前掲のように「地震之図」となっている。やはり、危険、吉凶の軸は、地震とみるべきであろう。

この図を紹介した野間三郎はさらに、「龍絵図」と呼ばれる類似の絵が近世に広く流布しており、その刊年の多くが大地震のあった年であるとされている（「寛永元年刊『大日本国地震之図』なるものについて」、『人文地理』一七―四）。「重宝年代記」とか「永代暦」とか称し、暦・年表・年号・歴代将軍・九族など雑多な日用坐右の知識を記したこの中に含まれている図である。中には「地の底鯰大日本国略之図」などと、「鯰絵」になっているものも多い。嘉永七年（安政元＝一八五四）と安政二年（一八五五）の地震・津波については、災害を受けた地方を地図中に採色して示している例も知られている。

この系譜の刊行図の一つに、建久九年（一一九八）と伝える「伊勢暦」がある。模作であることは自明であるが、野間三郎は、この年がやはり地震のあった年であることを指摘して、原図が存在したことを想定している。このような龍絵・鯰絵が広く流布した背景には、やはり地震の存在が大きかったとみるほかはない。何よりも、口絵5のような龍にとり囲まれた国土の構図は、何時でも地震に襲われる国土認識を示してあまりがある。

岐阜県本巣郡根尾村水鳥《みどり》（現本巣市）に、国指定特別天然記念物「根尾谷断層」なるものがある。揖斐川の支流、根尾川上流の山間にある、北西―東南方向の断層崖であり、断層崖は、垂直に約六メートルの比高を有し、断層線にそって約四メートルの横ずれをともなっている。根尾川ぞいの道路を北上すると、道が急にこの小崖を登り、また、少し左手にずれて続いている様子を知ることができる。

明治二四年（一八九一）一〇月二八日、マグニチュード七・九～八・四と推定される濃尾地震が発生し、圧死者七七三二人、壊れた家約八四、〇〇〇戸、焼失した家約四五〇〇戸、焼死者三九四人にのぼる大震災であった。その時できたのが、根尾谷段層（水鳥断層ともいう）と名付けられた、巨大な地震断層である（市原信治『濃尾地震と根尾谷断層』、一九七八年）。根尾谷では、この地震によって、垂直方向にずれた断層（厳密には垂直断層）と水平にずれた横ずれ断層がいくつも生成したのである。

根尾谷では、このような断層を除けば、地震の名残りはもう存在しない。あれほどの被害をもたらしていながら、すでに断層しかその根跡をとどめていないことになる。しかも、この根尾谷断層は、全体としては福井県今立郡池田町から、岐阜県可児郡にまで断片的に続く、全長約八〇キロの大断層である。日本には至る所に断層が走り、現在でも動く可能性のある活断層だけでも、膨大な量に達する。極端にいえば、すべての活断層が地震の遺構であることになる。

先に述べた寛文二年の地震では、現在の大津市葛川町町居でも、約五〇戸の人家が埋没し、二〇〇人を越える死者が出たと記録されているが、その直接の理由は地震による山腹の大崩壊であった（奥田節夫「江戸時代の崩壊災害」、中島暢太郎・三木晴男・奥田『歴史災害のはなし』、思文閣出版、一九九二年）。花折断層にそって北流する安曇川東岸の武奈ヶ岳西斜面が、標高一〇〇〇メートル弱のイオウハゲ付近から幅約一キロ、長さ二キロにわたって崩壊したためであった。

この地震では、琵琶湖岸でも多くの陸地が水底に沈んだと推定されており、正保二年（一六四五）と元禄一四年（一七〇一）の石高を対比すると、近江国の一二郡の中で、湖南・湖西の栗太・志賀・高嶋三郡のみが、石高が減少していることが知られている（三木晴男「江戸時代の地震災害」、前掲『歴史災害のはなし』）。

石高の減少だけではない。湖西の明神崎にある白鬚神社の鳥居は、現在は湖中にあるが、これも、時期は不明であるものの水没によるとみられている。『近江輿地史略』は、白鬚大名神について、「当社の鳥居は、前汀湖中にあり、昔は陸地にありしに、湖水増して今水中となる」と記している。琵琶湖博物館蔵の「近江名所図屏風」は、同社の陸上の鳥居の状況を描いており、『近江輿地史略』の説明と合致する（用田政晴「琵琶湖の水没村伝承」、『琵琶湖の歴史環境　琵琶湖博物館開設準備室研究調査報告二』)。明神崎付近の水没は、断層とかかわるとの地形調査の結果が報告されており(奥田前掲)、必然的に地震ともかかわっていたことが知られる。

阪神淡路大震災のさいには、ポートアイランドなどで液状化現象が発生したことがよく知られている。地震の急激な震動によって、比較的軟かく、水分を多く含んだ砂層ないし砂礫層が「液状化」状況となり、その一部が上の地層を引き裂いて地表に噴出するのである。考古学の発掘現場において、このような液状化の跡が検出されると、噴砂の位置によって、液状化をもたらした地震の時期を推定することが可能になる。寒川旭の仕事などによって(『地震考古学』中公新書)、考古学的に地震の根跡を確認することができるようになった。つまり、地震の遺構である。琵琶湖岸でも、多くの例が確認されており、前述の寛文二年にかかわるものも含まれている(寒川旭「琵琶湖周辺の遺跡で検出された地震の痕跡」、前掲『琵琶湖の歴史環境』)。地震の記録は、文字による場合、多くは包括的であり、場所を特定することが必ずしも容易ではない。特に古い時期の場合、個別の場所における具体的状況は、大きな災害であるにもかかわらず不明であることが多い。地震の遺構は、この点を補う意味でも興味深い。

弘化四年(一八四七)三月二四日、午後一〇時過ぎに発生した善光寺地震は、近世では、特に被害が大きく、また人びとに広くその状況が伝わった地震の一つであった。『長野県史』(通史編・第六巻)の整理によれば、地震の経過は次のような状況であった。

松代藩家老河原綱徳は、地震の中で城にたどりつき、藩主のご機嫌をうかがい、次々と注進されてくる各地の被害に対し、救済の手だてと火の用心を指示し、幕府への震災状況の報告のために早飛脚を仕立てた。

松代藩では、本丸以下の倒壊・大破のほか、城下の藩士の家の全半壊三二四軒、大破六五四軒、民家はそれぞれ二八一軒、一一四軒、圧死者三二人、領内在方では全半壊一二、一二九軒、大破三一二〇軒、圧死者二一〇〇人余、死んだ馬牛二六〇匹余におよんだ。松代藩以外の飯山藩・上田藩領などの被害も大きく、特に善光寺町が甚大であった。

善光寺町では、三月一〇日から善光寺の御開帳が始まり、山内・町内は参詣人で大賑いであった。地震で圧死した人も多かったが、火事が発生して二日二晩燃え続け、本堂を除く寺中四六坊がすべて焼け、町屋も全壊一六〇軒、焼失二二〇〇軒、残った家はわずかに一四〇軒余にすぎなかったという。死者は寺中・町内で約一四〇〇人ほど、旅人の死者は一〇二九人という。

松代藩は、先の第一報以来、十数回にわたって幕府に被害報告を提出し、拝借金、国役御普請の願いを出す一方、領民には炊き出し、手当ての金・米を下付した。他の藩・天領でも類似の手を打っており、藩の対応はおおむね適当であったと評価すべきであろう。

河原網徳の『むしくら日記』では、翌二五日に、「その後の注進によると、山中に山抜《やまぬ》けがあったとみえ、犀川下流の流れがしだいに細く枯れて、七ツ時ごろには膝のたけにもおよばぬほどにな」ったと記している。山抜けとは地すべりであり、千曲川の支流犀川上流の虚空蔵山（岩倉山）が崩れて、川を堰き止めた結果であった。

堰き止められた上流では大湖水ができ、水が一時に押し出せば、下流は大洪水となることが予測された。松代藩では、下流側の地すべり部分を掘り広げて河道を整備し、新しい堤防の築造と従来の堤防の補強を進めた。山々へ逃げていた村民をかり出し、一〇日余にわたって毎日一〇〇〇人前後を動員した大工事であった。急を知らせるのろしの手筈《てはず》を整え、助け船・筏《いかだ》も村々に準備させた。

しかし、四月に大雨となり、一三日には一気に激流が押し出して、川中島平全体を水底とした。藩の防災工事は、努力の甲斐なく、ほとんど用を果たさなかったことになる。

善光寺地震の情報は、幕府への報告のみならず、善光寺への参詣人が持ち帰って全国に広がった。江戸では、四月の初めに瓦版が出され、間もなく京・大坂でも出されたという。地元でも数点が出版された。地震の折り、本堂に参詣していた人びとが、本堂とともに助かったことから、善光寺信仰が一層高まった。一方で、多くの人びとが被災したことから、「死にたくば信濃へござれ善光寺　うそじゃないもの本多善光」という狂歌もよまれた。

六月ごろには善光寺諸堂の修理復興が始まったという。四六坊もそれぞれの持ち分の国々に寄付を募った。右のような、信仰の高まりはもとより、その裏返しの反応もまた、情報と関心の広がりを示すものであった。当時の情報が正確かつ詳細を極めたものであったことは、図1・2のような一種の災害地図の刊行がよく示すところである。「信濃国大地震山川崩激之図」と表紙に記された二枚組の地図である。

一枚の方は「弘化丁未春三月廿四日信州大地震山頽川塞湛水之図」（図1）と題し、地震によって家が潰れた村々を黄色、焼失した町・村を赤色、山崩の場所を肌色で示し、岩倉山の地すべりで湛水した部分を青で表現している。地震の被害を一見で知り得る災害地図といってよい。上端には、『三代実録』が記す仁和三年（八八七）以来の地震の記録を掲載している。

もう一枚の方は、同じ原版を使用して四月一三日の洪水の範囲を青色で示したものである。上端には、三月二四日の地震以来、一〇月までの余震やさまざまな被害の状況を記したものである。「弘化丁未夏四月十

図1　弘化丁未春三月廿四日信州大地震山頽川塞湛水之図

図２　弘化丁未夏四月十三日信州犀川崩激六郡漂蕩之図

三日信州犀川崩激六郡漂蕩之図」（図２）と題されている。版元の印刷はないが、「発行・江戸日本橋通二丁目山城屋佐兵衛、信州善光寺大門町蔦屋伴五郎」の判が押されている。山城屋佐兵衛はこのころ、江戸図にも名の見える書肆である。おそらくは、一般的な関心はもとより、各地で寄付を得るための説明にも用いられたものであろう。

地震は、直接的な被害のみならず、火事・洪水として二次的にも深刻な災害をもたらした。

破　堤

弘化四年の善光寺地震でも、寛文二年の京都近江大地震でも、洪水・水没が被害を拡大した。日本の平野の大部分は、沖積世（約一万年前〜現在）に、主として河川の堆積によって形成された沖積平野である。いうならば、洪水によってできた平野であり、基本的に洪水は避け難い地形条件である。川の上流部には、砂礫が堆積した扇状地が発達し、中流では砂礫からなる自然堤防と、泥水の湛水によって泥土が沈澱した後背湿地が交錯していることが多く、下流へ行くほど、自然堤防が小規模で少なくなり、後背湿地の多い三角州となる。

現在ではほとんどの川が、両岸を堤防で固められている。河川部分の堤防間を「堤外地《ていがいち》」、堤防に守られた人びとの生活範囲を「堤内地《ていないち》」というのは、堤防と生活の歴史を反映した表現である。川は時として堤防を破り、水が堤外から堤内へ侵出し、人びとに被害をもたらすものであった。

時の都であった平安京にあっても、しばしば洪水に襲われた。それを防ぐために天長元年（八二四）には「防鴨河使」という役職が設置されて（『類聚三代格』）、鴨川の築堤工事を行い、貞観三年（八六一）には「防葛野川使」も設置されて（『類聚三代格』）、桂川の防水を担当した。これより先、延暦一九年（八〇〇）には、「山城・大和・河内・摂津・近江・丹波等諸国民一万人を発し、以て葛野川隄（堤）を修す」（『日本紀略』）とあり、大同三年（八〇八）にも「有品親王」以下が「役夫」を進めて、桂川の堤防の工事をした（『日本後紀』）。平安京建都にともなって、東西の大河の洪水が重要な課題となっていたことを示すものである。

当時の堤防はしかし、今日我々がよく知っているものとは大きく異なっていたとみられる。今日の堤防であっても、昭和五一年（一九七六）九月の長良川決潰のように、時に破壊し、大洪水を引き起こすことがある。たとえ平安京近郊であっても、当時の技術では完全な治水は望むべくもない。おそらくは、要所々々に築堤し、水勢をそぐのが精一杯であったであろう。当時の村落の家は、多くの場合、自然堤防上などの微高地上に建てられていることが多く、激流が押し寄せるような大洪水でなければ、被害は最小限にとどまった。水田の場合も、短時日湛水するだけであれば、壊滅的な被害にはいたらなかったはずである。水勢をそぐのが最大の目的であったとみてよい。とすれば、今日のような連続堤である必要はなかったことになる。

しかし、市街が連続した平安京東辺の鴨川の場合、事情は異なる。貞観一三年（八七一）の『日本三代実録』の記事によれば、鴨川の堤が決潰すれば被害が甚大であるので、堤を高くすべきこと、堤の周囲に田を拓いたり、灌漑の水路の穴を開けたりすれば堤を壊すことになるから、公田のほかの耕作を禁じ、また堤を害するような場合の公田の耕作をも禁止している。堤防がある程度以上連続していなければ、灌漑用水を得るのに堤防に穴を開ける必要はないであろう。一〇世紀ごろには、諸卿によってしばしば平安京東辺堤防の巡検が行われていた（『扶桑略記』）。このような状況からすれば、平安京東辺の鴨川西岸の堤防は、ほぼ連続堤のかたちとなっていたものと推定される。日本の大河川の中では最も早い時期における、連続堤の出現であろう。この場合でも、東岸の方には、連続した堤防はなかったと思われる。増水時には、東側へと水域を拡大して、水勢を弱めたものであろう。

一般に信玄堤と呼ばれる筋違い堤がある。近世までの大河川の多くは、この形式の堤防であった。特に水勢が強くなる扇状地の河川では、つい数十年前まで各地でみられ、今日でもその名残りを残すところもある。上流に向って開いたかたちで、両岸に雁行状に築かれた堤防は、増水時の水圧をまともに受けることはなく、しかも十分に水勢をおとすことが可能である点では、極めてすぐれた築堤技術であった。

永禄二年（一五五九）に岩倉織田氏を攻略し、尾張一国を制した織田信長が、翌年今川義元を破り、急速に新時代の扉を開いていったことは周知のところである。

信長は、天正三年（一五七五）正月二四日の朱印状において、祖父江五郎右衛門等に対し、「道根《みちね》・横野《よこの》堤」に毎年修理を加えることを命じている。「桜木・船橋・平野・重元・小寺・横地・上畑・法華寺・中井・浅井・西御堂」の「十一郷」を修築に当らせるよう具体的に掲示しているのである。道根・横野堤とは、現在の愛知県稲沢市横野町から西島町にかけての部分であり、西島町には、東道根・西道根・上道根という小字地名がある（コラム②も参照）。

道根・横野堤は、日光川の東岸に当り、その日光川が大きくメアンダーして東へ張り出した部分に相当する。つまり、日光川の攻撃斜面側に相当し、増水時には破堤し易い部分である。日光川は現在、木曽川東岸を一宮市域から、稲沢市西辺を経て南流し、三宅川と合流した後、名古屋市西南端付近で伊勢湾に流入する。この流路は、現在の河道に木曽川が固定される以前における、木曽川の主要な分流の一つであったから、信長の当時の道根・横野堤とは、木曽川に直結する堤防であったことになる。

この道根・横野堤の維持・管理に信長が意を用いるのは当然であろうが、さらに興味深いのは、修築に当らされた一一の村々である。これらの村々は、すべて日光川東岸にあり、東を流れる三宅川の西岸に当る。つまり、道根・横野堤が決潰すれば、直接被害を受ける村々である。村々は信長の命を、当然のこととして受け入れたとみてよいと思われる。修築する堤防の直接的影響の下にある村々をほぼすべて動員していることからすれば、信長の段階ではすでに、尾張一帯で類似の築堤工事、管理・修築が行われていたとみられる。

信長の政権を受け継いだ豊臣秀吉もまた、尾張国で大規模な築堤工事をおこしている。『駒井日記』によれば、文禄二年（一五九三）一二月一四日に、「高取之知行取」つまり上級武士に、翌年正月から尾張の堤の脇に小屋を作って堤普請を始めるよう指示し、さらに百姓にも割符を出して築堤をさせ、兵粮を支給するとしている。この年には、堤の「水よけ」に、知多郡から材木四四〇〇～四五〇〇本を伐採し、海東郡で八五、〇六八間、中島郡で百姓六〇九〇人による分を含めて五七、八五〇間もの築堤をしている。両郡のみで、延べ二二五〇キロ以上におよぶ堤が築造されたことになる。八年近くを要して、慶長六年（一六〇一）には「木曽川堤成就」（『地方古義』）としているから、当時の築堤が一通りの完成をみたものであろう。

南北に隣接する中島郡・海東郡の南北幅は約二〇キロ程度である。仮りに、連続堤を川の両側に築いたとしても、一河川について延べ四〇キロであるから、先の総延長は六河川分という数値である。現実には筋違い堤や二番堤があり、また自然堤防の部分や既存の部分があったとしても、主要河川にはほとんど築堤が行われたとみてよいことになる。

秀吉の築堤は、単なる治水にとどまらず、大河川の河道の付け替えにまでおよんだ。とりわけ著名なのは宇治川の付け替えであり、現在の河道はその結果である。もともと宇治川は、宇治橋の少し下流付近から、一流は宇治市五ケ庄岡本の南を経て西へ流れ、あるいは宇治市槇島の南部を西北西へ流れて、巨椋池《おぐらいけ》へと流入していた。

秀吉による付け替えは、この河道を北へ向け、五ケ庄西部に張り出した低い台地の先端を切り開いて木幡にいたり、西へ転じて伏見に建設した城と城下の南を通そうとするものであった。『村井重頼覚書』などによると、文禄三年（一五九四）一〇月、前田利家に命じてこの大工事を行ったという。徳川家康の家臣の専門家松平家忠もこれにかかわったとされる。

宇治川の河道付け替えは、足利健亮によれば、伏見城の建設、京・大和を結ぶ街道の整備・管理、宇治川・淀川水運の伏見への収斂など、一連の大規模な土地計画の下において実施されたものであるとされる（『中近世都市の歴史地理』、地人書房、一九八四年）。このような大規模な付け替え工事は、当然のことながら連続堤をもってしか成し得ない。

『宇治里袋《うじさとふくろ》』という記録は、河道付け替えと同じ文禄三年に、「大椋より伏見迄新堤築き為され候」と、後に小倉堤と呼ばれる堤兼道も築造されたことを記している。従って、付け替えにともなう槇島と小倉堤によって、槇島全体が堤防に囲まれた輪中と呼ばれる形態が出現したことにもなる。これらの堤を太閤堤と呼ぶこともある。堤は、河道と人間の生活部分、つまり堤外地と堤内地を完全に分離するものとなった。

この後、近世には各様の治水のための築堤が進行する。築堤とりわけ連続堤によって、人は川を馴らし、堤外に封じ込めようとする。川は本来、増水のさいに、多くの分流へ水を分散し、また筋違堤の場合でも、洪水の水勢をそがれていたにすぎなかった。しかし連続堤の場合には、人は堤を介して水と対決することを余儀なくされる。

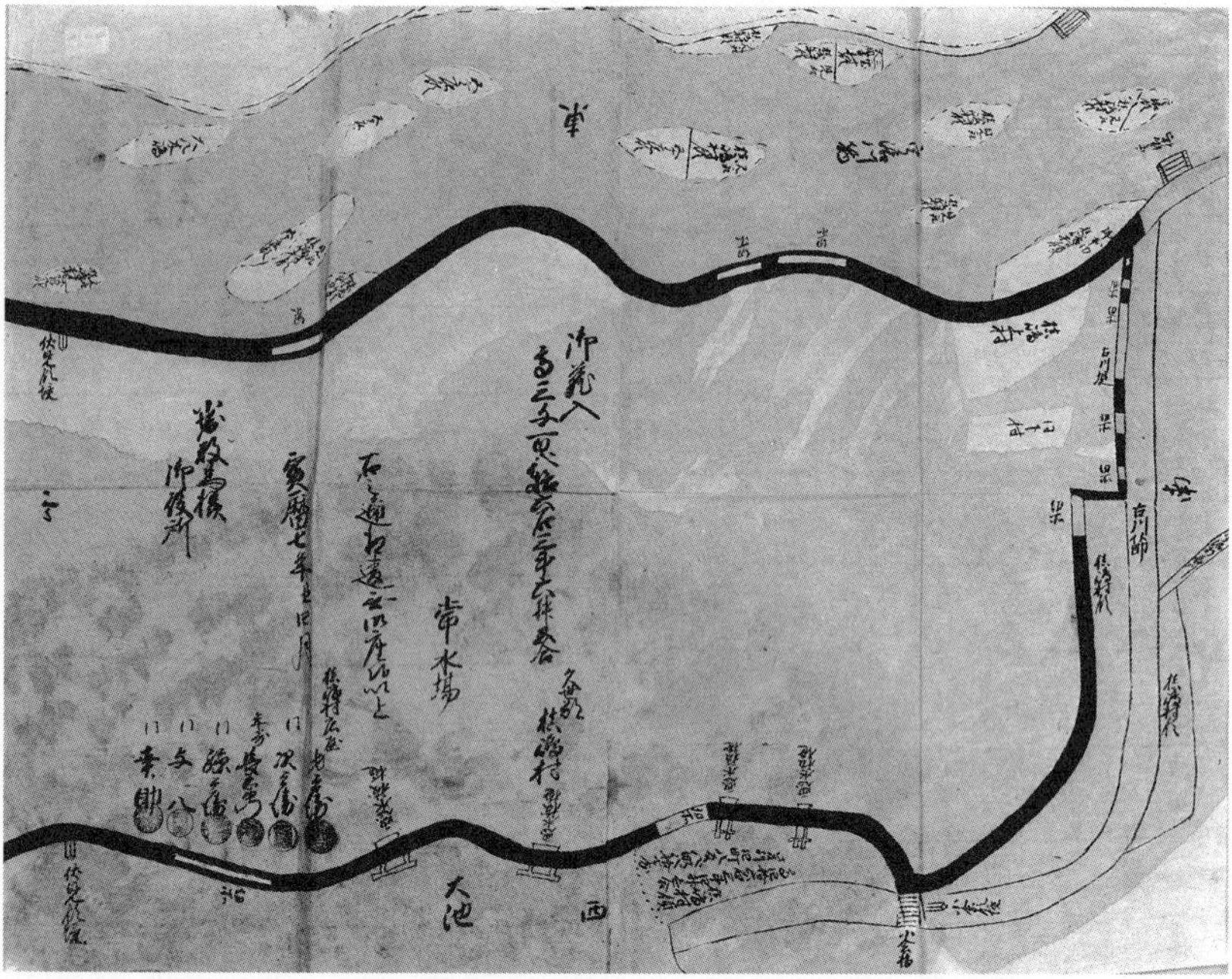

図3　槇島村破堤水損絵図

秀吉が築いた太閤堤は、堤外に封じ込めようとした水によってしばしば破堤し、洪水を引き起こした。『宇治市史・3』の整理によれば、江戸時代のみでも二三回におよぶ水害の記録が確認されている。

宝暦七年（一七五七）の「槇島村破堤水損絵図」（図3）では、その前年の大洪水の状況を絵図にして説明したものであるが、槇島堤のみでも三か所、槇島村をとり囲む太閤堤全体では、計一〇か所の破堤池を図示し、「切所《きれしょ》」と記入している。

慶応四年（一八六八）五月の「お釜切れ」と呼ばれた洪水では、絵図に付された記載によれば次のような状況であった。

四月上旬より大雨降り続き、大池表、常水より凡そ一丈八尺余は増水に相成り、五月十二日午之刻、宇治橋より下、槇島村境之堤二百間余り切れ、

槇島村へ宇治川筋大洪水流れ落ち、薗場堤切れ、この如く橋本町流失の家書き記し、南は老ノ木の田地、
宇治川瀬の如くなり。

大地とは巨椋池、薗場堤とは槇島を囲む堤の南側部分のことである。二〇〇間、約三六〇メートルにもわたって破堤した様子がよく知られる。

宇治川の洪水を描いた古地図の中に、破堤の状況を詳細に表現したものがある（「槇島村絵図」、前掲『宇治の古絵図』）。切れ所の内側（堤内地）への環状の砂の堆積と、その内部の半円型の水面が描かれている。このような構造は、「切れ所池」とか「押堀《おつぼり》」とか呼ばれているものである。『地方《じかた》凡例録』には、「是は堤の切口、田地の内押堀に成り、又は川筋・溝筋より風雨の節大水溢れ、水勢強く、所々掘れ入り」と説明されている。

押堀については、伊藤安男の研究『治水思想の風土』（古今書院、一九九四年）に詳しい。先に述べた昭和五一年の長良川破堤にも、この押堀がかかわっていた。破堤地である岐阜県安八郡安八町大森の長良川右岸の堤脚部には丸池という池があった。地域住民はその丸池が押堀であり、洪水はその対処の不十分さによる人災であるとして訴訟を起こした。一審では住民側の勝訴となったが、その判決文は、よく押堀の状況を示している。

本件破堤箇所の堤防には、これが築造に手落ちがあったため、旧堤の上に築造された新堤部分が堤内側にすべりやすい構造となっており、堤内側に丸池が残存していたため、堤防及び堤防裏堤脚部が不安定な構造となっていたところ、本件降雨、洪水により浸潤作用が進行し、パイピング現象の激化も加わって堤体の弱体化を招き、堤防裏小段に亀列を発生させ、一次及び二次のすべりを引起して破堤に至ったものと認められる。

つまり、押堀の部分は堤の構造が弱くなり、再び破堤を招き易いという判断である。伊藤の調査によれば、長良川のみならず、木曽川・庄内川・淀川・利根川など、各所に押堀が存在し、土地の人びとは、そこがよく破堤する危険箇所であることを伝承しているとされる。押堀には、洪水守護の水神を祀る例が多いという。連続堤による河水との遮断、水との対決は、どうしても弱点における破堤という状況を発生させ易い。人びとはこれに対しても対応してきた。伊藤は次のように述べている。

破堤時にそこが洗掘されて「池成」となることは、災害の激化する江戸中期以降から明治期では重大な関心事であった。池成の押堀は荒所として放置したとしても、決潰口の埋防修築をどうするかが問題となる。当時としては旧状に復することは困難なため、押堀の部分を大きく迂回して修築していることがわかる。

押堀になった部分を堤内にとどめることを断念し、堤防を内側に半円状に迂回させて、押堀部分を堤外におく方法である。いうならば、堤をはさんだ攻防で、人間の方が敗れ、破堤して押堀となった部分を、川の方に返すことで、堤内を再び守ろうというのである。無理をして押堀の上に不完全な堤防をつくれば再び破堤し易いからである。さらにいえば、江戸中期以降に災害が激化する一因は、連続堤の完成・展開も一つの原因である。連続堤でなければ、切れ所・押堀は発生し難い。

『地方凡例録』は押堀の復旧についても記している。「堤の切所《きれしよ》を築立るときは、其水深ければ、下埋は土俵にて埋立、内外の切口《きれくち》へ杭を打ち、柵《しがらみ》を搔き堤の地形を拵えて築立るなり。又至て深堀にて水勢強き処は、(中略)或は下図の如く切口《きれくち》を残し、輪の如くに築立修復するなり」とする。当時の技術ではこれが、最善であったものであろう。

人びとは、水との攻防のために、土と格闘したのである。土の堤が攻防線であった。

常襲地

水との攻防のための土との格闘は、築堤に限られたわけではない。すでに述べたように、人びとは洪水が起ることを前提として、多くの場合、周辺より少し高いところ、つまり微高地に家を構えてきた。

嘉暦二年(一三二七)の円覚寺領尾張国富田荘古図(円覚寺蔵/一六頁の図3参照)は、中世における状況をよく示している。富田荘古図は、現在の名古屋市西部にあたる戸田町付近を描いており、庄内川の下流域の三角州上にあたる。図には、庄内川が当時三本の分流となって流下していた様子が描かれ、数多くの建物が描かれている。一般の在家に相当すると思われる単純な建物の表現のみでも一七六軒もの多数が描かれ、ほかにも三七の立派な建物や寺院などが表現されている。これらは庄内川の中央の河道、現在の戸田川ぞいに比較的多く描かれているものの、全域にわたって広く分布している。

一方、都市化の進展によって市街地が増大する以前の地形条件をみると、後背湿地の中に大小さまざまな自然堤防が分布し、富田荘古図に描かれた建物の分布状況とよく似た状態であった。つまり、当時の人びとは、自然堤防性の微高地を選んで、建物をつくっていたとみられる。戸田川ぞいには、比較的大きな自然堤防が存在するので、当然建物の集中度も相対的に高かったことになる。庄内川上流で支流の五条川が合流する付近には、「萱津宿《かやつのしゅく》」が多くの寺堂とともに、すでに町のような状況を呈していたようである。萱津が立地している場所も五条川の自然堤防上である。

富田荘の場合、その後の中世の状況は不明であるが、少なくとも近世後期になると、村落の家々は富田荘古図の段階のように分散せず、家々が集まったかたちの集村となっている。人びとは中世に、大小の自然堤防の上に、三々五々と建物を構えていたのが、近世には比較的大きな自然堤防の上に集まって住むようになったことを示している。

このような変化は、いくつかの要因がからみあって生じたものであるが、一つはやはり洪水あるいは築堤・破堤の問題である。連続堤が存在せず、しばしば洪水に襲われていた段階では、回数は多いとしても、多くの洪水は分散的で、多くの場所では破壊的であるより、比較的単純な冠水であった。しかも当時の人びとにとっては、それは不可避であり、甘んじて耐えるべき天災であった。

ところが連続堤が築かれるようになると、水害を免れる可能性がでてくる。これは画期的なことであるが、一方で連続堤の故に、もし破堤すれば、その部分での被害は、水勢が集中するためにはるかに大きく、破壊的ですらある。人びとは、より大きく、またより安全な微高地を求めて移り住むようになる。一方では、築堤などの工事のためには、参加する住民が、同一条件に近いかたちで住んでいる方が、平等あるいは好都合であったと思われる。これが、より大きな自然堤防上に、集村をつくるようになる理由の一つであろう。

実は、このようにして家々が集まった自然堤防も、厳密な意味での「自然」堤防ではない。自然の自然堤防を核としつつ、土を集め、土を盛った人工的な部分が多いのが普通である。自然堤防がよく発達している部分であれば、まだ苦労は少ない。しかし、低湿な三角州ほど、盛り土をする必要が高まり、労苦が増大する。

青森県西部の岩木川下流域などは、一つの典型的な様相を呈している。集落は、川ぞいの小さな自然堤防を核に盛り土をした微高地上に、列状の集村となって、点々と続いている。そうでなければ集落は、山や岡の麓に貼りつかざるを得ない。

濃尾平野の西部でも、築堤と盛り土が不可欠であった。輪中が数多くつくられた木曽・長良・揖斐三川の中・下流域では、輪中堤《わじゅう》という一連の連続堤を築くことが、まず不可欠であった。ある輪中の堤が強固であれば、周辺の輪中は、増水時の水勢を一手に受けて、破堤の危険は一層高くなる。人びとは堤を築くことはもとより、集落のための土盛りも必要であった。輪中の集落には、堤防ぞいに並んでいる例が多く、このことをよく示している。

それでもなお、破堤・洪水は時に避け難かった。人びとは、それぞれの家の敷地内に、一段高い土盛りをし、そこに倉を建てて、貴重品を収納するとともに、洪水のさいの臨時の生活の場とした。軒に舟をつるした盛り土上の建物は、三川合流地帯では水屋と呼ばれる。水屋は、洪水の減少とともに姿を消すものが多くなっているが、先に述べた昭和五一年（一九七六）の長良川洪水以後、再び修理をしたり、新たに建築する例さえみられた。

淀川流域でも段蔵《だんぐら》と呼ばれるものがある。やはり一種の水屋である。水害の常襲地では、その備えが不可欠であり、さまざまな土の構築物がつくられた。

洪水のあと、人びとは再び土砂との格闘を開始することになる。破堤地の堤内側には砂礫が堆積する場合が多く、しばしば「砂入り」と呼ばれる。砂入りの部分の田畠を復旧しようとすれば、洪水で新たに堆積した部分をとり除かねばならない。

築堤後に破堤してできた砂入りではなくとも、自然堤防と呼ばれる微高地は、本来洪水のさいに堆積したものであり、ほとんど同じ構成物質でできている。このような微高地部分の多くは、灌漑することが困難なために、容易には水田化できない部分であった。例えば嘉応三年（一一七一）の遠江国池田荘立券状によれば、総面積六五七町余のうち、現作田は四〇％弱の二六一町余、畠が約二五％の一六四町であった。他は、この年耕作されていない「年荒」や荒地・未開拓地などであった。

池田荘が存在したのは、静岡県西部の天竜川下流域であり、のちには水田とその中に点々と島のように浮ぶ畑が展開する。島畑と呼ばれる土地利用が卓越したところである。しかし、一二世紀後半には、まだ島畑は存在せず、後背湿地の部分が田に、自然堤防の部分が主として畑に利用されてはいたが、まだ未開拓の土地が多い状況であった。

池田荘ではいつごろから島畑がつくられるようになったのかを直接示す史料はない。ところが、東大寺領美濃国大井荘では、一三世紀末には島畑が広範に成立していた。永仁三年（一二九五）の大井荘実験馬上取帳案は、荘域内の土地を次のように名《みょう》ごとに書きあげたものである。

（二坪）同々　一段 田半 畠半　今平 同人
三々　二段 田一半三百歩 畠六十歩　真元 七郎四郎 介藤内
同々　一段三百歩 田三百歩 畠一反　同人 同
二所合 同々　四段半 田二反小 畠二百六十歩　中河助清

一行目の例は、条里プランによって表示される二坪の一段の土地が、田と畑各一八〇歩からなっており、それが今平名に属し、かつ耕作権所有者も同じ名の人物であることを示す。次の三行も、それぞれの土地が田と畑からなっており、二行目の場合は真元名の田畑の耕作権が二人の人物の所有となっていたことを示している。四行目の土地に「二所合」、つまり二か所に分かれていたことを示す記載があるから、ほかの三例は一か所にまとまって田と畑からなる耕地があったとみてよいことになる。

このように田と畑がセットになっており、全体としてみれば、田の中に数多くの畑が点在するような土地利用が島畑である。大井荘のこの土帳では、合計一二八三筆もの名田が書きあげられている。その過半数に当る六六六筆以上が田と畑からなる名田である。しかも、右に例としてあげた部分のような一段以下のものが七八筆、一～二段のものが一八六筆におよぶ。すでに典型的な島畑が出現していたことになる。

島畑は一三世紀ごろから各地で出現するが、これには、有利な畑作物があり、またそれを認めるような領主側の土地管理の体制も必要であったとみられる。しかし何といっても、自然堤防つまり洪水堆積の微高地の存在が、最も重要な条件であったとみられる。島畑には洪水のさいに堆積した「砂入り」を地筆の一部分に積みあげて畑とし、ほかの部分を元の水田として復旧・耕作するかたちでできたものが多い。大阪府八尾市福万寺遺跡の発掘調査で確認された一三～一八世紀にかけての島畑の遺構は、このような洪水堆積との格闘のあとをよく示している。

江戸時代に尾張各地を踏査した記録、樋口好古の『尾張徇行記』(文政五年＝一八二二)には、尾張国丹羽郡三ツ井村の項で、「一体地高なる所ゆえに、用水掛り悪しし、されば地下《ぢさげ》をしたる田は良く実るとなり」と記している。旧三井村は、現在一宮市に属し、今でも島畑の分布がよくみられるところである。自然堤防が多く、用水掛りがよくないが、水田の地下をし、島畑をつくったところは、水田も良く稔るというのである。

島畑は、洪水堆積物の処理、災害復旧というだけでなく、海浜の砂堆の開拓や、自然堤防部分での水田の造成のようなさいに、微高地を掘り込むようなかたちでも造成される場合があった。畑と田が入り混って分布するので、畑の分布の方に注目すると島畑と表現されることになり、地方によっては、「くろ・ぐろ・陸田」などと呼ばれる場合もあった。逆に水田の方からみると、「半田・掻揚田」などと呼ばれることにもなった。天保四年（一八三三）、大蔵永常の『綿圃要務《めんぽようむ》』では、半田・掻揚《かきあげ》田の畑の部分つまり島畑が、綿作に適していることを説明している。

島畑は、本来災害に対応して余儀なく生じた部分、あるいは微高地で水田化の困難な地形条件を基礎とし、人びとが土を除き、あるいは掘り下げ、積みあげてつくったものであった。いわば自然条件への工学的対応であった。ところが、綿のような有利な農作物が導入されると、島畑はより積極的に造成されることになった。単なる対応というよりは、むしろ工学的な自然条件の改造に近いことになる。

日本には、各地の山麓斜面に数多くの小さな水田がつくられていることが多い。棚田と一般に呼ばれている景観である。能登では、その数を数えたら九九九枚しかなかったが、あきらめて足下に置いていた笠をとりあげたら、その下にもう一枚あった。という挿話が生まれた「千枚田」が有名である。

長野盆地西南部の姨捨山《おばすて》（冠着山）の麓に広がる棚田もまた、「田毎の月」の名所となっている。おどろくほど多数の棚田の一枚一枚に水が湛《たた》えられている折り、この棚田地帯を通っている道をたどると、人の歩みに合わせて、それぞれの田の月影が移動するところからつけられた呼称である。

いずれも、のどかな落ち着いた水田景観である。しかし、棚田の造成は実に大変な作業である。まず、耕土に適した表土を寄せて確保しておき、造成予定の斜面を水平にしつらえる必要がある。そのためには斜面の上部の土を掘り、下部にはそれを盛って平坦部をつくらねばならない。その上で、粘土質の土で床土《とこつち》をつき固め、その上によけておいた表土を敷いて耕土とすることになる。

用水を確保することも重要であるが、このようにして大量の土を動かして造成した棚田であっても、さらにその維持のために多大な労働力を注ぎ続ける必要がある。雨が集中すると、棚田の縁辺、とくに人工的に土を盛った斜面の下部側の部分では特に崩れ易い。補修をしないと、水田としては使用不能になる。

しかも、棚田が造成されている斜面の多くが、もともと地すべりによって形成された地形が多い。姨捨ての一帯は、先にとりあげた善光寺地震のさい、月見堂をはじめ村々の家の多くが被災したところでもある。現在でも長野県が地すべり防止地域に指定している部分であり、おそらく善光寺地震のさいにも若干の地すべりが発生していたと思われる。姨捨ての棚田の一帯の斜面自体が、やはり地すべりによって生成されたものである。

地すべり地帯には、第三紀層の地質からなるところが多い。能登半島の基部にあたる部分でも、広範に地すべりが広がる。例えば富山県氷見市胡桃地区では、昭和三九年（一九六四）七月一六日の地すべりによって、八一戸のうち六六戸が全壊し、一〇・六ヘクタールの土地が動いたという。

このようにして動いたかつての地すべりで形成された斜面に、棚田が造成されている。地すべりによって土地が動くと、当然のことながらさまざまな問題が発生する。直接的な被害のほかに、土地所有界などをめぐる相論も発生する。氷見市のこの地すべり一帯の一隅には、論田という名称の集落がある。論田とは、地すべりにともなう相論の発生に由来する可能性がある。

地すべりは、間欠的に発生する。地すべり地帯とは、地すべり常襲地であり、地すべりは災害をもたらすものの、労力を加えることによって、水田としての利用可能な土地でもある。棚田は、一方で灌漑用水の確保の問題をかかえている。しばしば棚田の多くを天水田と言い、自然のままで用水に恵まれているかのような印象を与えている。しかし、実際には、多雪地帯での融雪水からなる地下水を用いたり、個々の所有地のための小さな溜池を造成するなどの多大な努力が加えられている。用水の問題はしかし、竹内常行の膨大で丹念な仕事（『続・稲作発展の基盤』、古今書院、一九八四年）に譲りたい。

島畑も棚田も、災害常襲地に多い土地利用であるが、集約的な労働力の投下によって造成し、細心の維持・管理によって経営される、いうならば、集約的土地利用の極相とでもいうべき状態であった。

Ⅳ

時空を越えたまなざし

11 文化の探究──時空を越えたまなざし──

東大寺の巨大な大仏とそれを覆う甍はもとより、南大門やそこに屹立する左右の金剛力士立像もまた、それぞれが文化の結晶ともいえるものであろう。すぐれた文学作品、芸術作品、工芸品なども同様である。いっぽう言語は、文化を担う集合のすべてにかかわるという意味で、文化の一つの体系といっても良いかも知れない。とすれば、例えば伝統的な生活の様式は、その生業やそこで繰り返される祭祀・儀礼などを含む全体として、やはり文化の一つの小体系を成しているとみてよいであろう。

このような文化が醸成されるには、時の要請はもとより、技術や社会・経済の背景と、広い意味での環境との適合が不可欠であり、その過程そのものが文化の重要な側面でもあろう。文化の結晶はその表象でもあり、伝統的な生活の様式のような小体系の表象としては、村落や都市の景観を想起することができる。これらの表象はしかし、文化の変容にとり残されたり、その動態に呼応して変化したりしてきた。文化を人間活動の総体としての表象と表現することができるとすれば、そのような文化の探究こそが、知の追究であり、学の方向の主要な一つであろう。

このような文化の時空は、必然的に極めて広範におよぶ。文化の探究は従って、広い視野と深い射程を予測することなしには果たし得ない。ここでは、文化の表象の形成と再生の過程、さらにはその伝播と変容の過程をめぐる二つの視角を紹介してみたい。前者の手がかりは、平安末・鎌倉初期の僧重源（一一二一―一二〇六）の事蹟であり、後者については、中世イングランドの村落に起源を発し、世界的に展開したタウンシップという概念である。

文化の形成と再生――重源の事蹟をめぐって――

大阪府南部の大阪狭山市に、市名のもとともなった狭山池と称する巨大な灌漑用溜池がある。平成元年（一九八九）から、その全面的改修工事の一環として、谷を堰き止めている堤を切断するかたちでの調査が実施された。[1] そのさいに、中樋と称する取水口の池の底に、かつての取水施設の一部として配置された石材列が検出された。石材には、古墳の石棺を転用したものとともに、建仁二年（一二〇二）における重源による狭山池修復の事蹟を記した石碑（重源狭山池改修碑、以下重源碑）も転用されていたことが判明した。

この中樋の取水施設は、慶長一三年（一六〇八）に片桐且元が改修をしたさいに設置されたものであり、そのさい、以前から使用されていた石材に加えて重源碑をも転用したものと思われ、同時に巨大な構造船の廃材が大量に使用されていたことも判明した。

狭山池は、南から北へと流れる天野川と今熊川の谷を西北西―東南東方向の堤で堰き止めて湛水したものであり、堤には、東樋・中樋・西樋と称されてきた三か所の取水施設が存在した。東樋では、上下二層の樋が検出され、年輪年代測定などによって、下層は七世紀初頭、上層は一七世紀初頭の片桐且元による修築のさいのものであることが判明した。

また、堤本体の築造技術が判明し、七世紀前半の築造以来、計一一回におよぶ嵩《かさ》あげをともなった修復を繰り返しつつ現代にいたったことも判明した。八世紀の工事では、堤体の土を積みあげるさいに広葉樹の葉のついたままの枝を敷きつめる工法が採用されており、発掘時には緑色の葉が検出され、見る間に茶色く変色していく様子は極めて印象的であった。

狭山池は、『日本書紀』では崇神天皇の六二年、『古事記』では垂仁天皇の時期に築造記事が載せられている著名な溜池である。ただし、最初の築造はかつて考えられていたように五世紀ではなく、七世紀の前半であったことになる。その後行基によって修復されたことが『行基年譜』によって知られ、さらに天平宝字六年（七六二）の改修については『続日本紀』が記している。また、重源による改修についても、重源自筆の『南無阿弥陀仏作善《さぜん》集』に記されていることから、夙《つと》に周知のところであった。ただ、『作善集』には時期が明示されておらず、「重源碑」によって、修復が建仁二年のことであったことが判明した。

図１　狭山池の樋
（狭山池調査事務所編『狭山池』による）

一連の調査と分析によって判明した事実は極めて多い。七世紀に始まる大規模な開発が、しばしば谷を堰き止めた「谷池」の築造をともなっていたこと、開発の進展につれて多くの補助的な溜池の築造が進行し、中・近世には四方に築堤した「皿《さら》池」が一般化するなど、農業開発・農業の進展にかかわる工学的対応の実態解明の好事例ともなった[2]。七世紀前半の堤防の高さは海抜七四・四メートルであり、天平宝字六年の改修によって七八・五メートルに達したこと、前者は下流の谷底の平野部の灌漑に供することができるのみであったのに対し、後者は段丘面上にまで引水を可能とし、その開発の可能性を開いたこと、[3]などもも開発史・技術史・景観史上極めて重要な事実である。「重源碑」は、「摂津河内和泉三箇国流末五十余郷」の人民の「誘引」に応えて工事をした、と記しているが、この五〇余郷は、ほぼ狭山池の受益範囲を示すものであろうし、北は現在の大和川の北側にまでおよぶ。

「重源碑」には、「五十余郷人民の誘引」の前段に、「右、池は昔、行基菩薩行年六四歳の時、天平三年（七三一）歳次辛未を以て、初めて堤を築き、樋を伏せ、而して年序漸く積りて毀破に及ぶ」、と狭山池の築造を行基によるものと断定した記述をし、前後の築造・改修のことに全くふれていない。そもそも行基による工事も改修であり、初めて堤を築いたものではない。この記述の背景は極めて興味深いものである。重源が狭山池の改修に乗り出した主たる理由にかかわると思われるからである。もとより「人民の誘引」は当然のこととしても、やはりその前段の記述を重視すべきであろう。

重源は、狭山池改修にかかわる以前から、東大寺復興に取り組んでいた。東大寺は、治承四年（一一八〇）末、平重衡軍によって興福寺とともに焼討の被害を受けていたからである。重源は養和元年（一一八一）に東大寺勧進職に補任され、諸国に勧進して資材の調達に努め、再建工事全般を指揮した。文治元年（一一八五）八月には後白河法皇を迎えて大仏の開眼供養を執り行い、建久六年（一一九五）三月には、大仏殿再建供養に将軍源頼朝が鎌倉から出席した[4]。その折り、大和尚の位を授けられた重源は、東大寺再興の祖となったのであり、狭山池改修の七年前のことであった。

東大寺建立、大仏造営のさいに勧進を進め、大きな役割を果たした行基は、勧進職としても、東大寺創建にかかる四聖の一人としても、確かに重源の範たるべき先達であった。重源は、かつて行基が改修した狭山池の改修にかかわったのであるが、その時点で狭山池は東大寺領とは無縁であった。井上薫説などは、行基とのかかわりを無視するわけではないが、重源と時の摂政・関白を歴任した藤原兼実や造東大寺長官であった藤原行隆とのかかわりを重視している。東大寺の再建は、藤原氏の氏寺であった興福寺の再建と密接な関係をもって進められていた背景があり、狭山池付近の狭山荘が興福寺領であったため、同荘と関係の深い狭山池の改修に乗り出したのは当然の成り行きとするものである。(5)

ところが、重源の事蹟はこれにとどまらない。播磨国大部荘の経営の拡充と播磨別所としての浄土寺の堂宇の整備、東大寺の周防国経営拠点としての阿弥陀寺の建立などと枚挙に暇がなく、(6)道路、橋、港湾などの修築工事の多さも行基に比肩し得る。東大寺の再建と同様に、行基の事蹟の対象のすべてにかかわることこそが、重源の意図そのものであったとみても矛盾がないと思われる。重源にとっては、興福寺領狭山荘との関連は極めて二次的であり、行基が修復した狭山池を、行基が「初めて堤を築き、樋を伏せ」たと認識して、その修復をすることにこそ何より大きな意味があったとみるべきであろう。

重源と行基の不思議な接点をもう一つ求めてみたい。中世から近世にかけて広く流布し、当時の代表的な日本図であった地図である。「行基図」と総称される簡略な地図であるが、現存最古のものは、嘉元三年(一三〇五)の年紀を有する仁和寺蔵の日本図である(口絵1)。同図には明確に「行基菩薩御作」と記されている。同図の起源については、『今昔物語集』などによる中世の空間認識と異域についての詳細な対照を基礎とした応地利明教授の卓抜した分析がある。(7)

それによれば、いわゆる「行基図」には、仁和寺蔵日本図の系統と、金沢文庫蔵日本図の二系統があり、前者は日本を構成する各国の行政区画としての側面を重視し、後者は各国の国勢把握に力点がある、とみている。その上で、金沢文庫蔵日本図系の「行基図」の成立場所として、『今昔物語集』とともに、一三世紀前半の東大寺周辺、つまり重源がかかわっていた時期の東大寺周辺へと推定が収斂していくとする。『今昔物語集』の「釈種、龍王の聟と成れる語」を典拠とした異域としての「雁道」の記入、国土の四至を守る龍体の表現などの統合的分析は、応地教授によって初めてなされた。その結果として、行基が日本図作製と結びつくのは、一三世紀前半の東大寺周辺における仮託であるとの結論が導かれるのである。

行基が狭山池を修築した天平三年より少し後の天平一〇年（七三八）、平城京の中央政府は、諸国に対して「国郡図」の造進を命じた。実物は伝存していないので内容は不明であるが、五〇余年を経た延暦一五年（七九六）、それが「疎略」であり、また古くなったとして、新たに「諸国地図」の作製を指示した。したがって、少なくとも天平一〇年に「国郡図」が実際に造進されて平城京で使用され、長岡京を経て平安京に継承されていたことになろう。「疎略」とはいかなる状況なのか不明であるが、延暦一五年の「諸国地図」には、「郡国郷邑、駅道遠近、名山大川、形体広狭」を記せ、としたことを『日本後紀』が伝えているから、『出雲国風土記』が記述するような地誌的記述を地図に表現ないし記入したものであろう。(8)

天平一〇年の「国郡図」を行基が実際に利用し得たか否かは全く不明である。しかし、重源の段階では、何らかの日本図を利用し得たと考えて無理がないであろう。天平一〇年の「国郡図」も、延暦一五年の「諸国地図」も、何らかの総図ないし索引図を作製したとすれば、『延喜式』民部の記載とも共通する表現内容の「行基図」、とりわけ仁和寺蔵日本図に近い内容となったと思われる。それを行基の作に仮託するといった状況は、先にみた重源の意図や事蹟からしてもまったく無理のない推定である。

重源の事蹟それ自体がとてつもなく大きい。彼が自らの作善にさいして招来した技術や工人は広く多様であり、造仏や建築の芸術的価値の形成は、重源が意図した宗教的価値に比肩し得る高さであろう。しかし重源は、それを行基の事蹟を再生するかたちで行った。重源自体がそれを明言しており、強く意識していたものとみられる。いうならば、文化の醸成の一過程とも称することができよう。

重源自身が、その事蹟と意志によって、東大寺の伝統の一部となった。東大寺のみならず浄土寺・阿弥陀寺に残る重源上人座像には、自らの意図が反映している可能性があり、唐招提寺に残る行基菩薩座像が重源上人座像より後の作であることにも、その流れを認めることができるかも知れない。重源遺愛の品と伝える自然木の杖も東大寺に伝わっている。江戸時代、やはり全国に勧進の行脚をした公慶上人所持と伝える自然木の杖を眺める時、そこにも伝灯の一証をみるのは穿《うが》ちすぎであろうか(9)。

文化の伝播と変容——タウンシップをめぐって——

北海道には、多くの平野に碁盤目状の土地区画がみられ、「南三条」とか「十六線」といった住所やバス停の名称なども珍らしくない。農地の代表的な碁盤目の一辺は約五四〇メートル（三〇〇間）である。

北海道は、その名称自体が明治政府の下で付されたものであるが、明治維新以後に本州各地からの移住が盛んになって、急速に開拓が進んだ。明治初期における幾多の変遷の後、北海道庁が成立し、明治一九年（一八八六）から「殖民地選定」事業が始まった。明治二九年（一八九六）には「殖民地選定及び区画施設規定」が定められた。三〇〇間四方を中区画として、その六分の一つまり一〇〇間×一五〇間の区画を小区画（面積五町）、中区画九個からなる九〇〇間四方を大区画とするもので、小区画を基本的に入植農家一戸の基本単位とした。先に紹介したような土地区画は、この規定に従って成立したものである(10)。

この土地区画は、アメリカ合衆国のタウンシップ・システムを導入したものであると、しばしば説明されてきた[11]。確かに、明治政府は欧米の制度・技術・文化の導入に熱心であったし、北海道では明治九年（一八七六）に札幌農学校を新設し、初代の教頭にマサチューセッツ農科大学の副学長ウィリアム・クラークを招いた。初期の入植者に対し、本州での農業の基本である稲作を禁じ、北米と同様に畑作開拓を意図していたこともまた、事実である。

さらにまた、政府は、札幌農学校の一期生としてクラークの教えをも受け、明治一三年（一八八〇）に卒業した佐藤昌介をメリーランド州ボルチモアのジョンズ・ホプキンス大学へ留学させた。佐藤は、明治一九年に帰国すると札幌農学校の教授となり、のちに北海道帝国大学の教授・学長・総長を歴任した極めて重要な

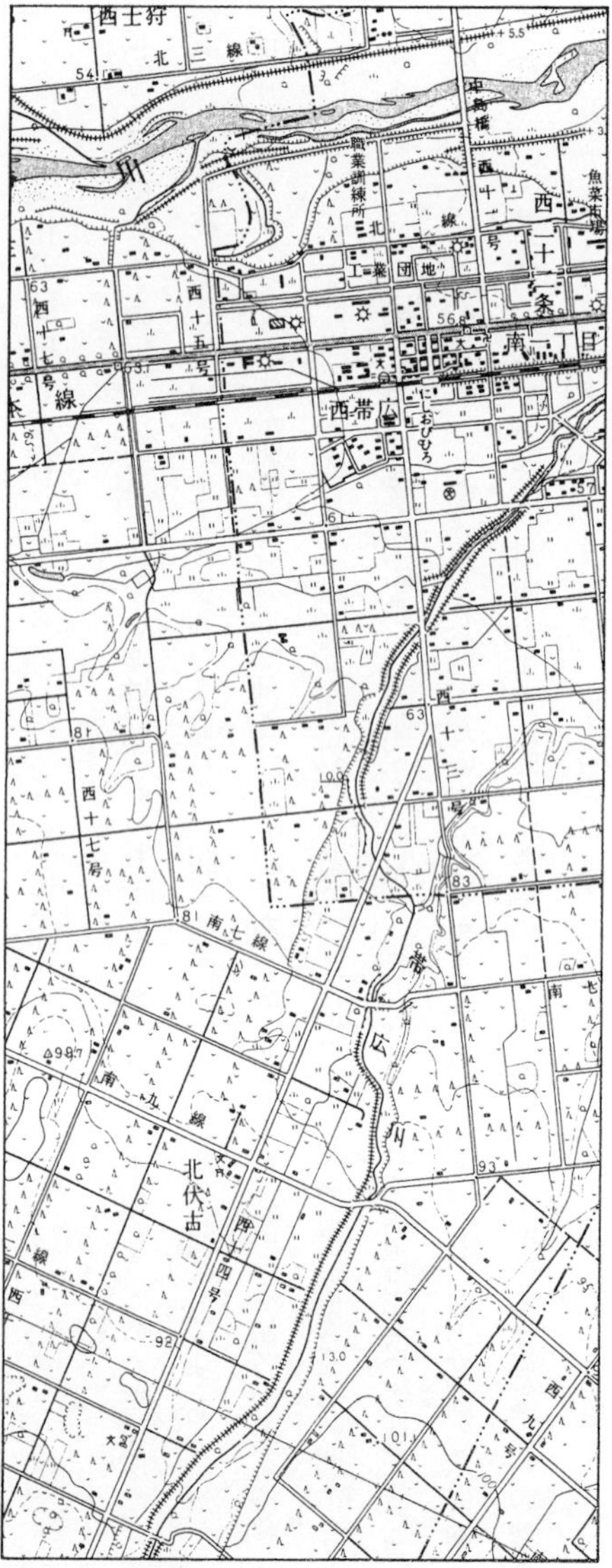

図２　北海道の殖民地区画に由来する道路網

人物である。

佐藤はジョンズ・ホプキンス大学での研究成果を同大学の研究紀要に発表したが、そこでは、農業のシステム、農業の単位、土地区画のシステム、土地の販売方法に極めて強い関心を払っている。[12] この関心は、前述の明治二九年の規定にみられる当時の北海道の入植をめぐる規定や関心の方向と軌を一にしている。

この状況をタウンシップ・システムの導入と表現することの当否は別としても、確かにアメリカ合衆国の土地制度・農業システムの一部の導入を意図したものと評価してよいであろう。

ところが、アメリカ合衆国のタウンシップ自体が、著しく多様性に富み、また変容を経たものであった。佐藤昌介が紹介したのは、アメリカ合衆国の一七八七年の土地規定を軸としたものであった。これより先、一七八五年には、オハイオ州の東部でセブン・レンジズと呼ばれる土地測量・区画設定が行われ、タウンシップ・システムの原型となった。その後、一七八七年の土地規定や若干の変化を経て、一八〇〇年には規定が固まり、また極めて規則的なものとなった。

こうして成立したタウンシップ・システムとは、次のような土地測量・区画設定、土地表示の方法であった。[13]

①およそ州単位程度の単位ごとに、基準となる南北の基準線と、東西の基準線を設定する。

②両基準線の交点から六マイル（約九・六キロメートル）四方のタウンシップの区画を設定する。

③各タウンシップの内部を一マイル四方のセクションに分割する。

④各タウンシップには、東西方向の基準線から南北へ番号を付し、南北方向の基準線からも東西へ番号を付す。

⑤タウンシップ内のセクションには一～三六の番号を付す。一つのセクションの面積は六四〇エーカーであり、その四分の一の一六〇エーカーがのちに自作農地法による土地販売の基本単位（クォーター）となった。

これに比べると北海道の土地区画は、道路や地形に合わせて多様な方法となっており、面積はもとより、土地表示のシステムにも違いがあった。

このようなアメリカ合衆国のタウンシップ・システムが確立する以前、各州の前身の各英領植民地では、多様なタウンシップの概念が展開していた。

一六二九年に始まったニューイングランドのマサチューセッツ植民地では、入植と集落の単位をタウンと称していた。やがて、このタウンと混用されるかたちでタウンシップの用語もほぼ同義で用いられるようになった。ところが一六四〇年代末ごろから、タウンシップの語は、タウンの用地あるいはタウンの設定予定地を特定して使用されるのが一般的となった。しかしながらこの頃はまだ、八マイル四方などと表現されることはあっても、タウンシップの領域は極めて不整形であった。タウンシップの用語はしかし、次第に面積や土地の分割法などの入植計画を強く示すようになり、一七二〇年代末ごろからは、方形の規則的外形と、その内部の方格状への規則的な分割をともなうようになった。つまり、ニューイングランドのタウンシップは、入植の土地計画の側面を強く有するようになった[14]。

ところが、一六六四年に始まったニューヨーク植民地や、一六八一年に始まったペンシルバニア植民地では、いずれも当初からタウンシップの語を行政単位の意味を含めて使用していた。両植民地では、この意味が間もなく一般的となった。

このように、北米の各英領植民地におけるタウンシップの語が示す概念は多様であったが、前述のような一八〇〇年ごろに確立した合衆国のタウンシップ・システムは、単なる土地の測量と区画設定、さらには入植者への土地販売の単位区画に過ぎず、マサチューセッツで典型的に展開したタウンの建設予定地としての意味も、ニューヨークやペンシルバニアで典型的に展開した行政単位としての意味もすでに失って別途に特化していたことになる。(15)

そもそもタウンシップは、イングランドとウェールズにおいては、中世以来の村落の単位であった。タウンシップは、住民のコミュニティであり、一定の結びつきを有した社会単位であった。タウンシップは同時に解放耕地制度の下で共同放牧を行う一定の土地領域の単位でもあった。タウンシップはまた、分教会のある宗教上の単位でもあり、中には、多くの住人が集まって住み、町に近い機能を有したものもあった。

一六〇〇年前後のイングランドでは、それまでのマナーを軸とした行政システムが崩壊しつつあり、次第にパリッシュ（教区）を行政単位として取り込み始めていた。最初の動向は、一五九七年の貧民法であり、パリッシュを貧民救済の責任単位とした。以後、類似の法が何回か公布され、パリッシュは宗教活動の教区から、行政単位としての実態を有するように変化した。

一方、一五九八年には、のちの西ヨークシャーにおいて、タウンシップにパリッシュと同様の行政的役割の行使を認可していた。ヨークシャーのパリッシュは一般に広大であり、その中の分教区であるタウンシップが実際上の役割を果たし、貧民法実施の主旨にも合致していたからである。一六六二年には、ヨークシャーのみならず、全イングランド、ウェールズにおいて、タウンシップを貧民法の施行・責任単位とすることが正式に認められた。(16)

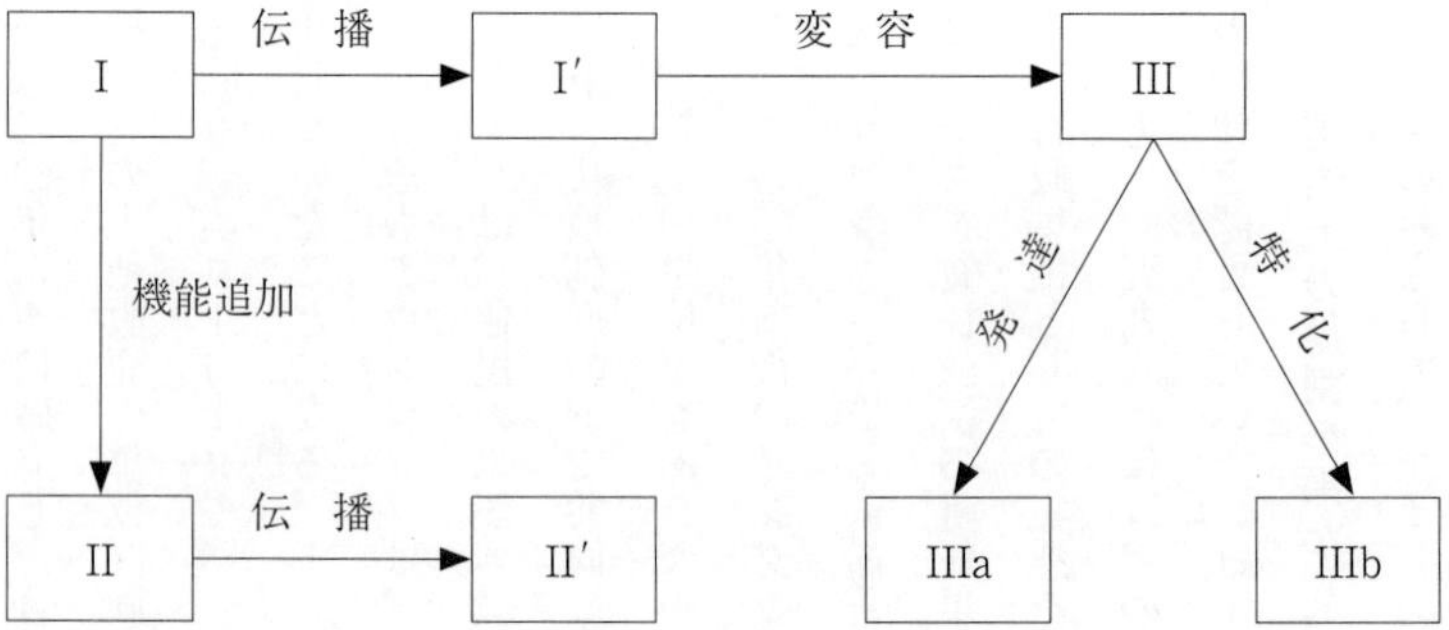

図３　タウンシップ概念の伝播と変容（金田：2001による）

この過程と先に述べた北米英領植民地の状況を対比すると、次のような推定を導くことが可能である。ニューイングランドでタウンシップの語が用いられ始める時期は、母国のイングランドにおいて、タウンシップの概念が変化の途上にあった時期であった。ニューイングランドでは、イングランドでの多様な意味を一方で継承しつつ、やがて独自の変容を示したことになる。一方のニューヨークやペンシルバニアの場合、いずれもすでに、イングランドにおいてタウンシップが行政単位として確立した後のことであり、一六六二年の法の主旨を背景としていたこととなろう。しかも、ニューヨークはヨーク公爵の植民地、ペンシルバニアはヨーク公爵と関係の深かったウィリアム・ペンの植民地であった。ヨークシャーは、すでに述べたように、タウンシップが最も典型的に展開した土地であり、それが早くからパリッシュと同等の地位を得ていた土地であった。

タウンシップの概念は、それが起源したイングランドでも変容しており、その時々の入植者とともに伝播した土地では、その多様な意味を踏襲したり、そこで新たな変容を示したことになる。イングランドのみならず、各地に伝播し、さらにはそこで変容したタウンシップの概念は、それぞれがさらに第二、第三の土地へと伝播し、部分的に受容されたり、そこで再び変容したことになる。北海道はその最も遠い伝播の先であったかも知れない。今日のオーストラリアでは、タウンシップは市街化用地として測量され、区画設定がなされた範囲を意味し、南アフリカでは、主として先住のアフリカ人が居住している地区を示す用語として使用されていることも周知のところである。

おわりに

狭山池の池底から出土した「重源碑」は、狭山池の歴史を明確化したのみならず、行基の事蹟を強く意識した重源の姿勢を改めて明示している。聖武天皇が発願し、行基の活躍を得て建立された東大寺・大仏は、平安末に焼亡の後、重源の尽力の下に再建された。七世紀前半に築造された狭山池は、計一一回もの堤の修復の中に、行基と重源の二人の献身の足跡を刻み込んでいる。重源が再建した東大寺の大仏・伽藍は、すでに発願・建立時のものと異なり、教義や活動の様相も変容していた。狭山池もまた、堤の規模も、取水口の構造も行基の修復時と、重源の修復時とでは大きな違いがあった。

にもかかわらず、行基が成した事蹟を重源が再生したことは確かである。「行基図」のような仮託もその過程で生じたものであろう。両者は一体となって東大寺とそれにかかわる文化の総体を形成してきたと表現してよいかも知れない。文化は時間を越えて形成され、再生されつつ変容するものであることの一証といえよう。

一方、中世イングランドのアングロ・サクソンの村落をもとに成立したタウンシップという単語は、そのイングランドにおいてはもとより、英語圏各地へと伝わって使用され、多様な展開を示した。この一語が有する概念の伝播とその変容もまた、文化が有する一面の本質を体現しているものであろう。時と場所による概念ないしその実態の多様性は、重源碑がもたらす文化の形成と再生の過程とは確かに異なる側面がある。しかし、その空間的広がりと変容の大きさは、重源碑が語ることがらに十分に比肩するものであろう。

ここに紹介した二つの例はいずれも、時空を越えて展開する文化の探究過程における、一つの段階の小結である。文化の探究においておそらく最も重要な基礎となるのは、文化の表象との遭遇を自覚したり、予見した時、それが由来する広く深い彼方へのまなざしであろう。

(1) 狭山池調査事務所編・刊『狭山池』埋蔵文化財編（一九九八年）論考編（一九九九年）。

(2) 金田章裕『条里と村落の歴史地理学研究』（大明堂、一九八五年）。
金田章裕『微地形と中世村落』（吉川弘文館、一九九三年）。

(3) 大山喬平「重源狭山池改修碑について」（前掲注1論考編所収）。

(4) 一連の経過は、五味文彦『大仏再建』（小学館、一九九五年）に詳しい。

(5) 井上薫「狭山池修理をめぐる行基と重源」（前掲注1論考編所収）。

(6) 例えば、小野市史編纂専門委員会編『小野市史』第一巻・本編2（小野市、二〇〇一年）など。

(7) 応地利明『絵地図の世界像』（岩波書店、一九九六年）。

(8) 金田章裕『古地図からみた古代日本』（中央公論新社、一九九九年）。

(9) 奈良国立博物館ほか編『大仏開眼一二五〇年　東大寺のすべて』（朝日新聞社、二〇〇〇年）にこれらの写真が掲載されている。

(10) 金田章裕「北海道殖民地区画の特性と系譜」（『歴史地理学』四四―一、二〇〇二年）。

(11) 高倉新一郎『北海道拓殖史』（柏葉書院、昭和五十四年覆刻、北海道大学図書刊行会）。

(12) Shosuke Sato, History of the land question in the United States, *Johns Hopkins University Studies in Historical and Political Science*, Fourth Series, 1886.

(13) Hildegard Binder Johnson, *Order upon the Land*, Oxford University Press, 1976.
(14) 金田章裕「マサチューセッツのタウンシップ」(石原潤編『農村地理学研究』、大明堂、二〇〇三年)。
(15) Akihiro Kinda, The concept of 'townships' in Britain and the British colonies in the seventeenth and eighteenth centuries. *Journal of Historical Geography*, 27-2, 2001.
(16) 金田章裕「近代初期ウェストヨークシャーにおけるタウンシップの領域とその機能変遷」(足利健亮先生追悼論文集編纂委員会編『地図と歴史空間』、大明堂、二〇〇〇年)。

あとがき

「大地へのまなざし——歴史地理学の散歩道——」と題した書名について説明しておきたい。

私は論文ないし研究書というのは、解明したい対象、説明すべき事象について、長い道をたどるように、時には道を切り開きつつ進むものと考えている。いわば、遠い目的地をめざす街道(highway)を歩むようなものだと思う。

ところが、散歩道には必ずしも目的地があるわけではない。散歩自体が目的なのであるから、散歩道そのものが対象なのである。たどるのは多くの場合、かつて里道と称されたようなローカルな道であり、必ずしもある目的地に到達することの明らかな道ではない。しかしその道がかえって好ましいこともある。書名に付した散歩道とは、まさしくこのような意味である。

筆者は学生時代以来、歴史地理学を専攻してきたが、五年ないし一〇年単位で設定した研究目的とは必ずしも一致しないものの、折々の求めに応じて執筆してきたものがある。そのうちの幾つかをふり返って眺めてみると、ちょうど散歩道を歩むような仕事をしてきた場合があったことに気付かされた。しかも、いずれも大地へのまなざしを抜き難く保っている。いわば、散歩道をたどりながら道端を見たり、遠くを眺めたりしているのである。

歴史地理学を専攻してきた者の性として、それしか能がないといえばそれまでであるが、大地を離れた視点を私はとり得ない。それが、この書名を選んだ理由である。

このような気持で成した一書であり、若干の誤植や、文意の通り難い部分の訂正を除き、旧稿には手を入れず、そのまま再録した。散歩道を改変すれば、かつてたどった折りの感覚も、小さな感動も失われそうに思うからである。

本書には、一部未公刊の小論も含まれているが、多くはかつて雑誌あるいは論文集などに、求めに応じて寄稿したものである。各章の間に論旨や事例の若干の重複があるが、それについても旧稿のままとした。初出の状況は「初出一覧」に掲げた。

書名にこめた意味を御理解いただければ幸いである。

本書の出版には、思文閣出版のひとかたならぬ御高配を得た。とりわけすべてを差配していただいた編集の林秀樹氏にあつく御礼申し上げたい。

筆者はこの三月末をもって、長く勤務した京都大学を辞し、四月から大学共同利用機関法人・人間文化研究機構の運営をあずかることとなった。京都大学では、相当自由な研究をさせていただき、役職も経験させていただいた。深く御礼を申し上げたい。今後も、機構長の責務は十分承知しつつ、好ましい歴史地理学の散歩道をたどりたい。

二〇〇八年五月、誕生日を目前にして　金田章裕

◆図版一覧(9をのぞく)◆

◆初出一覧◆

注：再録のものは初出タイトルで掲げてあります

Ⅰ　なりわいと大地

1―道行く人びと　未公刊

コラム①　大山崎の条里　『大山崎町史　本文編』（大山崎町、1983年）

2―「条里制」研究から何が見えるか――景観史構築への道程――
水内俊雄編『歴史と空間』（朝倉書店、2006年）

3―町と村の発達　宇治市歴史資料館編『宇治の歴史と文化』（宇治市、1988年）

コラム②　中世(2)――後期――　『愛知県開拓史１・通史編１』（愛知県、1978年）

Ⅱ　はるかなる大地

4―ガリバーからゴールドラッシュへ――英国の世界認識と世界覇権をめぐって
紀平英作編『グローバル化時代の人文学――対話と寛容の知を求めて・上』
（京都大学学術出版会、2007年）

5―『新訂万国会図』の編集過程をめぐって
藤井讓二・杉山正明・金田章裕編『大地の肖像――絵図・地図が語る世界――』
（京都大学学術出版会、2007年）

6―北海道殖民地区画の特性と系譜　『歴史地理学』44―１（2002年）

コラム③　広野新田の村落形態について
『宇治市史編さんだより』15号（宇治市史編さん室、1974年）

Ⅲ　禍福おりなす大地

7―国府の景観と文学における表現　『上代文学』97（2006年）

コラム④　「風土記の丘」の国府復元模型　『山陰中央新報』2007年11月14日付

8―南海道――直線道と海路・山道
木下良編『古代を考える　古代道路』（吉川弘文館、1996年）

9―近江国高島郡木津荘域の条里プラン――旧湖岸・土地利用復原の一前提
『琵琶湖博物館開設準備室研究調査報告』２（1994年）

10―禍福おりなす大地　未公刊

Ⅳ　時空を越えたまなざし

11―文化の探究――時空を越えたまなざし
京都大学文学部編『知のたのしみ　学のよろこび』（岩波書店、2003年）

◆著者略歴◆

金 田 章 裕（きんだ　あきひろ）

1946年　富山県生
1969年　京都大学文学部史学科卒業
1974年　京都大学大学院文学研究科博士課程単位修得退学
1979年　京都大学文学部助教授
1993年　博士(文学)
1994年　同　文学部教授（改組により大学院文学研究科教授）
2001～04年　同　大学院文学研究科長・文学部長，副学長，理事などを歴任
2008年４月　大学共同利用機関法人・人間文化研究機構の機構長に就任，京都大学名誉教授

〔主要著書・編著書〕
『条里と村落の歴史地理学研究』（大明堂，1985年）
『オーストラリア歴史地理』（大明堂，1985年）
『微地形と中世村落』（吉川弘文館，1993年）
『古代日本の景観』（吉川弘文館，1993年）
『日本古代荘園図』（共編，東京大学出版会，1996年）
『オーストラリア景観史』（大明堂，1998年）
『古代荘園図と景観』（東京大学出版会，1998年）
『古地図からみた古代日本』（中央公論新社，1999年）
『古代景観史の探究』（吉川弘文館，2002年）
『散村・小都市群地域の動態と構造』（共編，京都大学学術出版会，2004年）
『平安京・京都、都市図と都市構造』（編，京都大学学術出版会，2007年）
『大地の肖像』（共編，京都大学学術出版会，2007年）

現在　史学研究会理事長・人文地理学会会長

大地《だいち》へのまなざし――歴史地理学《れきしちりがく》の散歩道《さんぽみち》――

2008(平成20)年６月10日　発行

定価：本体4,500円(税別)

著　者　金 田 章 裕
発行者　田 中 周 二
発行所　株式会社　思文閣出版
〒606-8203 京都市左京区田中関田町2-7
電話 075-751-1781(代表)

印　刷
製　本　株式会社図書印刷同朋舎

ISBN978-4-7842-1405-1　C3025